Helena Norberg-Hodge

Leben in Ladakh

HERDER / SPEKTRUM
Band 4204

Das Buch

Eine Frau in Ladakh, nördlich vom Himalaya, an der Grenze zu Tibet: Helena Norberg-Hodge kam Mitte der siebziger Jahre in dieses Gebiet – seitdem lebt und arbeitet die Schwedin jedes Jahr mehrere Monate dort. Im rauhen Klima der Berge findet sie ein letztes Paradies der Menschheit. Sie erlebt eine Kultur, in der Fröhlichkeit, Menschlichkeit und gegenseitige Hilfe keine Fremdwörter sind. Sie kam in ein „Entwicklungsland", doch hier wissen die Menschen noch, wie sie mit der Erde und ihrem Wissen richtig umgehen können. Es ist aber auch ein Land, das bedroht ist von westlichem Einfluß und vom Tourismus. Noch gibt es hier ein Gleichgewicht zwischen Männern und Frauen, zwischen Kindern und alten Menschen und vor allem: eine Lebensfreude und Herzenswärme, die im Westen schon längst verlorengegangen ist. Und es gibt Helena Norberg-Hodge, die leidenschaftlich und realitätsnah darum kämpft, daß Ladakh nicht Opfer einer einseitigen, „fortschrittlichen" Entwicklung wird. Sie hilft, Alternativen zu entwickeln, die eine sanfte, umweltgemäße und menschliche Entwicklung ermöglichen. Es ist klar: Wir haben eine Menge von den Ladakhis zu lernen. In ihrer alten Kultur, ihrem Wissen um den sanften und zukunftsgerechten Umgang mit der Natur liegt ein unermeßlicher Schatz für uns alle.

Die Autorin

Helena Norberg-Hodge, in Schweden geboren, der Vater Englisch-Schwede, die Mutter Deutsch-Schwedin, lebte in England, Frankreich, Deutschland und den USA. Sie spricht sechs Sprachen und lebt seit 16 Jahren jeweils ein halbes Jahr in Ladakh, wo von ihr zum ersten Mal die Sprache der Ladakhis schriftlich dokumentiert wurde. 1978 gründete sie das Ladakh-Projekt, dessen Direktorin sie ist: eine praktisch arbeitende Vereinigung von Ladakhis und Menschen aus dem Westen, die alternative und zukunftsgerechte Wege der Entwicklung aufzeigt. Helena Norberg-Hodge erhielt 1986 den Alternativen Nobelpreis.

Helena Norberg-Hodge

Leben in Ladakh

Mit einem Vorwort des Dalai Lama

Aus dem Englischen
von Gunhild Becht-Naudascher

Herder
Freiburg · Basel · Wien

Titel der amerikanischen Originalausgabe:
Ancient Futures. Learning from Ladakh
Sierra Book Club, San Francisco 1991

Deutsche Erstausgabe

2. Auflage

Herstellung: Freiburger Graphische Betriebe 1994
Umschlaggestaltung: Joseph Pölzelbauer
Umschlagfoto: Mädchen im Zanskar-Tal bei Zangla, © Harry Müller
ISBN 3-451-04204-5

Für John und Marion
für ihre Liebe und Unterstützung.
Und für das Volk von Ladakh,
von dem ich so viel gelernt habe.

INHALT

DRITTER TEIL: LERNEN VON LADAKH

VORWORT DES DALAI LAMA

Helena Norberg-Hodge ist seit langem eine Freundin Ladakhs und seiner Menschen. In diesem Buch bringt sie ihre tiefe Wertschätzung der traditionellen Lebensweise der Ladakhis zum Ausdruck und macht sich Gedanken um die Zukunft.

Ähnlich wie Tibet und die gesamte Himalaya-Region führte auch Ladakh über Jahrhunderte hinweg eine selbständige und von der Außenwelt ungestörte Existenz. Trotz des harten Klimas und der schlechten Lebensbedingungen waren die Menschen dort im großen und ganzen glücklich und zufrieden. Dies ist gewiß teilweise auf die Genügsamkeit und Einfachheit zurückzuführen, die aus dieser Selbständigkeit erwächst, und teilweise auf den Einfluß der buddhistischen Kultur. Die Autorin stellt zu Recht die menschlichen Werte der Ladakhi-Gesellschaft heraus: die tiefwurzelnde Achtung für andere Menschen und ihre Bedürfnisse sowie die Achtung der natürlich gegebenen Grenzen. Von dieser verantwortungsbewußten und bewunderungswürdigen Haltung können wir alle lernen.

Die plötzlichen Veränderungen, denen Ladakh in den letzten zwei Jahrzehnten ausgesetzt war, spiegeln einen weltweiten Trend wider. Unsere Welt wird kleiner, und vorher isoliert lebende Völker werden unvermeidlich Mitglieder der größeren menschlichen Familie. Anpassung braucht allerdings Zeit. Und zwangsläufig wird es viele Veränderungen geben.

Ich teile die Sorge von Helena Norberg-Hodge in bezug auf die bedrohte Ökologie unseres Planeten. Und ich bewundere ihre Arbeit, mit der sie für alternative Lösungen vieler Probleme, vor denen die menschliche Entwicklung heute steht, wirbt.

Wenn es gelingt, den beständigsten Schatz der Ladakhis, nämlich ihr natürlicher Sinn für Verantwortung füreinander und für ihre Umwelt, zu erhalten und auf neue Situationen anzuwenden, darf man optimistisch in die Zukunft Ladakhs schauen. Die modern ausgebildeten jungen Ladakhis sind bereit, ihrem Volk zu helfen. Gleichzeitig wurde auch die traditionelle Kloster-Erziehung gestärkt: die Verbindungen zu den tibetanischen Klöstern im Exil sind wiederhergestellt worden. Und schließlich erreicht Ladakh eine Sympathie-Welle ausländischer Freunde, die ähnlich wie Helena Norberg-Hodge Hilfe und Unterstützung anbieten.

Traditionelle und ländliche Gesellschaften mögen zwar sehr anziehend erscheinen, doch darf man die Menschen dort von den Segnungen der modernen Entwicklung auch nicht ausschließen. Doch wie dieses Buch zeigt, sollte solches Lernen und solche Entwicklung nicht nur in eine Richtung gehen. Bei den Menschen, die in traditionellen Gesellschaften wie die Ladakhis leben, gibt es oft eine innere Entwicklung, die sich auszeichnet durch Herzenswärme und Zufriedenheit. Wir täten gut daran, es ihnen gleichzutun.

Ladakh gehört zu den indischen Staaten Jammur und Kaschmir. Es ist in zwei Distrikte geteilt: Leh, der primär buddhistisch, ist, und Kargil, der primär muslimisch geprägt ist. Das gesamte Gebiet umfaßt ca. 65 000 Quadratkilometer. Dort leben ca. 130 000 Menschen. Dieses Buch konzentriert sich auf das von der buddhistischen Religion geprägte Gebiet der Distrikte von Leh und auf das Zanskar-Tal von Kargil. Wenn in diesem Buch von Ladakh die Rede ist, sind in erster Linie diese Gebiete gemeint.

LERNEN VON LADAKH

Warum taumelt die Welt von einer Krise in die andere? War das immer so? Stand es in der Vergangenheit schlimmer um sie? Oder besser?

Erfahrungen in Ladakh, einer alten Kultur auf dem tibetischen Hochland, haben im Verlauf von mehr als 16 Jahren meine Antworten auf diese Fragen dramatisch verändert.

Bevor ich nach Ladakh kam, bin ich immer davon ausgegangen, daß die Richtung von Fortschritt irgendwie unvermeidlich und nicht hinterfragbar ist. Und so fand ich mich passiv mit neuen Fahrstraßen durch einen Park, einem Bankhaus aus Stahl und Glas an der Stelle einer über zweihundertjährigen Kirche, einem Supermarkt statt des „Tante-Emma-Ladens" an der Ecke ab sowie mit der Tatsache, daß das Leben mit jedem Tag härter und schneller wurde. Genau das tue ich nun nicht mehr! Ladakh hat mich davon überzeugt, daß es mehr als nur einen Weg in die Zukunft gibt. Es hat mir dadurch enorme Kraft und Hoffnung gegeben.

Ich hatte in Ladakh das Privileg, eine andere, gesündere Lebensform zu erleben und meine eigene Kultur von außen zu betrachten. Ich lebte dort in einer Gesellschaft, die auf grundsätzlich anderen Prinzipien aufgebaut ist, und ich wurde Zeugin des starken Einflusses der modernen Welt auf diese Kultur. Als ich an kam, war ich eine der ganz wenigen Fremden im Verlauf mehrerer Jahrzehnte. Ladakh war noch im wesentlichen unberührt vom Westen. Doch das veränderte sich rasch. Der Zusammenstoß zwischen den zwei Kulturen war außergewöhnlich dramatisch und erlaubte es mir, auf lebendigste Weise die krassen Unterschiede zu vergleichen. Ich habe etwas gelernt über die Psychologie, die Werte, die sozialen und technologischen Strukturen, die unsere Industriegesellschaft ermöglichen und über die entsprechenden Werte und Strukturen, von denen eine alte, auf natürlichen Grundlagen errichtete Kultur getragen wird. Es war die so seltene Gelegenheit, unser sozioökonomisches System mit einem anderen, ursprünglicheren Lebensmuster der Koevolution zwischen menschlichen Wesen und der Erde zu vergleichen.

Durch Ladakh erkannte ich allmählich, daß meine Passivität angesichts der zerstörerischen Veränderungen zumindest zum Teil davon herrührten, daß ich Kultur mit Natur verwechselt hatte. Ich hatte nicht wahrgenommen, daß viele der negativen Tendenzen viel eher das Ergebnis meiner eigenen industriellen Kultur sind als das irgendeiner naturgegebenen, unserer Kontrolle entzogenen Entwicklungskraft. Ohne überhaupt darüber nachzudenken, ging auch ich davon aus, daß menschliche Wesen von Grund auf selbstsüchtig sind und kämpfen, um anderen überlegen zu sein, und nur auf diese Weise überleben können. Kooperativere Gesellschaften schienen mir nichts anderes als ein utopischer Traum.

Es war nicht verwunderlich, daß ich so dachte. Denn ich hatte zwar in vielen verschiedenen Ländern gelebt, doch es waren immer nur industrielle Kulturen gewesen. Meine Reisen in weniger „entwickelte" Teile der Welt hatten, obwohl sie immerhin recht ausgedehnt gewesen waren, nicht ausgereicht, mir einen wirklichen Einblick zu erlauben. Einige intellektuelle Ausflüge wie die Lektüre von Aldous Huxley und Erich Fromm hatten mir zwar ein paar Türen geöffnet, aber im Grunde war ich doch ein Produkt der industriellen Gesellschaft, mit den Scheuklappen erzogen, die jede Kultur einem verpaßt, um sich selbst zu bewahren. Meine Wertvorstellungen, mein Geschichtsverständnis und meine Denkmuster spiegelten allesamt die Weltsicht des homo industrialis wider.

Westliche Denker von Adam Smith bis zu Freud und den Wissenschaftlern der Gegenwart neigen dazu zu verallgemeinern, was in Wahrheit lediglich westliche oder industrielle Erfahrung ist. Explizit oder implizit setzen sie voraus, daß die von ihnen beschriebenen Wesenszüge eher eine Manifestation der menschlichen Natur als das Produkt der industriellen Kultur sind. Diese Tendenz, die westliche Erfahrung zu verallgemeinern, entsteht beinahe unvermeidlich, weil die westliche von Europa und Nordamerika ausgehende Kultur die Völker der ganzen Erde beeinflußt.

Jede Gesellschaft neigt dazu, sich selbst als das Zentrum des Universums zu verstehen und andere Kulturen durch die eigene gefärbte Brille zu betrachten. Die westliche Kultur hat aber dadurch, daß sie so weitverbreitet und mächtig geworden ist, eine andere Perspektive in bezug auf sich selbst verloren; es gibt nichts „anderes", womit man sich selbst vergleichen könnte; man setzt einfach voraus, daß entweder alle so sind wie wir oder so werden möchten.

Die meisten Menschen im Westen sind davon überzeugt, daß das Los der vorindustriellen Gesellschaften Unwissenheit, Krankheit und unentwegte Plackerei gewesen ist. Die Armut, Krankheiten und Hungersnöte, die wir in den Entwicklungsländern sehen, mögen auf den ersten Blick diese Vermutung bekräftigen. Tatsächlich sind aber viele, wenn nicht sogar die meisten der Probleme der „Dritten Welt" heute in einem großen Maß Folgeerscheinungen des Kolonialismus und von fehlgeleiteter Entwicklung.

Während der letzten Jahrzehnte wurden die verschiedensten Kulturen von Alaska bis Australien von der industriellen Monokultur überwältigt. Die heutigen „conquistadores" heißen Entwicklung, Werbung, Medien und Tourismus. Über die ganze Welt flimmert „Dallas" in die Wohnstätten der Menschen, und Nadelstreifenanzüge sind zum Diktat geworden.

In diesem Jahr habe ich die nahezu gleichen Spielwarenläden in Ladakh und in abgelegenen Bergdörfern Spaniens gesehen. Sie verkaufen beide die gleichen blonden, blauäugigen Barbiepuppen und Rambos mit Maschinengewehren.

Die Ausbreitung der industriellen Monokulturen ist eine vielschichtige Tragödie. Durch die Zerstörung jeder einzelnen Kultur löschen wir Jahrhunderte von zusammengetragenem Wissen aus; und da die verschiedenen ethnischen Gruppen ihre Identität bedroht fühlen, sind Konflikte und soziale Zusammenbrüche eine fast unvermeidbare Folge.

In zunehmendem Maße wird die westliche Kultur als die normale, ja die einzige Lebensform angesehen. Und in dem Maße, in dem die Menschen rund um die Welt von Konkurrenzdenken geprägt, gierig und egoistisch werden, beginnen diese Eigenschaften Teil der menschlichen Natur zu werden. Trotz gegenteiliger Stimmen dominiert im westlichen Denken die Annahme, daß wir von Natur aus aggressiv sind und gefangen in einem fortgesetzten darwinistischen Kampf. Dies hat grundlegende Auswirkungen auf die Strukturierung unserer Gesellschaft. Was wir als unsere menschliche Natur verstehen, ob wir nun das Gute oder das Böse in ihr angelegt glauben, macht unsere politischen Ideologien aus. Es gestaltet die Institutionen mit, die unser aller Leben bestimmen.

Unsere Probleme legen wir angeborenen menschlichen Mängeln zur Last und leugnen unseren eigenen Anteil bei den strukturellen Veränderungen mit den Namen „Entwicklung" oder „Fortschritt". Technologische Entwicklung wird als Teil eines Kontinuums evolutionärer Veränderung angesehen. In der gleichen Art – so meint man –, wie sich der Mensch über die Jahrmillionen entwickelt hat und aufrecht zu gehen, die Sprache zu benutzen und Gegenstände zu erschaffen begann, habe er die Atombombe und Gentechnologie erfunden. Wir unterscheiden nicht zwischen Entwicklung und den durch die naturwissenschaftliche Revolution hervorgerufenen Veränderungen und vergessen, daß zur selben Zeit, als Europa durch die Industrialisierung verwandelt wurde, der Großteil der Welt weiterhin, in Übereinstimmung mit anderen Grundsätzen und Werten lebte. Und so behaupten wir erfolgreich, daß der Westen höher entwikkelt sei als traditionsverpflichtete Völker.

Wir nehmen technologische Veränderungen für natürlicher als den Wetterwechsel und scheinen in dem Glauben gefangen, daß wir wissenschaftlichem Erfindungsgeist überallhin folgen müssen. Damit soll nicht geleugnet werden, daß die menschliche Natur auch eine dunkle Seite hat oder daß der Prozeß der Entwicklung Wohltaten herbeigeführt hat. Doch Ladakh hat mir gezeigt, daß dieser Prozeß Gier, Konkurrenzdenken und Aggressionen verschärft und gleichzeitig das zerstörerische Potential ungeheuer vergrößert. Früher war es niemals möglich, das Klima zu verändern, die Meere zu vergiften oder Wälder, Tierarten und Kulturen in dem Tempo auszurotten, wie es heute geschieht. Der Umfang und das Tempo unserer Zerstörungskraft war noch nie so groß. Es gibt keine historischen Vorläufer. Unsere Lage ist einzigartig, und die Zeit ist nicht auf unserer Seite.

Umweltzerstörung gewaltigen Ausmaßes, Inflation und Arbeitslosigkeit sind die Folgen einer technoökonomischen Dynamik, die nur wenig mit „linker" oder „rechter" Politik zu tun hat. Im Grunde genommen hat die Welt nur ein einziges Entwicklungsmodell kennengelernt, das auf einem einzigen Typus von Naturwissenschaft und Technologie basiert. Die daraus entstehende Spezialisierung und Zentralisierung führte zu einer dramatischen Umwandlung des Lebens, die alle Unterschiede etwa zwischen Kapitalismus und Kommunismus übertrifft.

In Ladakh habe ich eine Gesellschaft kennengelernt, in der es weder Verschwendung noch Luftverschmutzung gibt und in der Kriminalität buchstäblich nicht existiert. Gemeinschaften sind gesund und stark, und ein Jugendlicher findet es niemals peinlich, liebevoll und zart zu seiner Mutter oder Großmutter zu sein. Diese Gesellschaft beginnt nun unter dem Druck der Modernisierung zusammenzubrechen. Und das, was wir hieraus lernen können, reicht weit über Ladakh hinaus.

Es mag absurd scheinen, daß eine „primitive" Kultur auf dem tibetischen Hochland unsere Industriegesellschaft irgend etwas lehren könnte. Und doch brauchen wir so etwas wie eine Basis, von der aus wir unsere eigene komplexe Kultur besser verstehen können. In Ladakh habe ich erlebt, wie „Fortschritt" Menschen von der Erde, voneinander und schließlich von sich selbst entfremdet. Ich habe glückliche Menschen ihre Gelassenheit verlieren sehen, wenn sie nach unseren Normen zu leben begannen. Infolgedessen mußte ich zu dem Schluß kommen, daß Kultur eine viel grundsätzlichere Rolle bei der Ausformung des Individuums spielt, als ich zuvor angenommen hatte.

Eine sehr verengte Sichtweise hindert uns, die Wurzeln so vieler unserer Probleme zu sehen: wir sehen den Wald vor Bäumen nicht. Die westliche Kultur ist von Experten abhängig, deren Blickfeld immer enger und immer augenblicksorientierter wird. Das geht auf Kosten einer weiteren und langzeitlichen Perspektive. Ökonomische Kräfte reißen die Welt rasch in die Richtung immer stärkerer Spezialisierung und Zentralisierung und immer stärker in ein kapital- und energieintensives Lebensmuster.

Wir müssen dringend in die Richtung eines auf Dauer durchhaltbaren Gleichgewichts steuern. Auf ein Gleichgewicht zwischen städtisch und ländlich, männlich und weiblich, Kultur und Natur. Ladakh kann dazu beitragen, den Weg zu zeigen, denn es vermittelt uns ein tieferes Verständnis für die miteinander in Beziehung stehenden Kräfte, die unsere Gesellschaft formen. Ich glaube, daß diese weitere Perspektive unerläßlich ist, damit wir lernen, wie wir uns selbst und unseren Planeten heilen können.

ERSTER TEIL

DIE TRADITION

ERSTES KAPITEL

KLEINES TIBET

Falls Du den Platz nicht erkennst,
er ist dort, von wo aus man das ganze Land sieht.
(Die Gesar-Sage)

Der unebene, gewundene Weg von Srinagar führt nach Leh, der Hauptstadt des alten Königreichs von Ladakh. Er steigt durch die moosgrünen Kiefernwälder von Kaschmir zum Zoji-la-Paß, der Grenze zwischen zwei Welten. Vor dir, in den ausdörrten Regenschatten der Himalayaberge liegt unfruchtbarer Boden. Überall Berge, ein ausgedehntes Plateau von Bergkämmen, die in den verschiedensten Tönen leuchten, von rostfarben bis blaßgrün. Über sie recken sich beschneite Gipfel in einen ruhigen, blauen Himmel, steile Abhänge von weinrotem Geröll fallen zu nackten Mondlandschaften hinab.

Wie kann sich in dieser Wildnis Leben erhalten? Überall Unfruchtbarkeit: Mit jedem Schritt wirbelt man eine Wolke von Staub und Sand auf. Und doch erfassen die Augen allmählich Oasen von Grün. Es leuchtet wie Smaragde, die von einer weiten, elefantenhautartigen Wüste gefaßt sind.

Gerstenfelder tauchen auf, umsäumt von wilden Blumen und Kräutern und den klaren Wassern von Gletscherflüssen. Oberhalb der Felder ist eine Ansammlung von leuchtend weißen dreigeschossigen Häusern mit kunstvoll geschnitzten Balkonen; farbige Gebetsfahnen flattern auf den Dächern. Oben auf der Bergseite thront ein Kloster und wacht über das Dorf.

Wenn man durch die Felder streift oder den schmalen Pfaden folgt, die sich zwischen den Häusern hindurchschlängeln, grüßen einen lächelnde Gesichter. Es scheint unmöglich, daß in dieser Wildnis Menschen ihr gutes Auskommen finden, und doch sprechen alle Zeichen dafür. Alles ist sorgfältig angelegt; die Felder sind aus den Hängen herausgeschnitten und in untadelige Terrassen gestuft worden; die Getreidepflanzen sind strotzend gesund und bilden auf den Feldern ein Muster, als ob ein Künstler den Samen ausgestreut hätte.

Um die Häuser herum schützen Steinmauern, auf denen die Mistfladen für die Feuerung des Küchenherdes in der Sonne trocknen, die Obstbäume und das Gemüse vor den Ziegen. Auf den Dächern wird das Viehfutter für den Winter wie Alfalfa, Heu und die Blätter der wilden Iris in ordentlichen Bündeln gelagert. Aprikosen, die auf Yakhaardecken trocknen und Töpfe mit Studentenblumen setzen überall Farbtupfer von glänzendem Orange.

Der Name Ladakh ist vermutlich von la-dags abgeleitet, was so viel wie „Land der Bergpässe" bedeutet. Im Schatten der Himalayaberge gelegen, ist Ladakh eine Hochlandwüste, die von gewaltigen Bergketten durchschnitten wird. Man nimmt an, daß die ersten Einwohner zwei arische Gruppen waren, die Mons aus Nordindien und die Dards von Gilgit, und daß sich diesen beiden zu einem sehr frühen Zeitpunkt (vielleicht 500 Jahre vor Christi Geburt) eine größere Gruppe mongolischer Nomaden aus Tibet anschloß. Die heutigen Ladakhis entstammen einer Mischung dieser drei Rassen.

Die Kultur Ladakhs ist tibetisch, und oft wird Ladakh als Kleines Tibet bezeichnet. Sprache, Kunst, Architektur, Medizin und Musik spiegeln dieses Erbe. Der tibetische Mahayana-Buddhismus ist die vorherrschende Religion, und der Dalai Lama ist der geistliche Führer. Seit Jahrhunderten studierten Mönche aus Ladakh in tibetischen Klöstern, und es gab einen ständigen Austausch sowohl von Waren als auch Ideen.

Trotz dieser engen kulturellen Verbindung zu Tibet war Ladakh von etwa 950 n. Chr. bis 1834, als es von den hinduistischen Dogras überfallen wurde, ein unabhängiges Königreich. Als die Dogras Kaschmir erobert hatten, fiel Ladakh und das benachbarte Baltistan unter die Herrschaft des Maharaja von Kaschmir und Jammu. Die heutige Grenze folgt der Gefechtslinie des indisch-pakistanischen Krieges von 1947. Die Baltistanregion liegt auf der pakistanischen Seite. Das übrige Ladakh ist Teil Indiens und gehört zu Jammu und Kaschmir. Infolge der zunehmenden Spannungen zwischen Indien und Pakistan, der chinesischen Invasion Tibets in den fünfziger Jahren und der Besetzung der Aksai-Chin-Region 1962 wurde Ladakh zu Indiens strategisch wichtigster Zone.

Das Leben in Ladakh wird vielleicht mehr als jeder andere bewohnte Fleck auf der Erde von den Jahreszeiten bestimmt. Im Sommer wird das Gebiet von der Sonne versengt, im Winter ist der Boden acht Monate lang hartgefroren. Dann können die Temperaturen bis 40 Grad minus fallen. Es gibt kein grimmigeres Klima: Tornados peitschen durch die leeren Korridore der Wüste; Regen ist selten. Man vergißt fast, daß es ihn überhaupt gibt.

Die große Mehrheit der Ladakhis sind eigenständig lebende Bauern. Ihre kleinen, verstreuten Siedlungen finden sich in den hochgelegenen Wüsten. Die Größe jeden Dorfes hängt davon ab, wieviel Wasser, das von dem schmelzenden Schnee und Eis der Berge kommt, verfügbar ist. Vor Generationen schon hatte man Kanäle gebaut, die das Schmelzwasser faßten und zu den Feldern leiteten. Das Wasser wird oft durch mehrere Kilometer lange Kanäle geführt, die es über steile Fels- und Geröllwände so weit schicken, wie es nur reichen will. Ein ausgeklügeltes, gut unterhaltenes Netzwerk kleinerer Kanäle durchwebt jedes Dorf.

In einer Höhe von 3000 Metern und bei einer auf wenig mehr als vier Monate begrenzten Wachstumszeit haben die Ladakhis kaum eine Wahl, welche Früchte sie anpflanzen sollen: Wie auch anderswo auf dem Tibetischen Hochland, wird hauptsächlich Gerste angebaut; die Mahlzeiten bestehen hauptsächlich aus geröstetem Gerstenmehl, dem ngamphe. Etwa auf zwei Dritteln der Felder wird Gerste angepflanzt, auf den übrigen schnellreifende Weizensorten. Die meisten Bauern haben auch einige kleine Felder mit Erbsen und einen Garten mit Steckrüben. In den Tälern findet man Aprikosenhaine und riesige Walnußbäume. In den sehr hochgelegenen Siedlungen, wo noch nicht einmal Gerste gedeihen will, leben die Menschen vornehmlich von Viehzucht.

Der durchschnittliche Grundbesitz einer Familie liegt bei ungefähr fünf Morgen; gelegentlich kann schon einmal eine Familie bis zu zehn Morgen haben. Das Höchstmaß an Landbesitz wird von der Familiengröße bestimmt und beträgt grob gerechnet einen Morgen pro arbeitendes Familienmitglied in einem Haushalt. Darüber hinausgehender Landbesitz ist nicht sinnvoll. Warum sollte man auch Land besitzen, das man nicht bearbeiten kann?

Diese Einstellung zeigt sich auch darin, daß Ladakhis Land danach bemessen, wie lange es dauert, es zu pflügen. Die Größe einer Parzelle wird mit „ein Tag", „zwei Tage" und so weiter beschrieben.

Tiere spielen eine zentrale volkswirtschaftliche Rolle. Ihr Mist ist der wichtigste Brennstoff. Sie sind Transportmittel, helfen bei der Arbeit und liefern Wolle und Milch. Die häufigsten Haustiere sind Schafe, Ziegen, Esel, Pferde, Kühe und die berühmten Yaks. Das „Dzo", eine Kreuzung zwischen der heimischen Kuh und dem Yak, gilt als wichtigstes und nützlichstes Zugtier.

Die riesigen Grasflächen (phu), die in der Nähe von Gletschern in einer Höhe von zwischen 4500 bis 5500 Metern liegen, dienen als Weideland. Hier wachsen während des kurzen Sommers plötzlich Wildpflanzen im Überfluß, unter anderem auch unser Edelweiß. Anders als in unseren gemäßigten europäischen Zonen ist dieses Land in großen Höhen grüner. Es ernährt außerdem eine Vielzahl wilder Tiere, darunter das Blauschaf, den einsiedlerischen Schneeleoparden und den Wolf. Von Juli bis September lebt ein Teil der Familie hier, um sich um das Vieh zu kümmern, Mist zu sammeln und Butter und Käse für den Winter zu machen.

Meine ersten Jahre in Ladakh verbrachte ich damit, die Sprache zu analysieren und Volkserzählungen für die „School of Oriental and African Studies" in London zu sammeln. Die Schriftsprache, wie sie auch in den religiösen Texten benutzt wird, ist klassisches Tibetisch. Das Umgangsladakhi, ein tibetischer Dialekt, unterscheidet sich davon so stark wie eine eigenständige Sprache. Ursprünglich war es lediglich eine gesprochene Sprache. Die meiste Zeit arbeitete ich mit Gyelong Paldan, einem buddhistischen Mönch, an einem Ladakhi-Englischen Wörterbuch. Dabei wurde die Sprache zum ersten Mal in tibetischer Schrift geschrieben.

Tashi Rabgyas, einer von Ladakhs führenden Gelehrten, half mir bei meinen Versuchen, die komplizierte Grammatik zu entwirren, die wohl zu den schwierigsten der Welt gehört. Diese zwei wurden bald meine engen Freunde.

Paldan war damals Anfang dreißig, hatte eine sanfte Sprechweise, ein ernstes Aussehen und einen rasiermesserscharfen, trokkenen Witz. Er hatte als junger Mönch eine Zeit in Sri Lanka verbracht und war danach mehrere Jahre in Klöstern des zentralen Tibet. Tashi war fünfzehn Jahre älter und, obgleich kein Mönch, war er der in Ladakh am meisten verehrte buddhistische Philosoph. Ich begegnete einem Mann von ansteckender Vitalität, dessen großflächiges Gesicht dauernd von einem strahlenden Lächeln erhellt wurde. Für Tashi war nichts langweilig; er brachte in alles, sogar in eine Diskussion der Einsteinschen Relativitätstheorie oder in die Konjugation der Ladakhi-Verben seine überschäumende Freude ein. Er war nicht nur ein Gelehrter, sondern in ganz Ladakh auch berühmt für seine Gedichte und Lieder. Kurz nachdem ich mit ihm zu arbeiten begonnen hatte, schrieb er das folgende Gedicht in Ladakhi für mich, das er später selbst ins Englische übersetzte:

Im großen Europa, woher du kamst,
gedeihen viele freie Staaten
mit Technologien und Industrien
zu materiellem Wohlstand, unermeßlich.

Ein Mehr gibt es dort an weltlicher Lust,
ein Mehr an Geschäftigkeit,
ein Mehr an Forschung und Literatur,
an Wechsel in allen Bereichen.

Trotz uns'res Mangels an Fortschritt hier,
genießen wir den Frieden des Herzens.
Obwohl ohne jede Technologie,
besitzen wir tieferes Dharma.

Unsere Sprache in Ladakh und Tibet
ist die uns'rer weisen Lamas,

ist ein Schatz, erfüllt mit Dharma.
Keine andre Zunge kann ihr gleichen.

All der Erscheinungen Pracht,
schau sie an mit Achtsamkeit.
Eignet ihnen erhabener Sinn?
Ich fand keinen Sinn in ihnen.

Ob du Unmengen konsumierst
Und Vergnügen im Überfluß hast
und über Ruhm und Macht verfügst –
auch dir ist nur der Tod gewiß.

Zur Todesstunde wird uns – außer unseren Taten –
kein Bruchteil uns're Reichtums nützen.
das Gute oder Schlechte, das wir tun,
erschafft uns uns're Freuden oder Sorgen.

Was bleibt, ist Wahn und Illusion,
wo Dharma nicht verwirklicht wird
und, bis Verstehen Sprache transzendiert,
endlose Worte und Begrifflichkeiten.

Arbeite hart und konzentriere dich,
es wird nicht lange dauern, und du wirst es lernen,
du wirst das Schauspiel sehen,
und dir wird klar, wohin ich ziele

Während das Studium der Ladakhi-Sprache noch den Schwerpunkt meiner Arbeit ausmachte, wurde ich zunehmend durch die Menschen fasziniert, durch ihre Werte und ihre Art, die Welt zu sehen. Warum lächelten sie dauernd? Und wie konnten sie in einer derart feindseligen Umwelt vergleichsweise behaglich leben?

Meine erste wirkliche Einführung in das traditionelle Leben erhielt ich von Sonam, einem jungen Mann aus dem Dorf Shukpachan. Er war nur etwa 1,55 m groß, und jedermann nannte ihn *baloo*, was so viel wie Zwerg bedeutet. Sonam arbeitete als Büroangestellter im Erziehungsministerium in Leh, während seine ganze Familie daheim im Dorf lebte. Nicht lange nach meiner Ankunft ging er nach Hause und lud mich ein, ihn zu begleiten.

Zuerst suchten wir das Kloster von Ridzong auf, um Sonams Bruder Thundap zu treffen, der dort als *gonyer* oder Schlüsselhalter lebte. Von allen Klöstern in Ladakh ist Ridzong das angesehenste. Die Mönche gehören der „Gelbmützen"-Sekte des tibetischen Mahayana-Buddhismus an, die im sechzehnten Jahrhundert von dem großen Reformer Tsongkapa gegründet wurde und für strenger und disziplinierter als die älteren „Rotmützen"-Sekten gehalten wird. Ridzong ist bekannt dafür, strenger als die meisten anderen Klöster zu sein.

Das Kloster ruft ehrfürchtiges Staunen hervor. Es liegt so versteckt in den unfruchtbaren Bergen, daß seine massiven weißen Wände mit den Spritzern von dunklem Kastanienbraun Teil des Felsens selbst sein könnten. Der steile Zickzackpfad, der uns von der Talsohle den Berg hinauf bis zum Eingang des Klosters führte, war gesäumt von rotgewandeten Gestalten. Erst sah es aus wie eine Prozession, aber als wir näher kamen, erkannten wir Mönche, die dabei waren, Steine wegzuschleppen und Berge von Schlamm und Geröll wegzuschaufeln; ein Unwetter hatte Teile des Pfades fortgewaschen. Nachdem ich so viel von dem außergewöhnlichen Asketentum dieser Mönche gehört hatte, war ich verblüfft, daß sie bei der Arbeit miteinander lachten und sangen.

Von Ridzong war es ein vierstündiger Fußweg nach Hemis Shukpachan. Einer der Mönche, ein alter Mann mit Namen Norbu vom Kloster Hemis, kam mit uns. Sein Kopf war fast kahl, und ein ansteckendes Lächeln ließ blitzende Zähne sehen. Unser Weg überquerte in einer Höhe von über 3000 Metern einen Paß. Das Land war unfruchtbar, Felsen und Sand von der Sonne aufgeheizt. Trotz seiner Kopfschmerzen hatte Norbu die Energie, immer noch lächelnd einige farbige, mit Mantras und dem heiligen Windpferd (Lhungsta) bedruckte Gebetsfahnen an der Steinpyramide auf der Paßhöhe anzubringen. Weiter unten erstreckten sich die Felder des Dorfes wie eine grün schimmernde Schlange zwischen Bergen von purpurfarbenem Geröll.

Der Pfad war steil und felsig, doch die Ladakhis schlenderten ihn hinab, als ob er gepflastert wäre. Das Dorf Hemis tauchte vor uns auf: schlanke, gerade gewachsene Pappeln; weiß gekalkte Häuser, die im Gold der Abendsonne leuchteten, waren verstreut in den Flecken hunderter verschiedener Grüns der heranreifenden Ernte. Unser Weg wand sich zwischen Trockenmauern, die im Lauf von Generationen gebaut worden waren, um das gefährdete Erdreich zu bewahren. Als wir ins Dorf kamen, mußten wir nach religiösem Brauch einen kleinen Umweg machen, um an die linke Seite eines „chorten", dem überall gegenwärtigen Symbol des tibetischen Buddhismus, vorbeizugehen.

Chortens, die ein wenig aussehen wie Bauernfiguren eines überdimensionalen Schachspiels, segnen den Eingang zu jedem Dorf; sie entwachsen dem Erdreich so unvermeidlich wie die Berge selbst. Sie sind meist aus gekalktem Stein und Lehm errichtet und verjüngen sich zur Spitze hin zu einem Turm von etwa sechs Meter Höhe. Das ganze Bauwerk bringt die Grundzüge der buddhistischen Lehre zum Ausdruck. Ein aufgehender Mond, der die Sonne fest an sich drückt, symbolisiert an der obersten Spitze des Gebäudes die Einheit allen Lebens und die Aufhebung der

Chortens oder Stupas sind die überall zu findenden Symbole des tibetischen Buddhismus.

Dualität. So wird der Vorübergehende daran erinnert, daß alle Dinge, sogar Sonne und Mond, die doch so weit voneinander entfernt scheinen, untrennbar miteinander verbunden sind.

Als wir das Dorf erreichten, gingen wir die engen Wege zwischen den großen Häusern mit ihren flachen Dächern entlang, vorbei an Gemüsegärten und Aprikosenhainen. Kinder rannten freundlich und furchtlos herbei. Frauen plauderten heiter beim Wollespinnen, einige hatten Babies mit kräftig getönten Bäckchen an der Brust. Ich sah alte Männer mit tausenden von Runzeln im Gesicht, junge Mädchen mit langem, dunklem, zu dicken Zöpfen geflochtenem Haar, eine Ziege, die ein neugeborenes Zicklein säugte. „Jule, karu skydat-le?" war der allgemeine Gruß. „Hallo, wie geht es dir?" (oder wörtlich: wohin gehst du?).

In Sonams Haus stiegen wir eine Steintreppe zum ersten Geschoß empor. Er führte mich zunächst in die Küche, einen Raum, der verglichen mit der draußen herrschenden Helligkeit so dunkel war, daß ich einen Augenblick lang kaum etwas sah. Es war ein großer Raum, als Fenster dienten kleine Öffnungen in der mindestens neun Meter entfernten gegenüberliegenden Wand. Die Luft war raucherfüllt von dem Feuer auf dem Küchenherd. Reihen glänzender Messing- und Kupfertöpfe hoben sich strahlend von den dunklen Wänden ab.

Sonams Mutter, Tsering Dolkar, rührte in einem riesigen Topf auf dem Herd. Mit einem Nicken des Kopfes und einem warmen Lächeln hieß sie uns willkommen, während Sonam erklärte, wer ich sei. Er bestand darauf, daß ich mich direkt neben den Herd setzte, auf den Ehrenplatz, der gewöhnlich dem Großvater vorbehalten war. Wir saßen auf wattierten Teppichen, die in L-Form entlang den Wänden ausgelegt waren, hatten niedrige Tische, die „chogste", vor uns und tranken den berühmten salzigen Buttertee – ein erlesener Geschmack! Die Teekanne war aus Messing, verziert mit zierlichen eingravierten Mustern und Intarsien aus Silber, Tülle und Griff hatten die Gestalt eines Drachens. Sonams Onkel Phuntsog schaukelte gerade ein kleines Mädchen in den Schlaf. Er tapste vorwärts und rückwärts, das Mädchen in einem Tuch auf seinem Rücken. Abi-le oder zu deutsch Großmutter sang ein Mantra, wobei ihre Hände über die abgegriffenen hölzernen Gebetsperlen in ihrem Schoß glitten. „Om mani padme hum, Om mani padme hum ..." Ich fühlte mich wohl unter diesen Menschen. Es kam mir durch ihre ruhige und selbstverständliche Art, mit der sie die Gegenwart eines Fremden akzeptierten, so vor, als ob ich schon viele Male in jener Küche gesessen hätte.

ZWEITES KAPITEL

LEBEN MIT DEM LAND

Möge das Getreide so schwer werden, daß es sich in die Furche legt,
Möge es so dick werden, daß nicht einmal hundert junge Männer es schneiden können,
So schwer, daß hundert Mädchen es nicht forttragen können. (Saatlied der Ladakhi)

In Ladakh beginnt der landwirtschaftliche Zyklus je nach Höhenlage irgendwann zwischen Februar und Juni. Die Saatzeit ist eine Zeit von poetischer Schönheit. Die Sonne steht nun höher, und das Tal beginnt wieder lebendig zu werden. Auf einem hochgelegenen Platz im Osten oberhalb des Dorfes dient ein großer Steinhaufen in der Form eines Obelisken (nyitho) als landwirtschaftlicher Kalender. Der Punkt, auf den sein Schatten fällt, bezeichnet den Beginn der verschiedenen Tätigkeiten. Säen, Bewässern, Ernten, alles wird durch besondere Kennzeichen angezeigt. Wenn die Sonne den richtigen Stand zum Säen erreicht, wird der Astrologe befragt. Er studiert seine Karten und ermittelt den besten Tag für den Beginn der Arbeit. Im günstigsten Fall wird es ihm gelingen, Wasser und Erde in Einklang zu bringen. Jemand, dessen Sternzeichen vorteilhaft scheinen, wird ausgewählt, die erste Saat zu säen.

Als nächstes müssen die Geister von Erde und Wasser, *sadak* und *lhu,* freundlich gestimmt werden: die Würmer des Erdreichs, die Fische der Flüsse, die Seele des Landes. Sie können leicht verärgert werden: das Graben eines Spatens, das Brechen von Steinen, ja sogar das Geräusch der Füße beim Gehen auf dem Boden über ihnen kann sie in ihrem Frieden stören. Vor der Aussaat wird ihnen zu Ehren ein Fest veranstaltet. Einen ganzen Tag lang sagen Gruppen von Mönchen Gebete her; niemand ißt Fleisch oder trinkt *chang,* das heimische Bier. In einer Baumgruppe am Dorfende, wo man einen kleinen Hügel aus Tonziegeln für die Geister errichtet hat, wird Milch geopfert; andere Opfergaben werden in den Fluß geworfen.

Dung, der schon vor Wochen auf Eselsrücken herbeigeschafft wurde, wartet neben den Feldern. Jetzt in der Morgendämmerung breiten ihn die Frauen schnell in den Furchen aus. Wenn die Sonne aufgeht, versammelt sich die ganze Familie. Zwei Männer tragen den Holzpflug; vorneweg lassen zwei massige *dzo* die Kinder, die sie lenken, wie Zwerge erscheinen. Arbeit und Fest sind eins. Die Menschen trinken *chang* aus silbergeränderten Tassen, und die Luft summt von den Geräuschen des Feierns. Ein Mönch in kastanienbraunem Gewand singt heilige Texte; Gelächter und Gesang schallen hinüber und herüber von Feld zu Feld. Das Wüten des Winters ist vorüber.

Die *dzos,* eine Kreuzung aus Yak und Rind, gehen im Joch. Es sind fügsame Tiere, aber stolz, sie mögen nicht zur Eile getrieben werden. Ungerührt ziehen sie den Pflug; hinter ihnen streut der Sämann seine Saat aus und singt dazu:

> Manjushri, Geist der Weisheit, höre,
> Ihr Götter, Lhu, Besitzer unsrer Mutter Erde, hört!
> Mögen aus nur einem Korn hundert Pflanzen wachsen,
> oder tausend Pflanzen aus zwei Körnern.
> Zwillinge sollen alle Körner sein.
> Gebt uns genug, damit voll Andacht wir
> anbeten Buddha und die Bodhisattvas
> und unterstützen Sangha und die Armen.

Nach der Aussaat muß man sich nicht mehr viel um das Gedeihen kümmern; nur beim Bewässern wird sich abgewechselt, manchmal entscheidet auch das Würfeln. In den meisten Dörfern wird das Bewässern von einem *Churpon,* den die Dorfgemeinschaft bestimmt oder wählt, geregelt. Er reguliert die Wasserzufuhr, indem er je nach Bedarf die Kanäle öffnet oder schließt. Den einzelnen Haushalten steht wöchentlich eine bestimmte Zeitspanne zu, in der sie das Wasser der Hauptkanäle auf ihre eigenen Felder umlenken dürfen.

Als ich eine Mutter und ihre zwei Töchter beim Bewässern beobachtete, sah ich, wie sie die kleinen Kanäle öffneten und sie, sobald der Grund durchnäßt war, mit einem Spaten voll Erde wieder schlossen. Sie schafften es, das Wasser erstaunlich gleichmäßig zu verteilen; Offenbar wußten sie, wo es leicht fließen würde und wo es etwas Nachhilfe brauchte: ein Spaten voll hier ausgegraben, um ihn dort zum Zuschütten zu brauchen, ein Felsstück gerade so weit gehoben, daß der Kanal wieder fließen konnte. Und alles geschah mit einem ausgeprägten Gefühl für die benötigte Zeit. Manchmal lehnten sie sich auch auf ihre Spaten, um ein Schwätzchen mit ihren Nachbarn zu halten. Das Wasser ließen sie dabei aber nicht aus den Augen.

Die Ernte ist eine weitere Gelegenheit zu feiern. Die in einer Reihe arbeitenden Schnitter, junge und alte, Männer wie Frauen, singen, während sie die Halme kurz über dem Boden mit Sicheln schneiden. Am Abend versammeln sich die Menschen zum Singen, Trinken und Tanzen. In der Küche wird eine Butterlampe angezündet, und Girlanden von Weizen, Gerste und Erbsen werden um die runden Pfeiler gewunden.

Das Getreide wird zu Garben gebündelt und dann auf dem Rücken zum Dreschen getragen. Ein großer Kreis von ungefähr neun Metern Durchmesser aus festgetrampelter Erde bildet den Dreschboden. Tiere, die an einem Pfosten in der Mitte in einer Reihe festgebunden sind, trampeln die Ähren und fressen davon im Vorwärtsgehen. Die Dzos sind dafür am besten geeignet. Sie sind nicht nur groß und schwer, sondern wandern, sobald sie einmal in Bewegung gesetzt sind, stundenlang fröhlich weiter im Kreis. Oft findet man eine Reihe verschiedener Tiere, manchmal bis zu zwölf. Das Dzo läuft dabei in der Kreismitte und hat nur eine kurze Laufstrecke, während Pferde und Esel am äußeren Rand des Kreises laufen und richtig trappeln müssen, um mitzukommen. Der hinter ihnen gehende Drescher, manchmal ist es ein Kind, ruft ihnen ermunternde Worte zu und begleitet sie mit einer Melodie: „Ha-lo baldur, ha-lo baldur ...“ Um zu verhindern, daß der Tiermist das Getreide verschmutzt, trägt der Drescher einen Weidenkorb, in dem er mit lässiger Geschicklichkeit den Mist auffängt, bevor er auf dem Boden landet. In der Nähe steht ein Reserve-Dzo und wartet, bis es an der Reihe ist, die anderen Tiere, die man von den Sommerweideplätzen heruntergebracht hat, fressen inzwischen von den Stoppeln der Felder.

Das Worfeln sieht ganz besonders graziös aus: In einem vollendet leichten Rhythmus wird das Getreide in die Luft geschaufelt; die Hülsen trägt der Wind davon, das Korn fällt zu Boden. Zwei Personen, die einander mit hölzernen Gabeln gegenüberstehen, arbeiten dabei zusammen. Bei der Arbeit pfeifen sie, um den Wind einzuladen, manchmal singen sie auch:

O reine Göttin des Windes!
O schöne Göttin des Windes!
Trage die Spreu davon!
Ongsla skyot!
Trenne die Spreu vom Korn!
Mögen uns die Götter
statt der Menschen helfen!
Ongsla skyot!

Dann wird das Korn gesiebt. Bevor es in Säcke kommt, wird eine kleine religiöse Figur oder deren Abbildung oben auf einen der Kornhaufen gelegt, um die Ernte zu segnen.

Sonam hatte mich zu sich nach Hause zum *Skangsol* eingeladen, dem Erntefest. Ich erwachte von dem köstlichen Duft des brennenden Wacholders *shukpa.* Onkel Phuntsog trug ein Gefäß mit brennendem Weihrauch von Raum zu Raum, damit der Duft in alle Ecken drang. Diese tägliche Zeremonie dient der spirituellen Reinigung. Sie wird in jedem buddhistischen Heim vorgenommen.

Ich ging auf den Balkon hinaus. Ganze Familien – Großväter, Eltern, Kinder – arbeiteten auf den Feldern, einige beim Schneiden, andere beim Worfeln oder Häufeln. Jede Tätigkeit hatte dabei ihren eigenen besonderen Gesang. Die Ernte lag in goldenen Haufen, hunderte auf einem einzigen Feld, so daß die nackte Erde kaum mehr zu sehen war. Ein klares Licht tauchte das Tal in einen intensiven Glanz. Man hatte diesem Land keine häßliche Geometrie aufgezwungen, keine sich wiederholenden Linien; alles ist angenehm für das Auge, beruhigend für die Seele.

Weiter unten im Tal sang ein Mann für seine Tiere, die seine Felder pflügten, dieses Lied:

> O ihr zwei großen Bullen, Söhne des wilden Yak.
> War eure Mutter auch eine Kuh,
> Ihr seid wie Tiger und Löwe.
> Ihr seid wie der Adler, König der Vögel,
> Seid wie die Tänzer der hohen Gipfel.
> Nehmt ihr die Berge nicht auf den Schoß
> und trinkt das Meer mit einem Schluck?
> O ihr zwei großen Bullen, zieht, zieht!

Ein Kartoffelfeld wird im Frühherbst mit Hilfe des Dzos umgepflügt. Das Dzo ist eine Kreuzung zwischen Yak und Rind.

Über mir auf dem Dach signalisierte das tiefe, rumpelnde Geräusch der Zangstungs, der zweieinhalb Meter langen Kupferhörner, den Beginn der Zeremonie. Wie bei allen religiösen Veranstaltungen feierte man auch jetzt in Gesellschaft. Mehrere Gäste waren bereits eingetroffen. Männer und Frauen wurden in verschiedenen Räumen bewirtet. Sie saßen an niedrigen, kunstvoll mit geschnitzten Drachen und Lotusblumen gearbeiteten Tischen; die Fresken an den Wänden waren viele Generationen alt. Die Männer trugen ihre *gonchas*, lange, handgewebte Gewänder. Sie waren entweder naturbeige oder in dem dunklen Kastanienbraun der Hügel eingefärbt. Viele trugen einen Türkisohrring und die traditionelle Haartracht: hinten einen Zopf und den vorderen Teil des Kopfes kahlrasiert. Die reichere Bekleidung der Frauen wurde mit einer Jacke aus Brokat vervollständigt. Sie trugen prachtvollen Schmuck – Armbänder, Ringe, Halsketten – und einen phantastischen Kopfschmuck, die *peraks*, die mit Dutzenden von Korallen und Türkisen besetzt sind. Ein alter Mann winkte mir, mich zu ihm zu setzen. „Dies ist meine neue Schwiegertochter", sagte er, als er mich den anderen vorstellte, und seine Augen blitzten schalkhaft, als sie alle lachten.

Sonam machte regelmäßig die Runde und bot seinen Gästen Tee und Chang an. Wenn er kam, um das Glas zu füllen, gehörte es sich für den Gast, wiederholt zu danken und abzulehnen, ja sogar sein Glas ein paar Zentimeter zurückzuziehen, damit er gar nichts einschenken konnte, bevor er schließlich doch einwilligte. Solche Höflichkeitsrituale zwischen Gastgeber und Gast *(dzangs choches)* gibt es manchmal auch in Liedform:

Ich werde keinen Chang mehr trinken,
es sei denn, irgend jemand nimmt
den blauen Himmel auf den Schoß,
nur dann will ich noch etwas nehmen.

Der Mond, die Sonne, beide nehmen
den blauen Himmel auf den Schoß.
Trinkt kühlen Chang, trinkt, trinkt!

Ich werde keinen Chang mehr trinken,
es sei denn, irgend jemand flicht
zu Zöpfen aller Flüsse Wasser,
nur dann will ich vom Chang noch nehmen.

Die Fische mit den goldnen Augen,
sie sind es, die das Wasser flechten,
trinkt kühlen Chang, trinkt, trinkt!

Die Mönche zelebrierten die Zeremonie in der Hauskapelle, dem *chokhang*. Aus Gerstenteig, der mit Butter und Blütenblättern verziert ist, hatten sie Pyramiden geformt, um sie den fünf Dharmapals, den Schutzgottheiten des Buddhismus, zu opfern. Zwei Tage lang würde Sonams Familie nun *skangsol* feiern: die Ernte war eingebracht, und das bäuerliche Jahr begann seinen Zyklus von neuem. Gebete, die nicht nur für das Glück und Wohlergehen dieser einen Familie, sondern für jedes beseelte Wesen des Universums baten, wurden in die Lüfte geschickt. Bis in die Dunkelheit waren die Klänge, die sich aus den Gesängen der Mönche und dem rhythmischen Schlagen der Trommeln mischten, überall im Dorf zu hören.

Bald nach meiner Ankunft in Ladakh wusch ich ein paar Kleidungsstücke im Fluß. Gerade, als ich ein schmutziges Kleid ins Wasser tauchte, kam ein kleines Mädchen, höchstens sieben Jahre alt, von einem stromaufwärts gelegenen Dorf. „Du kannst deine Kleider nicht in dieses Wasser tauchen", sagte sie scheu. „Die Menschen weiter unten müssen es doch trinken." Sie zeigte in die Richtung eines mindestens eineinhalb Kilometer entfernten Dorfes. „Du kannst das Wasser dort drüben nehmen, das wird nur zum Bewässern gebraucht."

Ich fing an zu lernen, wie die Ladakhis in einer solch unwirtlichen Umgebung überleben können. Ich begann auch die Bedeutung des Wortes „Genügsamkeit" zu begreifen. Im Westen tauchen bei diesem Begriff Erinnerungen an unsere alten Tanten mit ihren verschlossenen Speisekammertüren auf. Aber die Genügsamkeit in Ladakh, die die Grundlage des Wohlergehens der Menschen bildet, ist etwas vollkommen anderes. Achtsam mit begrenzten Ressourcen umzugehen, hat nichts mit Geiz zu tun; dies ist vielmehr Frugalität im ursprünglichen Sinn von Fruchtbarkeit: mehr aus wenigem erhalten.

Wo wir etwas längst für vollkommen abgenutzt und wertlos halten und ausrangieren würden, haben die Ladakhis immer noch irgendeine Verwendung dafür. Nichts wird einfach weggeworfen: Was man nicht essen kann, wird den Tieren gefüttert, was nicht zur Feuerung verwendet wird, kann den Boden düngen.

Sonams Großmutter Abi-le schüttete die Gerste, aus der sie Chang gemacht hatte, nicht fort. Das gekochte und fermentierte Getreide hatte schon für vier Aufgüsse gedient. Nun breitete sie dieses Getreide zum Trocknen auf eine Yakhaardecke, damit es anschließend noch gemahlen und gegessen werden konnte. Die zertrümmerten Überbleibsel von Aprikosenkernen, eine dunkle braune Paste, aus der schon sorgfältig Öl gepreßt worden war, formte sie zu einer Art kleiner Tasse. Nach dem Härten benutzte sie sie, um ihre Spindel sich darin drehen zu lassen. Sie bewahrte sogar das Spülwasser auf: Die winzigen Speisereste darin sind zusätzliches Futter für die Tiere.

Ladakhis flicken ihre selbstgewebten Gewänder, bis sie nicht mehr geflickt werden können. Wenn sie wegen der Winterkälte zwei oder drei übereinander tragen müssen, wird das besterhaltene zuunterst getragen, um es für besondere Anlässe zu schonen. Wenn ein abgetragenes Gewand aber gar nicht mehr repariert werden kann, wird es mit Lehm an einer Schwachstelle eines Bewässerungskanals angebracht, um Lecks zu verhindern.

Alle wildwachsenden Pflanzen, Sträucher und Büsche am Rand der bewässerten Ländereien oder in den Bergen – also was wir Unkraut nennen würden – werden gesammelt und irgendeinem sinnvollen Gebrauch zugeführt. *Burtse* wird als Feuerung oder Viehfutter verwendet, *yagdzas* für die Dächer der Häuser, der dornige *sermang* zum Errichten von Viehzäunen, *demok* wird zum Färben gebraucht. Andere dienen als Medizin, zur Ernährung, als Weihrauch und zum Korbflechten.

Der Stallboden gilt als Düngemittel und wird losgegraben. So wird auch der Tierurin gebraucht. Mist wird nicht nur in den Ställen und Pferchen gesammelt, sondern auch von den Weiden geholt. Nicht einmal die menschlichen Ausscheidungen werden verschwendet: Jedes Haus hat Latrinen zum Kompostieren. Sie bestehen aus einem kleinen Raum mit einem über einer Art vertikaler Rutsche im Fußboden angebrachten Loch, meistens im ersten Geschoß. Um die chemische Kompostierung zu unterstützen, werden Erde und Asche hinzugefügt, dadurch wird nicht nur die Qualität des Düngers verbessert, sondern es werden auch unangenehme Gerüche vermieden. Einmal im Jahr werden die

Latrinen bis auf den Grund geleert und der Inhalt auf die Felder gebracht.

Auf solche Weise haben die Ladakhis traditionell alles wieder verwendet. Es gibt praktisch keinen Abfall. Die Bauern verfügen über nur wenig Ressourcen. Und doch haben sie es geschafft, sich nahezu vollständig unabhängig von der übrigen Welt zu versorgen – bis auf Salz, Tee und ein paar Metalle für Kochgeschirr und Werkzeuge.

Mit jedem Tag und jeder neuen Erfahrung gewann ich ein tieferes Verständnis dafür, was diese Selbständigkeit eigentlich bedeutet. Konzepte wie „Selbsterhaltung" und „Ökologie" sagten mir nicht viel zur Zeit meiner Ankunft. Im Laufe der Jahre wuchs nicht nur meine Bewunderung für die erfolgreiche Anpassung der Ladakhis an die Natur, sondern ich wurde auch gezwungen, den westlichen Lebensstil, an den ich gewöhnt war, neu zu bewerten.

Einige meiner schönsten Erinnerungen an ein Leben in größerer Nähe zur Natur rühren von Erlebnissen auf den hochgelegenen Weiden, den *phus.* Auch für die Tiere sind die *phus* das gelobte Land. Schon im Vorfrühling singt der Bauer ihnen von den zukünftigen Freuden vor:

O du schönes, starkes Tier,
Dein Schwanz ist lang
Dein Horn reicht bis zum Himmel.
Bitte pflüge unser Feld,
Tue deine Arbeit für uns jetzt,
Und wir bringen dich zu jenen Weiden,
Wo du hohes Gras und Blumen findest
Und nichts tun mußt tagelang.
O du schönes Tier.

Um den *phu* bei Nyimaling, die „Wiese der Sonne", zu erreichen, mußten wir den über 5500 Meter hohen Paß Gongmaru La überqueren. Es würde eine lange Tagesreise werden. Meine Freundin Tsering und ich hatten vor, bald zurückzukommen, aber ihre Schwester Deskit und die Kinder würden mit ihrem Onkel Norbu dort oben bleiben, um Butter und Käse zu machen und Mist und

Besenreisig zu sammeln. Im Laufe des Sommers sammelten sie mindestens eine Tonne trockenen Mist als Feuerung zum Kochen und für die notwendigste Heizung während der kalten Wintermonate. Die übrige Familie kam ab und zu herauf, um Brot, Mehl und Chang zu bringen und zurück ins Dorf zu transportieren, was man oben gesammelt hatte.

Am Morgen unseres geplanten Aufstiegs waren wir früh auf den Beinen. Wir beluden die Esel mit den Sachen, die wir brauchen würden: warme Kleidung, Decken, Säcke mit Gerstenmehl, Salz, Tee und getrocknete Aprikosen. Zur Mittagszeit näherten wir uns dem höchsten Punkt des Tales und machten Rast an einem Schmelzwasserfluß. Die steilen Berghänge zu beiden Seiten des Tales hatten uns vor der unbarmherzigen Sonneneinstrahlung geschützt, und so hatten wir eine gute Strecke zurückgelegt. Aber nun wurde es heißer, und alle begrüßten die Rast. Wir sammelten ein paar Zweige und Mist am Wegesrand, und Tsering machte ein kleines Feuer. Besonders begrüßt wurde der salzige Buttertee; ich wußte ihn inzwischen auch schon zu schätzen. Nach einem langen Marsch in der trockenen Hitze fühlt man die Notwendigkeit, das Salz im Körper zu ersetzen, und die spröden Lippen verlangen förmlich nach der Butter, die sie befeuchtet und glättet.

Während des Nachmittags stiegen wir stetig. Und die außerordentliche Schönheit der lautlosen Landschaft erfüllte mich mit einem Hochgefühl und tiefer Freude. Die Anstrengung in so großer Höhe, Atemnot und eine gewisse Benommenheit machten es trotzdem nötig, daß ich öfter anhielt und etwas rastete. Tsering, Deskit und die Kinder machten dann auch Pausen, obwohl sie alle ohne Schwierigkeit den Berg hätten hinaufrennen können. Bei Sonnenuntergang erreichten wir die Paßhöhe. Wir blieben sprachlos stehen und erblickten eine endlose Kette von Gipfeln und Bergketten im letzten Glanz der Abendsonne. Wir stießen den üblichen Ruf „Kiki soso, lhar gyalo" („Mögen die Götter siegreich sein!") aus und rasteten ein paar Augenblicke an dem *lhato*, der Steinpyramide mit den Gebetsflaggen, die gewissermaßen das Leuchtfeuer jedes Passes in Ladakh ist.

Wir erreichten die ersten Häuser des *phu* in der Dämmerung. Die Sonne war zwar untergegangen, aber eine ganze Zeit lang verwandelte ein Glühen die 150 Kilometer entfernten Gipfel in Zanskar in Silhouetten. Mit der zunehmenden Dunkelheit des Himmels erschienen die ersten Sterne. Vom Türeingang aus blickte Onkel Norbu über das Tal und prüfte, ob er alle Ziegen eingeholt hatte, denn vor Einbruch der Nacht sollten sie in ihren Pferchen eingeschlossen sein.

Schafe, Ziegen, Kühe, Yaks und Dzos verbringen alle ihren Sommer in Nyimaling. Schafe und Ziegen werden in die Hügelgegend des Tales getrieben, jeden Tag an eine andere Stelle, damit eine Überweidung vermieden wird. Währenddessen grasen die Kühe die Talsohle ab. Das unabhängige Dzo und Yak ist hoch droben in der Nähe der Gletscher auf Futtersuche. Trotz ihres mächtigen Körpers erklimmen diese majestätischen Tiere mit großer Leichtigkeit und erstaunlich schnell steile Felswände. Im Sommer wird viel Zeit gebraucht, um die Dzos herunterzuholen, weil sie den Trieb haben, viele Kilometer, manchmal eine Zwei- oder Dreitagetour weit über hohe Bergpässe wegzuwandern. Manchmal tauchen sie überraschend im Dorf auf, da sie ihren Weg von den Weideplätzen nach Hause finden. Um die Feldfrüchte vor ihnen zu schützen, werden sie umgehend zurück zum *phu* getrieben. Ich konnte sie aus der Entfernung mit bloßen Augen nur als schwarze Punkte gegen das rosig getönte Geröllfeld ausmachen. Aber Deskits zehnjähriger Sohn Angchuk konnte nicht nur feststellen, daß es Dzos, und nicht etwa Yaks oder Kühe waren, sondern sogar die eigenen Tiere von denen der anderen unterscheiden.

Nyimaling: ein Berg, der mit 6300 Metern über der Talsohle thront und übersät ist mit Grün und Blumen; Murmeltiere pfeifen einander zu; die Luft erklingt vom Ton der Flöten und den Liedern der Hirtenjungen. Während dieser wenigen Tage bekam ich eine Ahnung davon, wie das Leben vor Tausenden von Jahren gewesen sein mochte. Die Nähe zwischen den Menschen, dem Land und den Tieren, von denen sie abhängig sind, berührte mich tief. Es war etwas, das niemals zu meinem Leben gehört hatte, und doch fühlte es sich vertraut an.

Wir wohnten in einer Steinhütte. Das ist eine Sommerwohnung und im Vergleich mit den Dorfhäusern bescheiden. Hinter dem niedrigen Eingang erreichte man durch eine kleine, dunkle Küche den Vorratsraum, wo wir die mitgebrachten Säcke mit Mehl lagerten. Die trockenen Steinwände und die niedrige Höhe von nur etwa 1,50 Metern gaben ihr eine höhlenartige Atmosphäre. Und doch waren die Abende in dem überfüllten, rauchigen Raum, der von einer Dochtlampe nur gerade so viel erleuchtet war, daß man die Gesichter unterscheiden konnte, voller Lebendigkeit und Wärme. Wir sangen, die Kleinen tanzten, und natürlich gab es Geschichten.

Plötzlich hörte man von draußen ein Krachen, und Onkel Norbu schrie: „*Shangku! Shangku!*" Wir rannten alle hinaus, und am anderen Ende des Stalles sah ich einen Schatten verschwinden. Ein Wolf! Norbu bekam von drinnen die Lampe gereicht und nahm sie mit hinüber zu einem jungen Kalb. Alle übrigen Tiere drängten sich am entgegengesetzten Ende des Stalles. Das Kalb würde nicht lange zu leben haben; ein riesiges Stück war von seinem Rumpf wie mit einem Rasiermesser abgetrennt worden. Ich merkte, wie ich vor Schrecken zitterte, mich aber dennoch darüber verwunderte, daß Zähne einen so glatten Schnitt hinterlassen können.

Die Ladakhis blieben ruhig. Norbu brachte das Kalb in einen anderen Stall, in dem es seine letzten Lebensstunden in Frieden verbringen konnte. Als er wieder in die Küche kam, erzählte er, wie er den Wolf plötzlich außerhalb der Steinwände gesehen hatte, wohin er die Ziegen führen mußte. Er hatte mit einem Stein nach ihm geworden und ihn verfehlt, der Wolf war geblieben und hatte das Kalb gerissen. Erst als Norbu über die Mauer sprang und mit einem Stock auf ihn einschlug, ließ der Wolf seine Beute fahren und trollte sich hinauf in die Berge.

Wölfe sind eine dauernde Bedrohung im *phu,* allerdings mehr für die Schafe und Ziegen als für die größeren Tiere. Sogar tagsüber, wenn Herden von zweihundert oder dreihundert Tieren in die höheren Regionen des Tales zum Grasen getrieben werden, müssen die jungen Hirten äußerst wachsam sein. Während wir noch redeten, bemerkte ich, wie Angchuk seine Schlinge prüfte. Ich wußte, daß man mit Angriffen wie diesem in den Bergen rechnen mußte, doch trotzdem war die Haltung der Ladakhis bewundernswürdig. Ich konnte kein Anzeichen von Verbitterung oder Selbstmitleid feststellen. Nichts, so schien es, konnte ihren Gleichmut erschüttern.

Später erzählte Tsering von einem Vorfall, der geschah, als sie einige Schafe entlang einer Schlucht nahe des *phu* getrieben hatte. Gerade oberhalb des Weges begann ein Ball *burtse,* ein als Brennstoff benutzter Busch, die Geröllhalde hinunterzurollen. Er hüpfte aber nicht, wie man meinen sollte, über Stock und Stein, sondern glitt. Verdutzt sah sie ihn näherkommen. Als er ein paar Meter vor den Tieren zum Stehen kam, blickte er – der vermeintliche Busch – zu ihr auf, und sie erkannte plötzlich, was es in Wirklichkeit war: Ein Schneeleopard! Dieses mythische Tier ist bekannt für seine Gabe, sich zu verkleiden, und darüber hinaus so scheu, daß man es kaum je zu sehen bekommt. Aber seine Beutezüge sind alles andere als mythisch: Nachbarn hatten gerade erst vor wenigen Wochen drei Schafe durch einen Leoparden verloren, dem es gelungen war, sich durch eine kleine Öffnung in einen Stall zu zwängen. Nur seine Spur verriet ihn.

„Hast du schon alle unsere verschiedenen Gerichte probiert?" *(„Skyu, chu tagi?")* fragte man mich oft mit einem breiten Lächeln. Die Frage war so gestellt, als handelte es sich um eine gewaltige Auswahl. In Wirklichkeit erschien mir die Auswahl ziemlich begrenzt: ein halbes Dutzend verschiedene Arten, Gerste zuzubereiten, und ebenso viele Rezepte für Weizen.

Ladakhis lieben ihre Gerichte, die bei aller Einfachheit nahrhaft sind. Die Ernährung besteht im wesentlichen aus Getreide und Buttertee. Der größte Teil der Gerste wird geröstet und erst dann gemahlen, wodurch ein sehr praktisches Nahrungsmittel zum Sofortgebrauch entsteht, eine Art Instantmehl: Vermischt mit einer Flüssigkeit, Tee, Chang oder Wasser ergibt es das *ngamphe,* das sofort gegessen werden kann. Das ungeröstete Gerstenmehl wird in eine Suppe gerührt oder mit gemahlenen getrockneten Erbsen zu einer Art Brotpudding vermischt. Aus Weizenmehl backt man ein dünnes, pfannkuchenförmiges Brot *(tagi shamo)* und dickere, rundere Laibe *(khambit),* ersteres auf dem Herd, letzteres in der Asche. Alle übrige Gerste, manchmal bis zu einem

Viertel der Ernte, wird zu Chang. Sogar kleine Babies erhalten einen leichten Aufguß davon. Die Kombination von Hefe und Gerste sind eine wichtige Vitamin-Quelle.

Buttertee *(soldja)* wird aus einer bestimmten Sorte des grünen Tees gebrüht. Die Blätter werden etwa eine Stunde lang mit Salz und Soda gekocht; dann wird Butter hinzugefügt und die Mischung in ein hohes zylindrisches Butterfaß gegossen, das den lautmalerischen Namen *gurgur* trägt. Jeder liebt diesen Tee, und den ganzen Tag über, sogar wenn die Menschen bei der Feldarbeit sind, steht ein Topf damit in ihrer Nähe auf einem Holzkohlefeuer.

Die meiste Milch *(oma)* wird zu Butter *(mar)* verarbeitet. Keins der Ladakhitiere gibt viel Milch, aber sie ist sehr nahrhaft. Yakmilch ist ganz besonders fett und die Butter daraus von dunklem, cremigem Gelb. Aus der übrigbleibenden Buttermilch entsteht ein magerer Käse *(churpe)*, der in der Sonne getrocknet und gehärtet wird. Churpe und einige Gemüsesorten, Aprikosen (die einzige Süßigkeit) und getrocknetes Fleisch können länger als ein Jahr aufbewahrt werden, ohne zu verderben. Andere Gemüse wie Rüben und Kartoffeln werden unterirdisch in Kellern gelagert, die man neben den Häusern ausgräbt.

Besonders im Winter essen die Ladakhis Fleisch, vor allem Ziegenfleisch, aber auch Yak und Dzo, vermutlich, weil sie ohne das gar nicht überleben könnten. Fisch wird nicht gegessen. Denn man ist der Überzeugung, daß es, wenn man schon ein Leben vernichtet, besser ist, ein großes Tier zu nehmen, das Nahrung für viele Menschen liefert. Wenn man von Fisch leben will, muß man viele Leben vernichten. Das Töten von Tieren wird nicht leicht genommen. Es wird nie getan, ohne im Gebet um Verzeihung zu bitten.

> Die Tiere, die ich brauche
> zum Reiten und zum Lastentragen,
> die jemand für mich töten mußte,
> und alle, deren Fleisch ich aß –
> sie mögen bald erreichen
> den Stand der Buddhaschaft.

In Hemis konnte man Onkel Phuntsog oft beim Weben im Schatten eines großen Walnußbaumes erblicken. Umgeben von einer großen Gruppe junger Helfer, die die Pedale des Webstuhles betätigten und auf jedes seiner Worte lauschten, erzählte er, nur von Liedern unterbrochen, Geschichten. Das junge Volk versah ihn dauernd mit Tee und Chang aus dem Haus, und trotz mancher Ablenkung arbeitete er bemerkenswert schnell – ohne daß es je so wirkte. Er schaffte eine volle Länge Tuch *(snambu)* am Tag. (Das ist eine Standardlänge von 35 *tru*. *Tru* ist der Abstand zwischen Fingerspitzen und Ellbogen, bei einer Breite von etwas über dreißig Zentimetern).

Die Ladakhis gewinnen Wolle entweder von ihren eigenen Tieren oder durch den Handel mit ihrem überschüssigen Getreide zum Tauschwert von 10 Pfund Gerste für ein Pfund Wolle. Sie waschen die Wolle, spinnen, weben und färben sie und nähen sich daraus ihre Gewänder. Gesponnen wird unentwegt. Man sieht Männer genauso wie Frauen spinnen, während sie gleichzeitig Lasten tragen; es sieht beinahe wie eine Entspannungsübung oder Meditation aus. Die Männer spinnen die härteren Haare von Ziege und Yak, die für Decken, Schuhe, Säcke und Seile verwendet werden. Auch Nähen und Weben wird überwiegend von Männern besorgt. Die Frauen spinnen die feinere Schafwolle für die Bekleidung. Einige Dörfer haben in fast jedem Haushalt einen Weber, andere haben nur einige wenige, wobei der Weber dann im Tausch für Butter, Getreide, Chang oder sogar Wolle arbeitet. Ich habe viele Stunden mit Ladakhis in Gespräch und Gelächter verbracht, während ihre Hände unermüdlich mit einer dieser Tätigkeiten beschäftigt waren: abends am Ofen sitzend, beim gemeinsamen Chang-Trinken, draußen auf dem Feld oder auf dem Marsch in die Berge. Wolle wird für die Herstellung der kleidsamen, langen, gerade geschnittenen Gewänder der Männer und die weitschwingenden, reich gekrausten Röcke der Frauen verwendet. Alle tragen große, mit Schafsleder gefütterte Hüte und sehr ungewöhnlich aussehende Schuhe aus gefärbtem Yakhaar, deren Spitze nach oben zeigt.

Schmuck wird eingeführt. Jeder Türkis, jede Koralle stellt den Gegenwert für irgend etwas dar, das jemand im Überfluß gehabt haben muß, um damit handeln zu können. Jede Familie kann auf diese Weise im Besitz von Hunderten von Edelsteinen sein und ebenso von Silber- oder Goldanhängern und Armbändern aus Trompetenschneckenhäusern.

Die Dorfhäuser sind große, zwei- oder dreigeschossige Gebäude, die auf Grundstücken von 1200 Quadratmetern oder mehr errichtet sind. Die geweißelten Wände sind leicht einwärts zum Dach hin geneigt. Dadurch wirkt das Haus trotz seiner massiven, festungsartigen Proportionen noch elegant. Es wird kein neues Haus gebaut, ohne sich das Wohlwollen der Erdgeister *(sadaks)* zu si-

Ein typisches Haus in Hemis Shukpachan. Die fein geschnitzten Balkone sind vom Dorf-Zimmermann hergestellt worden.

chern. Zuallererst kommt ein hoher Lama, um das Land zu segnen. Er benutzt dann einen Messingspiegel, um die gesamte Umgebung zu spiegeln und so die Erdgeister einzufangen und zu verhüten, daß sie während des Bauens Schaden erleiden. Der Spiegel wird sorgfältig in einem Kästchen aufbewahrt, bis der Bau vollendet ist. Dann findet eine abschließende Zeremonie statt, während der der Lama das Kästchen öffnet und die Geister wieder freisetzt.

Zwar ist das Erdgeschoß häufig aus Stein gebaut, doch das wichtigste Baumaterial ist Lehm. Die ganze Familie arbeitet bei der Herstellung der Ziegel zusammen: Sogar die Allerkleinsten helfen, den Lehm in die hölzernen Formen zu drücken. Da die Böden sich von Dorf zu Dorf unterscheiden, variieren auch die Herstellungsweisen: Manchmal macht man größere Ziegel, manchmal fügt man der Mischung Stroh hinzu. Die Ziegel werden in der Sonne getrocknet und sind nach ein paar Wochen gebrauchsfertig. Die Wände sind oftmals fast einen Meter dick und mit einem sehr feinen Ton verputzt, der nicht von ungefähr *markala,* wörtlich „Butterton", genannt wird. Abschließend erhalten sie einen Kalkanstrich. Pappelbalken und Weidenzweige werden zu einem Fischgrätmuster verbunden und bilden den Untergrund für das Flachdach. Darauf legt man *yagdaz,* das etwa mit unserem Heidekraut vergleichbar ist und angeblich hundert Jahre hält. Darauf erst kommt zum Abschluß eine Lage Lehm und Erde. Bei der geringen Niederschlagsmenge wird Schnee einfach weggefegt, und es regnet kaum einmal genug, um im Dach ein Leck zu verursachen.

Das Haus ist keineswegs nur funktional konzipiert. Auch rein ästhetischen Details wird Zeit gewidmet. Besondere Sorgfalt wird auf Türen und Fenster verwendet. Einige zeigen ein geschnitztes Linsenornament, das Werk des Dorfschreiners; am beliebtesten ist das Lotusmuster. Eine 25 Zentimeter breite tiefschwarze Bordüre aus mit Ruß vermischtem Ton kontrastiert mit den weißen Wänden. Kleine Balkons, die wiederum mit feinem Schnitzwerk versehen sind, schmücken die oberen Stockwerke.

Der Eingang des Hauses weist nach Osten, weil das als glückverheißend gilt. Eine Steintreppe führt direkt in den ersten Stock. Im Erdgeschoß sind die Ställe. Man gelangt von der Treppe aus in die Küche, die mit den Vorratsräumen fast den ganzen ersten Stock einnimmt. In den gesamten Eingangsbereich fällt Licht von einem großen, auf dem zweiten Stock befindlichen Innenhof.

Die Küche ist das Herz des Hauses. Hier verbringt die Familie die meiste Zeit. Küchen sind in der Regel so geräumig, daß es schwierig sein kann, mit jemandem am andern Ende des Raumes zu sprechen. Außer ein paar niedrigen Tischen und Matten gibt es so gut wie kein Mobiliar. Drei Viertel des Fußbodens ist frei, dagegen laufen an einer Wand reich geschnitzte Holzregale entlang, die mit einer überwältigenden Ansammlung von Töpfen jeglicher Größe gefüllt sind. Ein großer, glänzend-schwarzer Herd ist der eigentliche Mittelpunkt jeder Küche. Er sieht wie aus Gußeisen aus, ist aber aus Ton. Seine Seiten sind mit Glückssymbolen und anderen buddhistischen Motiven verziert, die häufig noch mit Türkisen und Korallen besetzt sind. Das Feuer wird mit getrocknetem Mist unterhalten und mit Blasebälgen aus Ziegenleder angefacht.

Ein großer Teil des Hauses wird für die Vorratshaltung genutzt, da mehr als sechs Monate lang draußen nichts wächst. Gleich bei der Küche befindet sich der Hauptvorratsraum. Seine dicken Wände stellen sicher, daß es dort während des heißen Sommers eiskalt bleibt. Er ist gefüllt mit großen hölzernen Fässern für Chang, Tontöpfen für Milch und Yoghurt und riesigen Tonnen voll Gerste und Weizenmehl. Auf dem Dach ist Alfalfagras für die Tiere und Reisig und Mist für die Küchenfeuerung aufgehäuft. In jedem Sommer werden auf dem Dach Yakhaardecken ausgelegt, auf denen Gemüse, Aprikosen und manchmal Käse trocknen.

Im obersten Geschoß verlaufen gewöhnlich zwei oder drei Zimmer rings um den Innenhof, in der Regel das Gastzimmer, ein Sommerschlafzimmer und die „Familienkapelle", der kostbarste und am reichsten verzierte Raum des Hauses. Das Gästezimmer, das mehr für förmlichere Einladungen und Veranstaltungen gedacht ist, ist üppig dekoriert und ganz mit tibetischen Teppichen ausgelegt. Die „Kapelle" ist voller religiöser Texte und anderer Schätze, die von einer Generation auf die nächste vererbt werden. Der strenge Geruch von Aprikosenöl erfüllt den ganzen dunklen und stillen Raum. Verblichene Thankas (religiöse Gemälde auf Stoff) bedecken die Wände, und eine große Trommel hängt von der Decke. Zu beiden Seiten eines kunstvoll geschnitzten Altars hängen dicht bei dicht Silberschalen und Butterlampen. An besonderen Tagen des buddhistischen Kalenders versammeln sich hier buddhistische Mönche, um religiöse Zeremonien zu zelebrieren, und jeden Morgen und jeden Abend bringt ein Familienmitglied Opfer dar, wobei die Öllampen angezündet, die Schalen mit Wasser gefüllt und Mantras und Gebete gesungen werden.

Trotz des extremen Klimas und der knappen Ressourcen freuen sich die Ladakhis am Leben. Diese Fähigkeit ist um so bemerkenswerter, als die Menschen hier nur über die notwendigsten Werkzeuge verfügen. Das einzige Hilfsmittel, das von Menschenhand gemacht ist und auf das man den Begriff „Technologie" anwenden könnte, ist neben Pflug und Webstuhl die Wassermühle. Sie ist eine genial einfache Erfindung mit einem auf Reibung beruhenden Getreideauslaßmechanismus, der eine Überwachung überflüssig macht. Ansonsten werden nur solche Gerätschaften wie Spaten, Sägen, Sicheln, Hämmer benutzt. Ausgefalleneres ist überhaupt nicht nötig.

Bei vielen Arbeiten, für die wir Maschinen brauchen, helfen sich die Ladakhis mit Tieren, oder sie arbeiten im Team zusammen. Jede Arbeit wird mit ihren besonderen Liedern begleitet:

Lhami khyong, Lhamo khyong
Yale khyong, Lhamo le (macht es euch leicht, leicht geht es)

Karawanen von Yaks, Dzos, Pferden und Eseln tragen fast die gesamten Versorgungsgüter. Ziegel und Steine werden oft von langen Menschenketten Stück für Stück von Hand zu Hand weitergereicht; um schwere Lasten, wie große Baumstämme zu bewegen, bilden die Männer ein Arbeitsteam.

Weil die Ladakhis nur einfachste Werkzeuge haben, verwenden sie viel Zeit für die Ausführung jedes einzelnen Werks. Zu der Produktion von Wolle zum Beispiel gehört die zeitaufwendige Arbeit des Schafehütens, des Scherens mit den entsprechenden Geräten und der Verarbeitung der Wolle vom ersten bis zum letzten Vorgang: Reinigung, Spinnen, Färben und schließlich Weben. Genauso arbeitsintensiv ist die Nahrungsherstellung von der Aussaat bis zum fertigen Gericht auf dem Tisch. Und dennoch stellte ich fest, daß die Ladakhis Zeit im Überfluß hatten! Sie arbeiteten mäßig schnell und hatten überraschend viel Freizeit.

Zeit wird nur ganz grob gemessen; es ist niemals nötig, die Minuten zu zählen. „Ich werde dich gegen Mittag/gegen Abend besuchen", sagt man und hält sich damit eine größere Zeitspanne offen. Das Ladakhi hat viele wunderschöne Ausdrücke, um Zeit zu beschreiben, die immer großzügig und nicht eng gefaßt sind. *Gongrot* bedeutet vom Einbruch der Dunkelheit bis zum Zubettgehen; *myitse* heißt wörtlich „Sonne auf den Berggipfeln"; und *chipe chirrit* oder Vogelgesang bezeichnet die frühe Stunde kurz vor Sonnenaufgang, in der die Vögel singen.

Sogar während der Ernte, in der viele Stunden lang gearbeitet wird, ist der Arbeitsrhythmus entspannt. Er ermöglicht es einem Achtzigjährigen genauso wie einem kleinen Kind mitzuhelfen. Man arbeitet hart, aber jeder in seinem eigenen Tempo; und immer ist die Arbeit von Gesang und Gelächter begleitet. Es gibt keine streng definierte Unterscheidung zwischen Arbeit und Spiel.

Im eigentlichen Sinn des Wortes arbeiten die Ladakhis lediglich vier Monate im Jahr. In den acht Wintermonaten müssen sie zwar kochen, das Vieh füttern, Wasser holen, aber Arbeit gibt es kaum. Der größte Teil des Winters wird mit Festen und geselligen Zusammenkünften verbracht. Sogar während des Sommers vergeht kaum eine Woche, in der nicht irgendein großes Fest gefeiert wird. Und im Winter findet das Feiern kein Ende.

Der Winter ist außerdem die Zeit des Geschichtenerzählens. Es gibt eine Redensart in Ladakh, die sagt: „Solange die Erde grün ist, soll man keine Geschichten erzählen." Dieses Verbot drückt wohl die Notwendigkeit aus, sich in jenen kurzen Monaten auf die Landarbeit zu konzentrieren. In der uralten Gesar-Saga reist ein mythischer Held weit herum, überquert viele hohe Bergpässe, überwältigt Dämonen und rettet mit der Hilfe der Götter viele Menschenleben. Man sitzt ums Feuer, und von Zeit zu Zeit singt der Geschichtenerzähler ein vertrautes Lied, in das alle einfallen.

So hört mir alle zu,
den Sprichwörtern der Welt:

Die jungen Frauen sollen wachen und nicht schlafen,
denn wenn sie schlafen, ruht ja auch die Spindel,
und wenn die Spindel ruht, entsteht auch keine Kleidung.
Wenn dies geschieht, verbreiten sich Gerüchte.

Der junge Mann soll auch nicht schlafen, sondern wachen.
Denn wenn er schläft, so schläft ja auch sein Bogen.
Und wenn der Bogen ruht, so hebt der Feind den Kopf.
Und wenn der Feind den Kopf hebt, ist Politik am Ende.

Gangmar und Gesar, diese beiden
sind wie Himmel, Mond und Sonne,
sie sind Weisheit und sind Mitleid
sie sind Pfeil und Bogen,
sie sind Missionare der Lehren unseres Buddha.

DRITTES KAPITEL

ÄRZTE UND SCHAMANEN

„Krankheit wird durch Mangel an Verstehen hervorgerufen"
(Ein Ladakh-*amchi*)

Die Ladakhis strahlen Zufriedenheit, Vitalität und gute Laune aus. Fast jeder ist körperlich gepflegt und gesund; nur selten ist jemand untergewichtig und noch seltener fettleibig. Tatsächlich ist Fettleibigkeit so ungewöhnlich, daß ich einmal hörte, wie eine Frau sich beim Arzt über „seltsame Falten im Magen", die sie sich nicht erklären könne, beklagte. Männer wie Frauen sind ausgesprochen stark, obwohl sie kaum deutlich sichtbare Muskeln haben (das verblüfft westliche Ärzte). Wie viele andere Gebirgsvölker haben sie ein unendliches Durchhaltevermögen.

Die Alten sind bis zu ihrem Tode tätig. Eines Morgens sah ich den zweiundachtzigjährigen Großvater in dem Haus, in dem ich zu dieser Zeit wohnte, schnell die Leiter vom Dach herunterklettern. Er war lebhaft und sprach mit mir über das Wetter. Am Nachmittag um drei Uhr starb er. Wir fanden ihn sitzend, friedlich wie im Schlaf.

Natürlich erkranken Menschen auch; Infektionen der Atemwege und Verdauungsstörungen im besonderen sind verhältnismäßig verbreitet, ebenso wie Augen- und Hautbeschwerden. Schwerwiegender ist die durch die strenge Winterkälte verursachte hohe Säuglingssterblichkeit, vor allem während der Entwöhnung. Aber nach diesen ersten kritischen Jahren ist der allgemeine Gesundheitszustand gut.

Durch ihre traditionelle Lebensweise leiden die Menschen kaum unter Streß und sind seelisch ausgeglichen. Das Lebenstempo ist geruhsam und entspannt. Sie atmen reine Luft, müssen sich regelmäßig und ausgedehnt körperlich betätigen und ernäh-

Alte Menschen sind in Ladakh oft noch fit und aktiv bis ins hohe Alter.

ren sich von unverfälschten Naturprodukten. Ihr Organismus muß sich nicht an Stoffe gewöhnen, die nicht in ihrem natürlichen Umfeld vorkommen. Die Nahrungsmittel, die sie zu sich nehmen, wachsen ohne künstliche Düngung auf heimischem Boden, und bis vor ganz kurzem gab es praktisch keine Umweltverschmutzung.

Nach westlichen Maßstäben ist die Ernährung der Ladakhis alles andere als ausgewogen: Wenig Obst oder Blattgemüse bei nach unseren Begriffen hohem Verzehr von Butter und Salz. Trotzdem findet man kaum die gesundheitlichen Probleme, wie sie im Westen als Folge solch unausgewogener Ernährung auftauchen. Trotz der zum Beispiel extrem hohen Cholesterinaufnahme kommen Herzkrankheiten so gut wie nie vor. Dafür gibt es wahrscheinlich einen zweifachen Grund. Erstens ist das, was wir für absolut falsch oder richtig in bezug auf die Ernährung halten, gar nicht so absolut. Es ist nämlich auch von einer ganzen Anzahl anderer Faktoren abhängig, wie körperlicher Bewegung oder Streß. Zweitens spricht viel dafür, daß der menschliche Ernährungsbedarf sich in Übereinstimmung mit der spezifischen natürlichen Umgebung, in der die Menschen leben, entwickelt hat, so daß das, was der Körper braucht, übereinstimmt mit dem, was gerade dieses Land ihm anbieten kann. Wie Eskimos auch bei der einseitigen Ernährung von Fleisch und Fisch und fast ohne jegliches Getreide gesund sein können, geht es den Ladakhis bei Gerste und Milchprodukten gut.

Die Verantwortung für die Gesundheit liegt vorwiegend in den Händen des *amchi.* Die meisten Dörfer haben zumindest einen Amchi, einige auch mehr. Sie gehören zu den angesehensten Gliedern der Gemeinschaft und haben ihre Kunst in der Regel von ihren Vätern und Großvätern gelernt. Sie arbeiten nicht den ganzen Tag als Amchi, weil sie – wie alle anderen – ihr eigenes Ackerstück bearbeiten.

Die Wurzeln der Tibetischen Medizin, die in der letzten Zeit auch im Westen Beachtung findet, reichen in das achte Jahrhundert zurück. Die Tibetische Medizin ist eng mit dem Buddhismus verknüpft und sehr übersichtlich dokumentiert. Vier grundlegende Abhandlungen *(rgyutzi)* behandeln Anatomie, den Ablauf des Lebens, Diagnose und Behandlung von Krankheiten, andere geben genaue Hinweise zu Zubereitung und Wirkung bestimmter Drogen. Ein Band besteht aus einem Wörterbuch medizinischer Ausdrücke. Einen großen Raum nehmen Informationen zu Präventivmaßnahmen der Medizin ein: Worauf man achten soll, um gesund zu bleiben, Ernährung während der Schwangerschaft, Kinderpflege usw.

Wie auch in anderen Richtungen traditioneller Medizin gehört zur Diagnose die Untersuchung des ganzen Patienten. Krankheit wird nicht als Fehlleistung dieses oder jenes bestimmten Körperteils angesehen, sondern als Störung des gesamten Gleichgewichts. Störungen werden so aus einer viel weiteren Perspektive betrachtet: Körper, Geist und Seele sind integrale Bestandteile desselben Ganzen. Daher kann ein Teil der verordneten Behandlung eine spirituelle Ausrichtung haben, die im Sprechen von Mantras bestehen kann oder sogar im demutsvollen ausgestreckten Niederwerfen auf den Boden. Die Erfahrung des Amchi ist – anders als im Westen – das eigentlich Wichtige. Seine Patienten sind seine dörflichen Nachbarn, von denen er natürlich eine intime Kenntnis ihrer Gewohnheiten und ihres Charakters besitzt.

Die zentrale Diagnosemethode ist das Pulsfühlen. Es ist eine hochkomplizierte Technik, die nur in jahrelanger Praxis erlernt werden kann. Es gibt zwölf Stellen zum Pulsfühlen, sechs auf jeder Seite. Ein Amchi erklärte mir, daß man dabei nicht nur die physikalische Bewegung der Arterie spürt, sondern die Energieflüsse, die mit der Funktion der verschiedenen Organe korrespondieren. Außerdem bezieht der Amchi seine Diagnose von Farbe und Textur verschiedener Teile der Zunge und der Augen. Gesichtsausdruck, Stimmlage, Reizbarkeit und andere Verhaltensweisen werden ebenfalls mit einbezogen.

Ich besuchte einmal einen Amchi mit dem kleinen Sohn eines Nachbarn, dessen Knie entzündet war. Der Amchi, der sehr fähig zu sein schien, hielt kurz die Handgelenke des Jungen, schaute seine Zunge und seine Augen an und ging dann in den Raum, in dem er seine medizinischen Instrumente aufbewahrte. Der Raum war voller Bücher, Krüge und verschiedener Pulver. Letztere standen in den verschiedensten Zubereitungen aufgereiht. Von der Decke hingen *thankas*, andere rituelle Gegenstände wie Glocken, Weihwasserschalen, Gebetsräder lagen inmitten von Pulvern, Säften, Steinen und Kräutern. Der Amchi nahm einige Büschel Kräuter herunter und sang Mantras, während er sie mit Wasser und einem schwarzen Pulver, das er aus einem der Gefäße nahm, zu einer grünlich-schwarzen Paste verarbeitete. Das fertige Mittel trug er in einer gleichmäßig dicken Schicht auf die Schwellung auf und deckte es dann mit einem Tuch ab. Nach wenigen Tagen war das Knie geheilt.

Im allgemeinen benutzt der Amchi natürliche Mittel. Einer der bedeutsamsten medizinischen Texte beschreibt sowohl die verschiedenen Mineralien und Pflanzen, die heilende Wirkung haben, als auch ihr Vorkommen und ihr Aussehen. Diese Heilmittel werden als Absud, Pulver oder Pillen verabreicht. Absude werden meist verabreicht, um die wichtigsten Symptome zu behandeln und rasche Wirkung zu erzielen. Pulver und Pillen dagegen wirken nicht so stark und sollen sich gegen die latenten Ursachen der Störung richten. Langfristiges Kopfweh zum Beispiel würde danach mit einem bitteren Pulver *(titka gatpa)* behandelt. Das ist eine Mischung aus acht Blumen, Kräutern, Wurzeln und Rinden auf der Basis von zerstoßenem Enzian. Dazu wird der Amchi fast immer eine bestimmte Diät verordnen. Die ungewöhnlichste aller Verordnungen, die ich kenne, wurde von einem Amchi in Zanskar einer Frau empfohlen, bei der ein westlicher Arzt eine Hepatitis diagnostiziert hatte. „Starker sexueller Verkehr" wurde ihr angeraten; bemerkenswerterweise hatte sich das Befinden der Patientin wenige Tage später bedeutend gebessert. Ein anderes ungewöhnliches und schockierendes Heilmittel ist die Praxis, ein heißes Stück Eisen direkt auf die Haut zu legen, so daß eine kleine Narbe zurückbleibt. Ladakhis, die sich dieser Behandlung unterzogen haben, versicherten mir, daß sie wirkungsvoll und schmerzlos sei.

Operationen gibt es nicht. Man erzählte mir, daß es vor Jahrhunderten gesetzlich verboten wurde zu operieren, nachdem eine Königin unter dem Messer eines Chirurgen gestorben war. Auch genäht wird nicht, nicht einmal große Wunden. Statt dessen wird die Stelle mit Kräuterpuder gereinigt und Pillen zur Blutgerinnung verabreicht. Brüche werden mit Holzschienen stillgelegt. Notärztliche Eingriffe sind selten. Blinddarmentzündungen, durchbrechende Magengeschwüre und die meisten der anderen plötzlich auftretenden Notfälle, die im Westen allgemein bekannt sind, kommen so gut wie nie vor. Da es kaum gefährliche Maschinen und schnelle Autos gibt, kommt es nur zu wenigen und kaum einmal zu ernsten Unfällen. Sogar ein gebrochenes Bein, ein relativ harmloser Unfall, ist ganz ungewöhnlich.

In der traditionellen Gesellschaft der Ladakhis gibt es kaum Anzeichen von Neurosen. Trotzdem werden sie in den medizinischen Texten erwähnt. Ein Amchi nannte mir einmal zwei Beispiele von geistig gestörten Menschen. Der eine Typus spricht kaum und ist sehr furchtsam. Der andere spricht zu viel, ist sehr aggressiv und springt manchmal unmotiviert auf und verläßt den Raum. Die Behandlung – so der Amchi – besteht unter anderem darin, ihn mit einem Freund in seinem Haus einzuschließen, der ihm „Geschichten erzählt und angenehme Dinge". Ihm waren derartige Zustände selbst freilich nie begegnet, er hatte darüber nur in den Büchern gelesen.

Außer dem Amchi sind noch zwei weitere Personen im Dorf für die Krankenbetreuung zuständig. Einer ist der *lhaba,* der Schamane, der andere ist der *onpo,* der Astrologe. Wer von den dreien jeweils gerufen wird, hängt von dem betreffenden Dorfbewohner selbst oder dem besonderen Fall ab. Gewöhnlich wird zuerst der Amchi befragt, während bei gewissen Schwierigkeiten, wie etwa Unfruchtbarkeit, eher einer von den zwei anderen gefragt wird.

Der Onpo bezieht sich auf Bücher mit astrologischen Schaubildern. Seine Arbeit befaßt sich mit fast jedem Aspekt des dörflichen Lebens: Er wird gebraucht, wenn ein neues Baugelände ausgesucht wird und wenn es um die Bestimmung der günstigen Tage für Aussaat und Ernte geht; er prüft, ob die Verbindung zweier Heiratskandidaten günstige Aussichten hat, und setzt den Zeitpunkt bei Beerdigungen fest. Er zieht zu seiner Arbeit acht Grundlagentexte heran. Davon betrifft einer, der *gyektsis,* ausschließlich Krankheiten. Mit Hilfe des *loto,* der alljährlich überarbeiteten astrologischen Berechnungen, ist er in der Lage, Krankheiten zu diagnostizieren und Heilmethoden zu empfehlen. Für seine Empfehlungen ist es typisch, daß sie das Sprechen von Gebeten und das Lesen heiliger Bücher einschließen. Würfeln und das Interpretieren von Körnermustern gehören ebenfalls zu den von ihm benutzten Methoden.

Während meiner ersten Jahre in Ladakh half ich verschiedenen ausländischen Filmteams. Es gab nicht eines, das nicht eine buddhistische Zeremonie „einfangen" wollte, am liebsten eine mit einer Menge Tanz, Masken und Kostümen. Sie wollten ein paar Filmmeter von der königlichen Familie und einen *lhaba* in Aktion.

Die Lhabas sind unter Ladakhs Heilern die spektakulärsten: In Trance werden sie zu Werkzeugen von Geistern, die durch sie sprechen und verschiedenartige Heilungen ausführen. 1975, als ich mit einem deutschen Filmemacher arbeitete, vermittelte uns unser Führer einen Besuch bei einem Lhaba in der Nähe von Leh, der damit einverstanden war, gefilmt zu werden.

Früh am Morgen verließen wir Leh mit der Mannschaft und der ganzen Ausrüstung im Jeep. Nach einstündiger Fahrt erreichten wir ein einfaches Haus in Thikse. Der Lhaba – sein Name war Tsewang – sortierte gerade mit seiner Frau auf der Dachterrasse die unterschiedlichen Samen. Er trug das traditionelle purpurgefärbte Gewand, und sein weißes Haar war vorne rasiert und hinten zu einem Zopf geflochten, was die hohe Stirn noch betonte. Er sah nach ungefähr siebzig Jahren aus und hatte strahlende Augen. In unserer ersten kurzen Unterhaltung zeigte er sogar noch mehr als die meisten Ladakhis Vitalität und Humor. Wir freundeten uns sofort an.

Wir stiegen hinunter ins Haus, wo er begann, sich für das Ritual vorzubereiten. Er wusch seine Hände und sein Gesicht und baute die Opfergaben auf dem Altar auf. Noch zehn oder zwölf andere Ladakhis, die gekommen waren, um geheilt zu werden, waren da. In dem Raum, in dem die Zeremonie stattfinden sollte, waren alle ein wenig nervös. Wir saßen wartend auf dem Fußboden. Nach einer Weile betrat der Lhaba den Raum. Er hatte eine fünfeckige

Krone auf dem Kopf und ein Tuch über dem Gesicht. Er trug eine *damaru,* eine kleine Handtrommel mit zwei an jeder Seite mit einem Stück Schnur befestigten Perlen. Mit der Trommel gab er einen Rhythmus vor und sang dazu, wobei er sich vor und zurück wiegte. Ich schaute gerade die Thankas an den Wänden an und versuchte, mich an die Namen all der darauf auftauchenden verschiedenen Buddhas und Bodhisattvas zu erinnern, als mich etwas in der Qualität seines Gesanges aufhorchen ließ. Ich schaute mich nach den Filmleuten um und merkte, daß auch sie beeindruckt waren. Als der Trommelrhythmus schneller wurde, konnte sich dem niemand entziehen. Ich sah, daß der Produzent etwas verspannt aussah. Die Geschwindigkeit des Gesanges stieg weiter und wurde lauter und höher und hypnotisch und unirdisch. Ich fühlte kalte Schauer, und den andern ging es nicht anders.

Plötzlich veränderte sich die Stimme zu einem schrillen Schrei: „Komm!" Er bewegte sich ein wenig in Richtung auf die erste Patientin, eine Frau mit einem kranken Kind. Sie bewegte sich näher zu ihm hin, und ich sah, daß es auch sie schüttelte. Der Lhaba kreischte sie an: „Du hast dich nicht gut verhalten; du hast den Geistern keine Verehrung entgegengebracht; du hast ihre Zeremonien nicht eingehalten und hast sie gestört. Damit mußt du aufhören, oder das Kind wird nicht gesund."

Die zweite Patientin war eine Siebzigjährige, die Fragen in bezug auf die Zukunft ihres Enkels hatte. Sollte er in die Fußstapfen seines Vaters treten und Amchi werden, oder sollte er fortgeschickt werden, um westliche Medizin zu studieren? Der Lhaba stellte seine Trommel auf den Tisch und warf darüber etwas Gerste in die Luft. Die Frau deutete auf eines der Körner, die auf die Trommel fielen, die übrigen wurden weggewischt. Aller Augen waren auf die Trommel gerichtet. Aus drei Schritt Entfernung begann der Lhaba einen unheimlichen Gesang, und das Getreidekorn begann sich langsam und geheimnisvoll zu drehen. Die Frau schluchzte leise, als der Lhaba die Interpretation gab: Ihr Enkel sollte fortgesandt werden.

Unser Fahrer zog sich verstohlen eine Zigarette aus seiner Tasche, um seine Nerven zu beruhigen. Der Lhaba sah ihn, war mit einem Satz da, schlug auf ihn ein und rief: „Weißt du nicht, daß es unrecht ist, wenn du rauchst und daß du die Geister gegen dich hast, wenn du es tust?" Der verstörte Fahrer entwand sich seinem Griff und rannte hinaus. Die Filmleute waren jetzt sehr aufgewühlt durch seine Macht und Unberechenbarkeit. Ich fragte mich, ob er – oder der Geist – nun wohl auch entscheiden würde, daß Filmen unmoralisch sei und uns hinauswerfen würde? Obwohl er kein großer Mann war, besaß er ungeheuerliche Energie.

Inzwischen hatte sich zu Füßen des Lhaba eine Schlange von knienden Menschen gebildet. Ein Mann mit einer Infektion im Brustraum war als nächster an der Reihe. Der Lhaba holte nach ihm aus, riß sein Gewand auf und barg seinen Kopf an des Mannes Brust. Dann hob er seinen Kopf und spie eine schwarze Flüssigkeit in eine von seiner Frau gehaltene Schüssel. „Was macht er da?" fragte der Filmemacher unseren Führer. „Es ist die Krankheit. Der Lhaba saugt die Krankheit aus dem Körper des Kranken." Einer nach dem anderen bewegten sich die Leute vorwärts und boten sich dem Lhaba dar. Er schrie sie entweder an, stieß sie, gab ihnen Mantras oder heilkräftige Reiskörner. Er saugte wieder und wieder an ihren Körpern und spie schwarze Flüssigkeit in die Schüssel.

Die Kameraleute filmten die abenteuerlichen Ereignisse, die um sie herum vorgingen, so gut sie vermochten, fanden es aber schwierig. Die Intensität des Lhaba war schwer zu ertragen. Als der letzte Patient gestoßen oder angeschrien worden war, wirbelte der Lhaba herum, blickte auf den Altar in der Ecke und begann wieder in derselben hohen Stimmlage zu singen. Er verbeugte sich gegen den Altar, stürzte dann zu Boden und fiel in Schweigen. Die Zeremonie war vorüber. Der Lhaba war wieder der Mann, den wir auf dem Dach angetroffen hatten, nur war er jetzt müde. Ich erhob mich mühsam, dankte ihm und ging zu den anderen nach draußen.

„Hast du verstanden, was er gesagt hat?" fragte mich einer aus dem Team. „Nicht viel. Eine Menge war, glaube ich, gar nicht Ladakhi."

„Die Dorfleute sagen, daß der Geist tibetisch ist", erklärte unser Führer, „so daß der Lhaba, wenn er besessen ist, tibetisch spricht."

Wir liefen schweigend zu unserem Jeep zurück. Es war zu einer sehr bewegenden Begegnung geworden, wie es keiner von uns erwartet hatte. Wir wußten nicht, wie wir damit umgehen sollten.

VIERTES KAPITEL

„WIR MÜSSEN ZUSAMMENLEBEN"

Sogar ein Mann mit hundert Pferden könnte einen andern um eine Peitsche bitten müssen.
(Ladakhi-Sprichwort)

„Warum kannst du uns kein Zimmer geben? Wir werden einen anständigen Preis zahlen."

Angchuk und Dolma senkten die Blicke, um anzudeuten, daß sie ihre Absicht nicht ändern wollten. „Sprecht mit Nagwang", wiederholten sie.

„Aber wir haben schon Zimmer bei ihm gemietet, und es ist ziemlich laut dort. Es hat doch keinen Sinn, noch eines von ihm zu mieten." – „Ihr wohnt jetzt bei Nagwang, und er könnte verletzt sein, wenn wir euch ein Zimmer anbieten."

„Ich bin sicher, daß er nicht so unfair wäre. Bitte macht keine Umstände und gebt uns ein Zimmer, ja?"

„Sprecht erst mit ihm. Wir müssen zusammen leben." Ich verbrachte den Sommer 1983 in dem Dorf Tongde in Zanskar, um mit einem Team von Professoren sozioökologische Studien zu betreiben. Nach etwa einem Monat hatten einige von ihnen das Bedürfnis nach einem zusätzlichen ruhigen Studierzimmer. Das Haus, in dem wir wohnten, war voll lärmender Kinder, und nun dachten wir, wir könnten die Nachbarn fragen. Zuerst ärgerte mich Angchuks und Dolmas starrköpfige Ablehnung. Für mich standen die Rechte des Individuums im Vordergrund, und mir erschien es deshalb so unfair. Doch ihre Antwort „wir müssen zusammen leben" machte mich nachdenklich. Es schien, daß für die Ladakhis reibungsloses Zusammenleben eine überragende Bedeutung hat. Wichtiger als etwas Geld einzunehmen, sind die guten Beziehungen zu den Nachbarn.

Ein anderes Mal hatten Sonam und seine Nachbarn den Schreiner beauftragt, einige Fensterrahmen zu machen. Sie waren beide dabei, an ihren Häusern noch Räume anzubauen. Als der Schreiner fertig war, brachte er alle Rahmen zu dem Nachbarn. Ein paar Tage später ging ich mit Sonam, um seine Rahmen abzuholen. Es waren zu wenige; sein Nachbar hatte mehr verbraucht, als er bestellt hatte. Das war für Sonam sehr lästig, weil er mit den Bauarbeiten nicht fortfahren konnte, bevor die Rahmen eingesetzt waren. Und es würde einige Wochen dauern, bis die neuen fertig sein würden. Und trotzdem zeigte er weder Wut noch Verärgerung. Als ich bemerkte, daß sich sein Nachbar wohl nicht richtig verhalten habe, antwortete er: „Vielleicht hat er sie nötiger gebraucht als ich." – „Wirst du nicht eine Erklärung fordern?" fragte ich. Sonam lächelte nur und zuckte mit den Schultern „*Chi choen?* – Wozu soll das gut sein? Wir müssen ja doch zusammenleben."

Das Anliegen, einander nicht zu verletzen oder aufzubringen ist in der Ladakhi-Gesellschaft tief verwurzelt; die Menschen vermeiden Situationen, die zu Spannungen und Konflikten führen könnten. Wenn jemand gegen dieses ungeschriebene Gesetz verstößt, wie Sonams Nachbar, reagiert man extrem tolerant. Und doch wirkt sich der starke Gemeinschaftssinn nicht unterdrückend auf das Individuum aus, wie man meinen könnte. Ich bin im Gegenteil heute überzeugt, daß die Zugehörigkeit zu einer engmaschigen Gemeinschaft ein starkes Sicherheitsgefühl vermittelt.

Im traditionellen Ladakh ist aggressives Verhalten – gleich wie es sich äußert – sehr selten, so selten, daß man sagen darf, es kommt eigentlich nicht vor. Wenn man einen Ladakhi fragt, was denn seine letzte Auseinandersetzung gewesen sei, an die er sich erinnert, dann bekommt man wahrscheinlich eine verschmitzte Antwort wie: „Ich verprügele immer meinen Nachbarn. Gerade gestern erst habe ich ihn an einen Baum gebunden und ihm beide Ohren abgeschnitten." Eine ernsthafte Antwort wird vermutlich lauten, daß es zu Lebzeiten des Befragten keine Auseinandersetzung im Dorf gegeben hat. Sogar verbale Streitereien sind selten. Ich habe kaum je mehr erlebt als freundlichen Widerspruch, auf jeden Fall nichts annähernd Vergleichbares mit dem, was man im

Westen findet. Verstecken oder unterdrücken die Ladakhis ihre Gefühle?

Ich fragte Sonam einmal: „Streitet ihr euch nie? Wir im Westen tun das andauernd." Er dachte eine Minute nach: „Nicht in den Dörfern, nein, na ja, auf jeden Fall sehr selten."

„Wie schafft ihr das?" fragte ich. Er lachte: „Was für eine komische Frage. Wir leben einfach miteinander, das ist alles." – „Was passiert dann aber, wenn zwei Menschen anderer Meinung sind, etwa über die Grenzen ihres Landes?" – „Sie sprechen natürlich darüber und diskutieren. Was denkst denn du, was sie sonst machen?"

Ich erwiderte nichts.

Ein Mittel, mit dem Reibungen im traditionellen Ladakh vermieden werden, ist der „spontane Vermittler" – wie ich es gern nenne. Sobald irgendeine Differenz auftaucht, ist eine dritte Person auf dem Plan, um als Vermittler zu wirken. Wie auch immer die Umstände und wer auch immer die Beteiligten sind, ein Vermittler scheint immer zur Stelle zu sein. Das geschieht ganz automatisch. Der Vermittler wird gar nicht bewußt gesucht und kann jeder sein, der zufällig da ist, vielleicht eine Schwester, ein Nachbar oder ein vorübergehender Fremder. Ich beobachtete einen Vierjährigen, wie er eine Streiterei zwischen zwei seiner Freunde auf diese Weise schlichtete. Sie hörten ihm willig zu. Das Gefühl, daß Frieden besser als Konflikt ist, ist so tief eingepflanzt, daß sich die Menschen automatisch an eine dritte Person wenden.

Dieser Mechanismus verhindert von vornherein, daß Probleme überhaupt erst auftreten. Der spontane Vermittler scheint in Situationen, aus denen möglicherweise ein Konflikt entstehen könnte, immer bei der Hand zu sein. Wenn zum Beispiel zwei Menschen bei einem Handelsgeschäft sind, können sie sicher sein, daß jemand da ist, um ihnen beim Verhandeln zu helfen. Auf diese Weise vermeiden sie eine direkte Konfrontation. In den meisten Situationen kennen die Parteien einander schon. Aber wenn jemand Unbekanntes eingreift, wird das nicht als Einmischung, sondern als willkommene Hilfe betrachtet.

Im Frühling reiste ich einmal auf einem Karren von Kargil nach Zanskar. Da der Weg noch verschneit war, dauerte die Reise länger als gewöhnlich, aber obwohl es holperig und unbequem war, genoß ich das ungewöhnliche Erlebnis. Ich beobachtete fasziniert unseren Fahrer. Er war außergewöhnlich groß und stämmig für einen Ladakhi und war so etwas wie ein Held geworden, seit der Weg gebaut worden war. Überall entlang des Weges kannten ihn die Leute. Dadurch, daß er alle paar Wochen die Straße hin und zurück fuhr, war er in den Augen der Dorfbewohner eine wichtige Figur geworden, da er Nachrichten überbrachte, Pakete verteilte und Passagiere beförderte.

Er hatte einen Sack Reis gebracht, für den er etwas von der berühmten cremigen Butter haben wollte. Als er sich einer alten Frau näherte, sammelte sich eine große Menschenmenge um ihn. Plötzlich nahm sich ein junger Bursche, nicht älter als zwölf, der Sache an. Er sagte diesem König der Straße, was er vernünftigerweise erwarten könne. Die ganze Angelegenheit dauerte fünfzehn Minuten, wobei die Frau und der Fahrer sich nie direkt austauschten, sondern über den Knaben. Es schien so unverhältnismäßig und doch wieder ganz angemessen, wie dieser kräftige Mann brav den Ratschlägen eines Knaben folgte, der gerade halb so groß wie er war.

Traditionelle Ladakhi-Dörfer werden demokratisch geführt, und mit wenigen Ausnahmen besitzt jede Familie ihr eigenes Land. Unterschiede im Wohlstand sind minimal. Etwa 95 Prozent der Bevölkerung gehören dem Mittelstand an, wie wir sagen würden. Die übrigen verteilen sich mehr oder weniger gleichmäßig auf eine Aristokratie und eine niedrigere Schicht. Diese letzte Gruppe setzt sich hauptsächlich aus den Mons, den frühesten Siedlern in Ladakh, zusammen, und besteht gewöhnlich aus Schreinern und Schmieden. Ihr geringes Ansehen wird der Tatsache zugeschrieben, daß das Metallschürfen aus der Erde die Geister verärgert. Unterschiede zwischen diesen Gruppen sind zwar vorhanden, führen aber nicht zu sozialen Spannungen. Im Unterschied zu europäischen sozialen Schichtungen können die Ebenen, auf denen man untereinander verkehrt, von Tag zu Tag wechseln. Es wäre gar nichts Besonderes, wenn man zum Beispiel einen Mon mit einem Mitglied der königlichen Familie scherzen hören würde.

Da fast jeder Bauer wirtschaftlich vollkommen unabhängig ist, ist der Bedarf an kommunaler Entscheidungsfindung gering; jede Familie bearbeitet den eigenen Acker mit den je eigenen Möglichkeiten. Viele Aktivitäten, für die es nötig wäre, daß das ganze Dorf sich zusammensetzt und Pläne ausarbeitet – wie das Ausmalen des Klosters oder die Vorbereitungen für Losar (Neujahr), sind vor Generationen festgelegt worden und werden nun nach einem Rotationsprinzip durchgeführt. Dennoch müssen manche Angelegenheiten auf Dorfebene entschieden werden. Größere Dörfer werden dazu in *chutsos,* das heißt in Gruppen von zehn Häusern, eingeteilt, von denen jede mit mindestens einem Repräsentanten im Dorfrat vertreten ist. Dieser tritt regelmäßig während des ganzen Jahres unter der Führung des *goba,* des Dorfoberhaupts, zusammen.

Der Goba wird gewöhnlich nach dem Rotationsprinzip bestimmt. Wenn das ganze Dorf einverstanden ist, daß er dieses Amt weiterführt, kann das unter Umständen viele Jahre so sein, andernfalls geht der Posten nach etwa einem Jahr auf einen anderen Haushaltsvorstand über. Eine der Aufgaben des Goba ist die Rechtsprechung. So selten Auseinandersetzungen auch sind, gelegentlich müssen doch einmal Meinungsverschiedenheiten ausgeräumt werden.

Ein Besuch bei einem Goba ist eine informelle Angelegenheit und findet in lockerer Atmosphäre statt. Oft sitzen die betreffenden Parteien in der Küche und diskutieren das anstehende Problem bei einer Tasse Tee oder Chang. Ich habe viel Zeit im Hause von Paljor, dem Goba des Dorfes Tongde, verbracht und zugehört, wie er die Kontroversen schlichten half. Seit meinen Forschungen auf dem Sektor der Kindererziehungspraktiken bin ich oft bei Paljors Frau, Tsering, in der Küche gesessen, die damals gerade ein Baby bekommen hatte. Ich erlebte, wie die Leute von Zeit zu Zeit zu Paljor hereinkamen, um mit ihm zu sprechen.

Eines Tages kamen Namgyal und Chospel mit einem Problem ins Haus. Namgyal begann uns zu erzählen was passiert war: „Meine Pferdestute Rompo hat sich heute morgen losgemacht. Ich hatte sie an einem großen Stein festgebunden, während ich bei Norbu war, um mit ihm über seinen zerbrochenen Pflug zu sprechen. Ich weiß nicht, wie sie sich losgemacht hat, aber irgendwie hat sie es geschafft." – „Ich habe sie von meinem Hausdach aus gesehen", fiel Chospel ein. „Sie fraß von meiner Gerste vor sich hin, sie hatte bereits eine ganze Ecke von meinem Feld kahlgefressen. Ich warf einen Stein nach ihr, um sie fortzujagen, aber dann sah ich sie fallen; ich muß sie verletzt haben."

Steine mit einer Yakhaarschlinge zu werfen, um die Tiere unter Kontrolle zu halten, ist bei den Ladakhi ganz normal, und sie können erstaunlich genau zielen. Ich habe sie ganze Schafherden von gut einem halben Kilometer Entfernung aus mit ein paar genau plazierten Steinen in Schach halten sehen. Aber dieses Mal hatte Chospel danebengetroffen, und sein Stein hatte das Pferd unterhalb des Knies am Bein verletzt.

Wer sollte nun für wessen Schaden aufkommen? Und in welchem Umfang? Obwohl die Verletzung des Pferdes ernster wog als der Verlust der Gerste, hatte Namgyal sich etwas zuschulden kommen lassen, das auch nicht übersehen werden konnte. Zum Schutz ihrer Feldfrüchte hatten die Ladakhis strenge Regeln bezüglich streunender Tiere vereinbart, und jedes Dorf hat einen sogenannten *lorapa* mit der speziellen Aufgabe, sie einzufangen und von dem Besitzer eine Strafe einzuziehen. Nach langem Diskutieren kamen die drei Männer überein, daß kein Schadensausgleich in der einen oder anderen Richtung nötig sei. Wie Namgyal es ausdrückte: „Daß Rompos Bein verletzt wurde, war ein Unfall, und du warst unachtsam, sonst hätte sie sich nicht losmachen können."

Vor meiner Ankunft in Ladakh war ich fest davon überzeugt, daß die besten Richter diejenigen sind, die keine besondere Beziehung zu den Personen haben, über die sie entscheiden müssen. Diese Anonymität und Neutralität schien mir die einzige Möglichkeit, wirkliche Gerechtigkeit zu üben. Vielleicht trifft das auf Gesellschaften von den Größenordnungen wie unsere eigenen auch zu. Aber nachdem ich einige Jahre in Ladakh gelebt hatte, mußte ich meine Ansicht ändern. Keine Justiz kann vollkommen sein, doch ist keine wirkungsvoller als eine, die auf eng vernetzten kleinen Gemeinschaften aufgebaut ist. Sie erlaubt den Menschen nämlich, ihre Probleme an der Basis zu lösen, indem sie sie miteinander ausdiskutieren. Ich habe erlebt, daß Personen, die mit den Parteien auf eng vertrautem Fuß standen, bei der Lösung von Problemen keineswegs parteiisch waren; im Gegenteil, diese Vertrautheit hilft ihnen zu faireren und gesünderen Entscheidungen. Kleinere Gemeinschaften erlauben nicht nur eine menschlichere Justiz, sie helfen auch, solche Konflikte vermeiden, die so oft in größeren Gemeinschaften auftauchen.

Je mehr Zeit ich in Ladakh verbrachte, desto deutlicher erkannte ich die Bedeutung der Größenordnung. Anfangs schrieb ich das häufige Lachen und das Fehlen von Streß und Ärger bei den Ladakhis ihren Wertvorstellungen und ihrer Religion zu. Diese spielten zweifellos eine wichtige Rolle dabei. Aber allmählich wurde mir klar, daß die äußeren Strukturen, die eine Gesellschaft ausmachen, vor allem deren Größe, genau so wichtig sind. Sie haben eine tiefgreifende Wirkung auf den einzelnen und verstärken umgekehrt die Werte und Überzeugungen einer Gesellschaft.

Da Dörfer selten mehr als hundert Einwohner haben, erfahren die Menschen ihre gegenseitige Aufeinanderangewiesenheit unmittelbar. Sie haben einen Überblick und können die Strukturen und Netzwerke, zu denen sie gehören, verstehen. Sei sehen direkt die möglichen Auswirkungen ihrer Unternehmungen und empfinden so Verantwortungsgefühl. Und da ihre Handlungen für andere sichtbar sind, können die Menschen leichter zur Verantwortung gezogen werden.

Wirtschaftliche und politische Interaktion findet beinahe immer von Angesicht zu Angesicht statt; Käufer und Verkäufer haben einen persönlichen Kontakt, einen Kontakt, der nicht dazu einlädt, zu betrügen oder nachlässig zu sein. Daher sind Korruption und Machtmißbrauch sehr selten. Kleine Gesellschaften begrenzen auch die Macht, die eine einzelne Person ausüben kann. Welch ein Unterschied zwischen einem Staatspräsidenten und einem Dorf-Goba in einem Ladakhi-Dorf: Der eine hat Macht über einige Millionen Menschen, die er niemals trifft und die niemals Gelegenheit erhalten, mit ihm zu sprechen, der andere ordnet die Angelegenheiten von ein paar hundert Leuten, die er aus der Nähe kennt und die mit ihm auf ganz alltägliche Weise zu tun haben.

Im traditionellen Ladakh leben die Menschen sehr weitgehend selbstbestimmt. In einem sehr großen Ausmaß treffen sie ihre Entscheidungen selbst, statt auf die Gnade und Barmherzigkeit einer weitentfernten starren Bürokratie und fluktuierende Märkte angewiesen zu sein. Es gibt keinen Bedarf für eine rigide Verwaltung, im Gegenteil, jede neue Situation wird neu und anders behandelt.

Die Ladakhis haben das Glück, eine Gesellschaft ererbt zu haben, in der das Wohl des einzelnen nicht in Widerspruch zu dem der Gemeinschaft steht. Der Gewinn einer Person muß nicht der Verlust einer anderen sein. Von der Familie zu den Nachbarn zu anderen Dorfbewohnern bis hin zu Fremden erleben Ladakhis, daß es im eigenen Interesse ist, anderen zu helfen. Eine reiche Ernte des einen Bauern bedeutet nicht eine karge Ernte für einen anderen. Gegenseitige Unterstützung, nicht Wettbewerb gestaltet die Wirtschaft. Es ist mit anderen Worten eine synergetisch funktionierende Gesellschaft.

Die Zusammenarbeit gewinnt Gestalt in einer Reihe sozialer Institutionen. Zu den wichtigsten gehört die *paspun.* Jede Familie im Dorf gehört zu einer Gruppe von Haushalten, die einander in Zeiten von Geburt, Hochzeit und Tod aushelfen. Die Gruppe besteht aus vier bis zehn Haushalten, die manchmal auch zu verschiedenen Dörfern gehören können. Meistens verehren sie denselben Hausgott, der die Familien vor Krankheit und Leid bewahren soll. An Neujahr werden diesem Gott bei einem kleinen Schrein auf dem Hausdach Gaben dargebracht. Die Paspun wird besonders bei Bestattungen tätig. Nach dem Tod wird der Leichnam bis zum Tag der Verbrennung (meist etwa eine Woche später) im Haus behalten, aber die Familie muß ihn nicht berühren. Die Paspunmitglieder haben die Aufgabe, den Leichnam zu waschen und vorzubereiten. Vom Augenblick des Todes bis zu dem Augenblick, wenn der Leichnam vollständig vom Feuer verzehrt ist, übernehmen sie die meiste Arbeit, damit den Angehörigen unnötiger Schmerz erspart bleibt.

In der Zeit bis zur Bestattung kommt ein Mönch, um aus dem

Bardo Thodol, dem Tibetischen Totenbuch, zu lesen. Dem Geist der verstorbenen Person werden Erfahrungen aus der jenseitigen Welt erzählt, und er wird aufgefordert, sich nicht vor Dämonen zu fürchten, sondern sich statt dessen dem reinen, weißen Licht, dem „klaren Licht des Nichts", zuzuwenden.

Am Tage der Verbrennung versammeln sich Hunderte von Leuten beim Haus und bringen die üblichen Gaben von Brot und Gerstenmehl dar. Die Verwandten des Verstorbenen, vor allem die Frauen, heulen unter Tränen ein ums andere Mal die Trauerklage: „Tussi loma, tussi loma ..." („Wie die fallenden Herbstblätter, die Blätter der Zeit ..."). Nachbarn und Freunde schreiten vorbei und drücken ihr Mitgefühl aus. „Tseka macho" („Sei nicht traurig ..."). Die Klänge der Musik des Mönchs und sein Gesang erfüllen das Haus.

Die erste Bestattung, der ich beiwohnte, war in dem Dorf Stok, wo der Großvater einer Freundin gestorben war. Um die Mittagszeit wurde uns eine Mahlzeit serviert. Die Paspunmitglieder vertraten gewissermaßen die Gastgeberstelle. Wenn sie nicht gerade in den riesigen Dreißig-Gallonen-Töpfen mit Buttertee rührten, sahen wir, wie sie mit Platten voll Essen in den Händen herumsausten und sich vergewisserten, daß jeder bedient worden war. Während die Frauen zu Hause blieben, führten die Mönche die Bestattungsprozession am frühen Nachmittag zum Bestattungsplatz. Als sie mit gewaltigem Getrommel aus der Kapelle heraustraten, trugen sie leuchtendfarbigen Brokat und einen hohen Kopfschmuck, von dem schwarze Fransen bis tief über ihre Augen herabhingen. Sie schritten langsam durch die Felder zum Dorfrand. Ihnen folgten die Paspun: vier Männer trugen den Leichnam auf einer Trage, die übrigen das Feuerholz. Dann kamen in langer Reihe die männlichen Freunde und Verwandten. Als die Mönche die Opfergaben neben dem kleinen Lehmofen verbrannten, blieben nur die Paspunmitglieder bei ihnen und warteten das Feuer.

Die Paspuns erzeugen ebenso wie die Chutsos ein Gefühl von Zugehörigkeit in einer intimen Gruppe, die durch ein gemeinsames Ziel verbunden ist und ein Leben lang zusammenbleibt. In der traditionellen Ladakhi-Gesellschaft sind die Menschen nicht nur mit den engsten Freunden und Nachbarn verbunden, sondern auf besondere Weise auch mit in der ganzen Gegend verstreuten Haushalten.

Diese menschliche Größenordnung erlaubt Flexibilität. Wenn zum Beispiel ein Paspunmitglied gerade mitten bei der Ernte oder einer anderen unaufschiebbaren Tätigkeit ist zur Zeit einer anstehenden Bestattung, verlangt kein unabänderliches Gesetz, daß es seine Arbeit niederzulegen hat und kommen muß. Wenn jemand es nicht einrichten kann, wird er mit anderen Paspunmitgliedern sprechen und dafür sorgen, daß jemand anders seine Stelle einnimmt.

Viel Landarbeit wird gemeinsam getan, entweder von der ganzen Gemeinde oder von kleinen Untergruppen wie den Chutsos. Während der Ernte zum Beispiel helfen die Bauern einander beim Einsammeln der Feldfrüchte. Das geht deshalb gut, weil die Felder – selbst in ein und demselben Dorf – zu unterschiedlichen Zeiten reif werden. Wenn alle zusammenarbeiten, kann die Ernte eingebracht werden, sobald sie reif ist.

Bes, wie diese Art gemeinsamen Arbeitens genannt wird, wird oft von mehr als nur einem Dorf getan, und das keineswegs nur aus ökonomischen Gründen. Manche Bauern arbeiten auch dann gemeinsam, wenn zwei Felder zur gleichen Zeit reif sind, einfach um zusammenzuarbeiten. Fast nie sieht man jemanden allein bei der Ernte, immer findet man Gruppen von Männern, Frauen und Kindern in dauerndem Gesang und Gelächter bei vereinter Arbeit.

Rares, wörtlich übersetzt „Ziegenkurve", ist der Viehhütedienst der Gemeinden. Es erübrigt sich dadurch, daß täglich ein Mitglied jedes Haushalts mit seinen Tieren auf die Berge steigen muß, statt dessen übernehmen zwei oder drei die Tiere von mehreren Haushalten und stellen so die übrigen für anderweitige Arbeiten frei.

Privateigentum wird ebenfalls geteilt. Die kleinen Steinhäuser droben im Phu gehören zwar einer Familie, werden aber im Austausch gegen etwas Arbeit oder Milch oder Käse von vielen benutzt. Genauso stehen die Wassermühlen zum Mahlen des Getreides allen zur Verfügung. Wer keine eigene besitzt, spricht die Mitbenutzung mit jemand anders ab, und lediglich im Spätjahr, wenn das Wasser sehr knapp wird und jeder so viel als möglich vor dem Beginn des Winters gemahlen bekommen möchte, entschädigt man vielleicht den Besitzer mit einem Anteil des gemahlenen Getreides.

In der arbeitsreichsten Zeit des landwirtschaftlichen Jahres werden Geräte und Zugtiere gemeinsam genutzt. Besonders zur Saatzeit, wenn die Erde endlich nach dem langen Winter bereit ist und die Bauern mit der harten Feldbearbeitung beginnen, nutzt man alles, was jede Familie einbringen kann, gemeinsam, um das Notwendige so schnell wie möglich tun zu können. Auch diese Praxis ist formalisiert und hat einen speziellen Namen: *lhangsde.* Aber in dieser formalen Struktur gibt es einen hohen Grad von Flexibilität.

Einmal war ich zur Saatzeit in dem Dorf Sakti. Zwei Haushalte hatten eine Vereinbarung, nach der sie Tiere, Pflüge und Arbeit während der wenigen Tage vor Saatbeginn untereinander teilten. Ihr Nachbar Sonam, der nicht zu der Gruppe gehörte, pflügte sein eigenes Feld, als plötzlich eins seiner Dzos streikte und nicht weiterarbeiten wollte. Ich dachte erst, es sei bockig, aber Tsering fürchtete, es sei krank, und zwar ernstlich. Gerade als wir am Feldrand saßen und überlegten, was zu tun sei, kam sein Nachbar vorbei und bot ohne zu zögern seine eigene Hilfe und die der anderen von seiner *lhangsde*-Gruppe an. Am Abend, als alle mit ihrer Arbeit fertig waren, kamen sie mit ihren Dzos zu Tserings Feld herüber. Wie immer sangen sie bei der Arbeit, und noch lange nach dem Dunkelwerden, als ich sie schon nicht mehr sehen konnte, lauschte ich ihrem Gesang.

FÜNFTES KAPITEL

EIN TANZ OHNE CHOREOGRAPHIE

Die Ladakhifrau ist der unumschränkte Kopf ihres Haushalts, und die Männer hat sie gut in ihrem fähigen Griff. Sie hat ihr eigenes Geld, sie führt selbständig Geschäfte, ihr Wort ist in hohem Maße Gesetz.
(Major L. A. Gompertz, Magic Ladakh, 1928)

Dolma war fünfundzwanzig, als sie den zwei Jahre jüngeren Angchuk heiratete. Sie stammte aus dem winzigen Dörfchen Shadi, das sich stromabwärts von Tongde hoch oben in die Berge schmiegt. Die beiden Dörfer verbindet sehr viel. Viele Ehepartner in Tongde kommen aus Shadi, und die Dörfer treiben auch Handel miteinander, weil es in dem tiefer gelegenen Tongde mehr Getreide und in dem höher gelegenen Shadi mehr Vieh gibt.

Dolmas Eheleben ist ebenso wie das anderer Ladakhi-Frauen von Vielmännerei bestimmt, der sogenannten Polyandrie. Sie ist auch mit Angchuks jüngerem Bruder Angdus verheiratet, der dritte Bruder dagegen bleibt ehelos und wird Mönch im Kloster von Tongde. Ich weiß auch von einigen seltenen Fällen, in denen der dritte Bruder auch in dieselbe Ehe eintritt.

Als ältester ist Angchuk Haushaltsvorstand und Hauptehemann. Er ist zwar sozusagen der Boß, aber die Hierarchie ist nicht sehr streng, und in den meisten Situationen wäre es schwierig, ihn überhaupt als solchen zu erkennen. Dolma behandelt ihre Ehemänner mehr oder weniger gleich. Sie redet sie beide mit *atcho,* älterer Bruder, an und scheint keinen zu bevorzugen.

Als ich in Tongde war, besuchte ich sie oft und lernte dabei Dolma gut kennen. Wir saßen oft stundenlang zusammen und tauschten uns über die Unterschiede in der Lebensweise im Westen und in Zanskar aus. Die emotionale Seite der Vielmännerei faszinierte mich. Wie fühlte man sich mit mehr als einem Ehemann? Ich fragte sie, ob sie einen der Brüder mehr als den anderen liebte. Zuerst war sie verwirrt, weil man Gefühle zwischen Eheleuten nicht offen ausdrückt. Kaum je wird man ein Paar Händchen haltend finden, geschweige denn sich küssen.

„Angdus ist sanfter, aber ich stehe beiden nahe", sagte sie scheu. Sie sprach dabei nicht von „Liebe". Denn in Ladakhi gibt es kein Wort für diesen westlichen Begriff, der der ausschließlichen, leidenschaftlichen, romantischen Beziehung den Vorrang gibt.

Als ich mit Angdus und Angchuk über ihre Beziehung zu Dolma sprach, schienen auch sie ein wenig peinlich berührt, besonders, als die Rede auf Sexualität kam. Sie schliefen abwechselnd mit Dolma, nur daß Angchuk öfter mit ihr schlief, weil Angdus viel Zeit auf Handelsfahrten verbrachte. Aber manchmal – so sagten sie und brüllten dabei so vor Lachen, daß ich nicht wußte, ob ich es glauben sollte – schliefen sie auch beide mit ihr, wobei Dolma in der Mitte läge.

Trotz der Zurückhaltung der Ladakhi, Zuneigung öffentlich zu zeigen, sind sie beileibe nicht sexuell inaktiv. Sexualität scheint weder unterdrückt zu werden noch promiskuitiv gelebt zu werden. Außereheliche Kontakte werden zwar nicht gern gesehen, aber die Haltung dazu ist eher ein: „Das kommt eben vor." Mütter unehelicher Kinder sind keine Ausgestoßenen. Sich im Zorn gehen zu lassen wird mehr verurteilt als Untreue. Eine der gröbsten Beleidigungen, die man einem Ladakhi ins Gesicht schleudern kann, ist: „Schon chan", das heißt: ein leicht zum Zorn zu Reizender. Angchuk Dawas, ein Student, der mir half, Volkserzählungen zu übersetzen, erzählte mir, daß es einem gehörnten Ehemann als schlechtes Benehmen angekreidet wird, wenn er eine Szene macht. „Wenn er also in Wut geriete und einen schrecklichen Wirbel darum machte, würde eher sein Verhalten hart verurteilt als das ihre."

Polyandrie war über die Jahrhunderte hinweg ein Hauptfaktor für die relative Stabilität der Bevölkerungsgröße in Ladakh. Diese Stabilität trug meines Erachtens auch zu dem ökologischen Gleichgewicht und der sozialen Harmonie bei. Daß Geburtenkontrolle ein wichtiger Faktor ist, um im Gleichgewicht mit der Umwelt zu bleiben, ist klar. Der Zusammenhang mit der sozialen Harmonie ist vielleicht nicht ganz so offensichtlich. Und doch scheint es so, als ob soziale Spannungen eher reduziert werden können, wenn die Bevölkerungsdichte bei einer gleichbleibenden Menge an Ressourcen von Generation zu Generation gleich bleibt. Denn dann ist der Zwang, um des Überlebens willen zu streiten und zu kämpfen, eindeutig minimalisiert.

Es gibt in Ladakh annähernd gleich viel Frauen und Männer. Wenn also einige Männer zusammen eine Frau nehmen, bedeutet das, daß einige Frauen unverheiratet bleiben. Weniger verheiratete Frauen bedeutet aber auch weniger Kinder. Unverheiratete Frauen werden Nonnen. Und auch eine Anzahl Männer, gewöhnlich der eine oder andere der jüngeren Brüder, bleiben unverheiratet und leben als Mönche. Auf diese Weise haben Polyandrie und das monastische Lebensideal des Buddhismus zusammengewirkt.

Als ich nach Ladakh kam, war die Polyandrie schon seit 1942 auf dem Papier gesetzlich verboten und weit seltener als in früheren Zeiten. Wie weit sie bis heute zurückgegangen ist, ist schwer zu sagen. Es ist klar herauszufinden, wie weit sie zur Zeit ihres Höhepunktes verbreitet war. Doch eines ist sicher: Sie war üblich genug, um eine direkte Auswirkung auf die Bevölkerungsdichte zu haben.

Obwohl die Polyandrie eindeutig bevorzugt wurde, gab es auch andere Eheformen. Gelegentlich gibt es Polygamie und Monogamie. Diese ungewöhnliche Situation spiegelt vielleicht eine vorsichtige Anpassung an die knappen Ressourcen. Indem man seine sozialen Beziehungen flexibel hält, kann die Beziehung zum Land optimal bleiben. Mit andern Worten, es kann jede Familie über Generationen frei unter den Eheformen wählen, die im Blick auf das verfügbare Stück Land, die mögliche Kinderanzahl, verfügbare Partner oder andere Gesichtspunkte die beste ist.

Polygame Ehen kommen oft zustande, wenn eine Frau unfruchtbar ist. In solchen Fällen heiratet eine zweite Frau, meist eine Schwester der ersten, in eine solche Familie ein. Aber es gibt durchaus auch andere Gründe. Der Fall von Deskit und Angmo, die ich in Zanskar kennenlernte, lag ziemlich anders. Es bestand nicht nur keine Verwandtschaft zwischen den beiden Frauen, sondern Deskit hatte auch schon mehrere Kinder von ihrem Ehemann Namgyal, als Angmo auftauchte. Namgyal hatte eine Affäre mit Angmo gehabt, und als Angmo schwanger wurde, sagte er Deskit, daß er sie mit ihrem Baby als Zweitfrau in den Haushalt aufnehmen wolle.

Ich fragte Deskit, wie sie das erlebt hätte, ob ihr der Gedanke behagt hätte, Angmo im Haus zu haben. „Nein, gar nicht, der Gedanke gefiel mir am Anfang überhaupt nicht. Ich war außer mir. Aber Namgyal und Angmo waren so darauf aus, daß wir alle zusammen leben sollten, daß ich dachte: was soll's, wir können ja auch alle miteinander glücklich sein." Und jetzt leben sie schon seit zwölf Jahren friedlich miteinander. Angmo zufolge war Deskit von allem Anfang an freundlich. „Wir haben uns nie gestritten", erzählte sie mir. „Ganz gelegentlich ärgern wir uns ein bißchen über Namgyal: Er ist manchmal recht faul, und wir müssen ihn zur Arbeit antreiben. Aber wir zwei haben uns in den zwölf Jahren noch nie gestritten."

Im traditionellen Ladakh haben Frauen eine sehr starke Position. Deskits Bereitschaft, Angmo zu akzeptieren, hat darum auch nichts mit Unterdrückung zu tun. In unmittelbarer Nachbarschaft gab es in einer polyandrischen Ehe die gleiche Situation mit umgekehrtem Vorzeichen. Dort hatten nämlich Norbu und sein jüngerer Bruder Tsewang zusammen eine Frau, Palmo. Aber wenn er von seinem Laden in Leh nach Hause kam, der ihn viel Zeit außerhalb von Tongde verbringen ließ, veranstaltete Norbu oft ein Fest für ihn, und Palmo und Tsewang schliefen zusammen.

Unabhängig von der jeweiligen Eheform blieben die Landbesitzverhältnisse intakt. Das Leitprinzip der Landvererbung besteht darin, es ungeteilt zu erhalten, und nicht in immer kleinere Stücke aufzusplittern. Was auch immer geschieht, wie die Kinder auch zusammengehören mögen, das Land wird immer an nur eine Person weitergegeben. Das wird sogar dann so gehalten, wenn gar keine Kinder vorhanden sind: In dem Fall wird jemand an Kindes Statt angenommen.

Üblicherweise ist es der älteste Sohn, der offiziell den Landbesitz der Familie übernimmt. Da Land weder verkauft noch gekauft werden kann und es privaten Landbesitz wie bei uns nicht gibt, wird er nicht der Besitzer, sondern eher eine Art Sachwalter für das Land. Wenn eine Familie keinen Sohn hat oder wenn andere Umstände es wünschenswert erscheinen lassen, erbt die älteste Tochter alles und heiratet einen Mann, der keine eigenen Besitzrechte hat.

Angchuks Situation ist sehr typisch. Formal gehört das Land ihm; er übernahm es zur Zeit seiner Eheschließung. Seine Eltern zogen dem allgemeinen Brauch entsprechend in ein kleineres Häuschen neben dem Haupthaus, der *kanghu.* So wurde Angchuk schon sehr jung zum Vorstand und zum politischen Repräsentanten des Haushalts. Seine Großmutter und ein Onkel blieben im Haupthaus, seine Eltern leben mit dem Großvater und zwei seiner Schwestern, die Nonnen wurden, in der *khangu.* Zu der *khangu* gehören eigene Felder, die sie überwiegend für sich selbst bewirtschaften. Sie kochen auch in ihrer eigenen Küche. Obwohl man sich dauernd gegenseitig hilft und viel Zeit miteinander verbringt, bewahren die beiden Haushalte eine nicht zu unterschätzende Unabhängigkeit voneinander.

Heiraten finden fast immer im Winter statt, wenn es mehr Zeit zum Feiern gibt. Eltern, Freunde und Verwandte spielen bei der Suche nach einem geeigneten Partner alle eine Rolle. Vorschläge werden jeweils vom Astrologen *(onpo)* auf ihre astrologische Stimmigkeit hin überprüft. Wenn seine Zustimmung vorliegt, beginnt die Familie des Bräutigams mit einer ganzen Serie von Werbungsritualen. Geschenke und Krüge voll Chang werden der Familie der anderen Seite geschickt und häufig vom Großvater mütterlicherseits präsentiert. Werden die Geschenke akzeptiert, so werden Verwandte der betreffenden Familie eingeladen, um die Detailfragen wegen der Hochzeit zu besprechen. Freunde, Familienangehörige und Mitglieder der Paspun teilen die Aufgaben untereinander auf. Zum Schluß setzt der Onpo das Hochzeitsdatum fest.

Am Vortag der Hochzeit versammelt sich eine Gruppe von Männern vor dem Haus des Bräutigams, die die Braut von ihrem Elternhaus abholen. Es sind meistens gute Sänger und Tänzer. Am Hochzeitstag selbst tragen sie lange seidene Gewänder und hohe spitze Hüte. An dem Abend, an dem sie am Haus der Braut ankommen, tragen alle einen Pfeil und ein kleines Stück vom Fußgelenkknochen eines Schafes oder einer Ziege. Der Pfeil soll den Gott des Hauses repräsentieren, in dem die Braut von nun an leben wird, der kleine Knochen aber Wohlstand. Das Haus ist inzwischen voller Gäste, die Tee oder Chang trinken. Es gehört dazu, daß die Braut von den Männern, die draußen vor der Tür nach ihr rufen, gezwungen werden muß, zu kommen. Schließlich erscheint sie, nicht ohne rituelle Tränen zu vergießen.

Eine Hochzeitsfeier. Die Feierlichkeiten dauern viele Tage, manchmal sogar eine Woche.

Die ungewöhnlichste Hochzeit, an der ich jemals teilnahm, fand in Mangyu statt, einem kleinen Dorf, das eine Tagesreise von Leh entfernt in einem Tal versteckt liegt. Über dreihundert Gäste feierten das Ereignis drei Tage und drei Nächte lang in ausgelassener Freude. Am vierten Tag schließlich versammelten sie sich, um zu beobachten, wie Tsering Wangyal sich einer strengen Prüfung unterwarf, um ein Amchi zu werden. Die Kunst des Amchi wird fast immer vom Vater auf den Sohn übertragen, ohne daß irgendwelche formellen Tests erforderlich wären. Aber Wangyals Vater, der drei Jahre vorher gestorben war, war kein Arzt gewesen. „Du hast großes Glück", sagte Tashi Rabgyas zu mir. „Derartige Zeremonien sind äußerst selten und kommen höchstens vielleicht acht- bis zehnmal in diesem Jahrhundert vor.

Als die Braut ankam, sah sie nervös aus. Zum ersten Mal in ihrem Leben war ihr Kopf mit einer türkisbesetzten *perak* geschmückt, die bis unterhalb ihrer Schultern herabfloß. Es ist Brauch, daß eine Mutter ihren Perak an ihre älteste Tochter weitergibt, wenn diese heiratet. Daß auf diese Weise der Familienreichtum im Besitz der Frau bleibt, zeigt an, welch starke Stellung die Frau in der Ladakhi-Gesellschaft einnimmt.

Der Trauzeuge *(natipa)* des Bräutigams und seine Begleiter gaben ihr das Geleit auf dem vielleicht einen halben Kilometer weiten Weg zu dem Haus, wobei sie viermal anhielten, um rituelle Trinksprüche auszubringen und feierlich um die Changgefäße herumzutanzen. Wangyals Bruder Dorje warf Münzen und Banknoten in die Luft, und die Kinder jagten in wildem Gerangel danach. Kurz vor Erreichen des Hauses zerbrachen Mönche einen Tontopf, um böse Geister zu verscheuchen. In je mehr Stücke er zerbrach, desto glücklicher würde die Ehe werden.

Der größte Teil der Zeremonie fand draußen auf den abgeernteten Feldern statt, die mit leichtem Rauhreif bedeckt waren. Die Festlichkeiten begannen um drei Uhr, nicht lange, nachdem die Sonne hinter den hohen Bergen im Süden untergegangen war und dauerte bis nach neun Uhr am Abend. Wir saßen auf in zwei parallelen Reihen ausgelegten Teppichen gegenüber zwei gewaltig großen Gefäßen mit Chang. Bei der bekannten Gastlichkeit der Ladakhis hatten wir nie lange zu warten, bis unsere Becher wieder gefüllt wurden. Doch war es so kalt, daß sich auf dem Chang schon eine dünne Eisschicht gebildet hatte, als man mir nachfüllte.

Ich kam an die Reihe, die Braut, den Bräutigam und die Familie mit *kataks* zu beschenken, weißen Schals, dem traditionellen Ausdruck für Glückwünsche. Wenn der Berg auf der Schulter des Beschenkten sich gefährlich der Hundert näherte, stand schon ein Helfer bereit, die Hälfte abzunehmen. Der Trauzeuge eröffnete den Tanz, indem er einen Katak um den Hals eines Gastes legte, und schließlich nahmen fast alle an den langsamen, würdevollen Tänzen der Ladakhis teil, die immer in einem Kreis getanzt werden und nach einiger Zeit eine geradezu hypnotische Wirkung ausüben.

Als es Nacht wurde, wurden die Späße lauter. Eine Prozession von Tänzern bewegte sich langsam und recht unsicher den schmalen Pfad entlang, der schnell für sie freigemacht wurde. Der Anführer rief dabei aus: „Ich bin so betrunken!" Um ein Uhr zog sich Tashi Rabgyas diskret auf sein Zimmer zurück, um zu schlafen. Anderthalb Stunden später brachen die Chang-Trinker in seine Träume ein: „Komm, Tashi, wach auf! Auch Gelehrte müssen singen und tanzen!" Für uns alle war es ein Glück, daß Chang recht mild mit einem umgeht, wenn man zuviel von ihm getrunken hat.

Mich erstaunte die Leichtigkeit und der Charme, mit dem Wangyals Familie den Bedürfnissen ihrer dreihundert Gäste nachkam. Am Morgen gab es für jeden heißes Wasser, Seife und ein Handtuch; dabei hatte ihr Haus natürlich kein fließendes Wasser. Heißes Wasser gab es auch vor jeder Mahlzeit. Die Familie und die Paspun-Mitglieder arbeiteten mit Pausen rund um die Uhr, um die Speisen zuzubereiten. Am Ende des vierten Tages waren die enormen Berge von Butter und Brot, die ich bei meiner Ankunft in der Küche erspäht hatte, fast zu einem Nichts zusammengeschmolzen. Das Frühstück bestand einfach aus Butter und Vollweizenbrot, Mittag- und Abendessen aus Reis, Gemüse und Fleisch, die in großen Gefäßen gekocht wurden. Niemand schien diese wie ein gut geführtes Orchester funktionierende Gastlichkeit zu dirigieren. Doch wenn auch nur eine Kerze zu verlöschen drohte, war schon jemand da, um sie zu ersetzen.

Wangyal war während der Zeremonien unerschütterlich ruhig. Sie sind übrigens weit weniger formal und streng festgelegt als unsere Eheschließungen. Mir fiel nie auf, daß es einen besonderen Augenblick gab, von dem ab er und seine Braut als Mann und Frau zu gelten hätten. Vielleicht war es da, als sie Seite an Seite auf einem Teppich saßen, an dem zwei *swastikas*, alte Glückssymbole, aus Gerste angebracht waren und beide von demselben Teller aßen.

Ebenso gelassen war Wangyal am vierten Tag, als er einem Gremium von acht ehrwürdigen Amchis gegenüberstand. Zuerst zitierte er etwa vierzig Minuten lang auswendig aus einem bedeutenden Text. Dann legte er auf einem Teppich mit schwarzen und weißen Kieselsteinen ein Diagramm, das einem Lebensbaum ähnelte. Es bezeichnete die Körperteile und verband sie durch Linien mit den Gebrechen, zu denen sie jeweils tendieren. Als nächstes wählte das Gremium einen Knaben aus der Menge aus. Wangyal fühlte seinen Puls an sechs verschiedenen Stellen an beiden Handgelenken und diagnostizierte des Knaben körperliche Befindlichkeit, die von den Amchis bestätigt wurde. Schließlich bombardierten die Amchis ihn mit Fragen und nahmen ihn, nachdem er sie richtig beantwortet hatte, als einen der ihren auf.

Die meisten Geburten fallen in die wärmeren Sommermonate. Eine ganze Woche lang vermeidet der Vater nach der Geburt des Kindes die Feldarbeit, um auch nicht ein einziges Insekt zu beschädigen und so das Gedeihen des Kindes zu gefährden. Mutter und Kind verbleiben friedlich in einem eigenen Zimmer, werden gegen die Außenwelt abgeschirmt und von der Familie mit der frischesten Milch und der besten Yakbutter verwöhnt. Glückspfeile werden an die weidengeflochtene Decke gehängt.

Vorausgesetzt, daß der Onpo seine Zustimmung gibt, werden am siebenten Tage die Verwandten und Freunde eingeladen, das Kind zu besichtigen. Sie bringen gehäufte Teller voll Mehl und Butter mit und kleine aus Teig geformte Figuren des *ibex*, des Götter-Pferds. Im Gebetsraum verbrennen Mönche Weihrauch. Das Haus hallt wider von den hypnotisierenden Klängen des einstimmigen Gesanges und dem rauhen, näselnden Ton der religiösen Musik. Kinder spielen Fangen, die Erwachsenen plaudern, und die lärmige Fröhlichkeit wird von dem schweren Schlag der Zeremonientrommel untermalt.

An den Feierlichkeiten einen Monat nach der Geburt nimmt das ganze Dorf teil. Der Gemeinschaft ist ein Kind geboren worden! Der Schmied bringt als Geschenk einen Löffel und ein Armband. Die Musiker spielen ein *lharnga*. Die Mutter und das Kind werden mit Kataks und Eßwaren beschenkt.

Der Onpo setzt auch den Tag fest, an dem das Kind zum ersten Mal das Haus verlassen darf. Nichts wird dem Zufall überlassen.

Alle Omen müssen günstig sein und die Elemente in besonderer Weise zusammenpassen: Die Eltern reiben ein wenig Butter auf das Köpfchen des Babys, was ihm Glück bringen soll, sie malen mit einer Mischung aus Ruß und Öl *(jur)* ein schwarzes Zeichen auf seine Stirn, um die bösen Geister abzuschrecken, kleiden es in ein langes handgewebtes Gewand und setzen ihm einen wollenen Hut auf, der mit einem silbernen *om* verziert ist.

Nach zwei oder drei Monaten wird das Kind zum Kloster gebracht, wo es gesegnet wird und ein gedrucktes Gebet zu seinem Schutz erhält. Zu dieser Zeit empfängt das Kind auch von einem *rinpoche* oder hohen Lama, was wir einen Rufnamen nennen würden. Die Namen sind von bestimmten buddhistischen Idealen abgeleitet. So bedeutet zum Beispiel „Angchuk" „machtvoll" und „Wangyal" „siegreich", beides meint die Überwindung des Ego. Nachnamen in unserem Sinn gibt es keine. In Ladakh wird man durch den Namen seines Hauses und Landstückes identifiziert. Daran läßt sich ablesen, wie tief und dauerhaft die Verbindung mit dem Land ist.

Dolmas Kinder sprechen sowohl Angchuk wie Angdus mit *abba,* also Vater an, doch kann jeder Mann, der alt genug ist, um dein Vater zu sein, so angeredet werden. Dolma behauptet zu wissen, wer der Vater ihres jeweiligen Kindes ist. Das älteste sei von Angchuk, das jüngste von Angdus. „Wie kannst du das wissen?" – „Ich weiß es eben!" Weder Angdus noch Angchuk interessieren sich dafür, welches Kind von ihnen ist: Für alle Kinder wird gleichmäßig gesorgt.

Immer wenn ich bei Dolmas Familie war, konnte ich einiges über den Umgang der Ladakhis mit Kindern beobachten. Kinder haben dauernd körperlichen Kontakt mit andern, ein ganz wichtiger Faktor für ihre Entwicklung. Dolma verbrachte mehr Zeit mit dem damals sechsmonatigen kleinen Angchuk als irgend sonst jemand. Die ganze Nacht schlief er in ihrem Arm, wo er, wann immer er wollte, trinken konnte. Während des Tages nahm sie ihn für gewöhnlich mit zur Feldarbeit. Aber es war nicht nur ihre Aufgabe allein, sich um das Kind zu kümmern. Alle hüteten ihn. Immer gab es jemand, der ihn küßte und mit ihm schmuste. Männer und Frauen sind gleicherweise verliebt in kleine Kinder. Sogar die halbwüchsigen Burschen von nebenan machen sich überhaupt nichts daraus, wenn sie gesehen werden, wie sie sich mit zärtlichen Lauten über Klein-Angchuk beugen oder ihn mit einem Lied in den Schlaf wiegen:

> Alo -lo -lo ...
> Alo -lo -lo ...
> Schenk unserm Kind einen glücklichen Schlaf
> Alo -lo -lo ...

Die traditionelle Lebensweise ermöglicht es Müttern und Kindern, immer beieinander zu sein. Ob Dorfbewohner zusammenkommen, um wichtige Angelegenheiten zu diskutieren, ob bei Festen und Gastlichkeiten: es sind immer Kinder jeder Altersstufe dabei. Sogar bei Zusammenkünften, bei denen bis spät in die Nacht getrunken, gesungen, getanzt und laute Musik gemacht wird, kann man kleine Kinder herumlaufen sehen, die sich an dem Vergnügen beteiligen, bis sie einfach irgendwo umfallen und schlafen. Niemand sagt ihnen: „Es ist halb neun, du mußt jetzt zu Bett gehen."

Ich erzählte Dolma davon, daß westliche Babys viel Zeit getrennt von ihren Müttern verbringen, nachts in einem anderen Zimmer schlafen und zu bestimmten Zeiten gefüttert werden und nicht dann, wenn sie trinken möchten. Und dann noch Kuhmilch aus einer Flasche bekommen und nicht die Mutterbrust. Sie war entsetzt: „Bitte, *atche* Helena, wenn du jemals auch Kinder haben solltest, behandle dein Baby nicht so, sondern mach es so wie wir."

Niemand verliert die Ruhe, selbst wenn die Kleinen anspruchsvoll sind. Ich arbeitete einmal mit Yeshe, einem einheimischen Arzt, an der Übersetzung eines Textes über Geburten aus einem seiner alten medizinischen Bücher. Er hütete an diesem Tag den Enkel seines Nachbarn. Der Kleine hörte nicht auf, nach den Seiten zu grabschen, ja, manchmal geradezu daran zu reißen, wobei er dauernd „*Chi inok?* Chi inok?" (Was ist das? Was ist das?) fragte. Er machte keine einzige Pause, er stellte immer wieder die gleiche Frage. Es war nahezu unmöglich, sich auf die Arbeit zu konzentrieren, aber Yeshe blieb unverändert geduldig. Jedesmal, wenn der Junge nach dem Buch griff, nahm er sanft dessen Händchen weg und antwortete: „Es ist ein Buch, es ist ein Buch." Er muß es an die hundert Mal gesagt haben, und immer in dem gleichen, ruhigen Ton, und anders als ich hatte er keine Mühe, sich auf unsere Arbeit zu konzentrieren!

Dolma gab einmal ihrem Dreijährigen einen Klaps, als er versuchte, nach der heißen Teekanne zu langen. Im selben Augenblick schloß sie ihn auch schon zärtlich in die Arme. Ich fragte mich damals, ob das Kind durch so unklare Signale nicht verwirrt würde. Aber nachdem ich viele ähnliche Vorfälle beobachtet hatte, wurde mir klar, daß die Botschaft war: „Ich habe dich lieb, aber das darfst du nicht tun!" Dolma hatte gezeigt, daß sie gegen das war, was das Kind tat, aber nicht gegen es selbst.

Kindern wird von ihrer Umgebung eine unbegrenzte und bedingungslose Zuneigung entgegengebracht. Im Westen würden wir sagen, sie würden verwöhnt. Aber in Wirklichkeit haben die Ladakhikinder schon im Alter von ungefähr fünf Jahren gelernt, Verantwortung für andere zu übernehmen. So tragen sie zum Beispiel Babys auf ihrem Rücken herum, sobald sie nur stark genug dazu sind. Kinder werden niemals in Gruppen von Gleichaltrigen eingeteilt, sondern wachsen zwischen Menschen aller Altersgruppen auf, von kleinen Babys bis zu Urgroßeltern. Sie wachsen auf als Teil ganzer Beziehungsketten, Ketten eines Gebens und Nehmens.

Völlig unaufgefordert bricht schon ein kleines Kind einen Keks in winzige Stückchen, um ihn mit Geschwistern oder Freunden zu teilen. Das ist ein natürliches, spontanes Verhalten und hat nichts von einer Geste bewußter Großzügigkeit. Unzählige Male haben mir im Laufe der Jahre klebrige kleine Hände Aprikosen, Erbsen und Brotstücke aufgedrängt. Bei einer Geselligkeit zur Feier des Skangsolfestes beobachtete ich zwei kleine Jungen, nicht älter als zehn Jahre vielleicht. Man hatte ihnen ihren Anteil von dem speziellen Festessen auf einem Teller für beide zusammen gegeben, der gehäuft voll mit Reis, einer Portion Gemüse und einem Stück Fleisch war. Sie machten sich eifrig darüber her, ihre flin-

Deskit aus Tongde badet ihren kleinen Jungen. Nachdem sie ihn abgetrocknet hat, cremt sie ihn am ganzen Körper mit geschmolzener Butter ein, um ihn vor trockener Haut und vor Kälte zu schützen.

ken Finger brachten den Reis bald zum Verschwinden. Meine Neugier wuchs, als die Jungen eine Pause machten, um sich den Mund abzuwischen, und das kostbare Stück Fleisch auf dem Teller liegenblieb. Jeder von ihnen lehnte es dann in der typischen Ladakhimanier ab, bestand darauf, daß der andere es haben sollte, wobei sie sogar in gespieltem Desinteresse den Teller fortschoben.

Wenn man während der Zeit des eigenen Heranwachsens schon Verantwortung für andere Kinder übernimmt, muß es eine tiefe Wirkung auf die eigene Entwicklung haben. Für Jungen ist dies besonders wichtig, weil es ihre Fähigkeit zu fürsorglichem Hegen und Pflegen ausbildet. Im traditionellen Ladakh fühlen sich Männer nicht durch diese Eigenschaften in ihrer Identität bedroht, im Gegenteil, ihre Identität schließt diese Eigenschaften ein.

Im allgemeinen sind Rollen nicht so klar definiert wie bei uns im Westen. Bei weitem die meisten sind keine Spezialisten, sondern haben eine ganze Reihe von Fertigkeiten, um ihre Bedürfnisse erfüllen zu können. Mit Ausnahme einiger weniger Aufgaben, die tatsächlich den Männern vorbehalten sind, wie das Pflügen der Felder, ist man bei den meisten Tätigkeiten überhaupt nicht festgelegt. Die meisten Arbeiten in der Familie oder im Dorf werden spontan von beiden Geschlechtern übernommen.

Während meines Aufenthalts in Tongde habe ich lange versucht herauszubekommen, wie die Arbeit zugewiesen wird. Es schien, als würde alles Nötige erledigt, ohne daß man darüber diskutieren müßte, und offenbar gab es dafür gar kein festes Muster. Wenn ich bei Angchuk und Dolma in der Küche saß, war das, als schaute ich einem Tanz ohne Choreographie zu. Niemand sagte: „Tu das!" oder „Soll ich jenes tun?" Und doch geschah auf stille und angenehme Art alles, was getan werden mußte. In der einen Minute trug Onkel Dawa das Baby herum, in der nächsten rührte er in einem Topf auf dem Herd, dann holte er etwas Mehl aus dem Vorrat. Er reichte Dolma den kleinen Angchuk, und sie hielt ihn auf ihrem Schoß beim Gemüseschneiden. Angchuk betrieb den Blasebalg, damit das Feuer weiterbrannte, und hielt Onkel Dawa einen Topf hin, damit er das Mehl hineinschüttete. Die

Großmutter *(Abi-le)* übernahm den Herd, während Angdus anfing, den Brotteig zu kneten. Dolma ging hinaus, um aus dem Fluß neben dem Haus Wasser zu holen. Dann setzte sich Onkel Dawa neben den Herd. Er drehte sein Gebetsrad aus glänzendem Messing und Kupfer und murmelte mit sanfter Stimme ein heiliges Mantra, als sei es eine Begleitmusik zu der Bewegung um ihn herum.

Alte Menschen nehmen an allen Lebensbereichen teil. Für die Alten in Ladakh gibt es keine Jahre des Vorsichhinstarrens, unerwünscht und allein. Sie sind bis zu ihrem Tode wichtige Glieder der Gemeinschaft. Hohes Alter steht für wertvolle Erfahrung und Weisheit. Großeltern sind zwar nicht mehr so stark, aber sie haben andere Fähigkeiten einzubringen; das Leben verläuft ohne Hektik, darum macht es auch nichts aus, wenn sie langsamer arbeiten. So bleiben sie Teil der Familie und Gemeinde und sind in der Regel noch mit über achtzig Jahren leistungsfähig, gesund und voll geistiger Klarheit.

Einer der Hauptgründe für diese Lebendigkeit und Eingebundenheit der Alten ist ihr ständiger Kontakt mit der Jugend. Die Beziehung von Großeltern und Kind unterscheidet sich von der zwischen Eltern und Kind. Die ganz Alten und die sehr Jungen sind auf eine ganz besondere Art verbunden; oft sind sie die besten Freunde.

In Dolmas Familie liefen die Kinder unfehlbar zu Großmutter, um sich trösten zu lassen, wenn sie sich weh getan hatten oder getadelt worden waren. Sie wiegte sie dann auf dem Schoß oder spielte mit ihnen, bis alles vergessen war. Es war auch Abi-le, die um Vergünstigungen für sie bat oder winzige Götterpferdchen aus Käse für sie machte und auf eine Schnur auffädelte, damit sie daran knabbern konnten.

Während ich dies schreibe, spielt sich eine ähnliche Szene vor meinen Augen ab. Draußen vor dem Fenster bewegen sich zwei kastanienbraun gewandete Gestalten zwischen den Gerstenfeldern langsam auf mich zu. Der Pfad ist steinig und steil, und wie sie näher kommen, erkenne ich einen kleinen Jungen im Mönchsgewand, der einem älteren Mönch hilft. Der gebeugte und leicht schwankende, vielleicht achtzigjährige Mann zögert bei jedem

Felsbrocken oder jeder Wendung. Die kleine Gestalt läuft im Zickzack vor und zurück, um die beste Stelle zu finden, von der aus er ihm helfen kann.

Zu dem, was mich bei meiner Ankunft in Ladakh am meisten verblüffte, gehört das breite, gar nicht schüchterne Lächeln der Frauen, die sich frei überall bewegen, mit Männern scherzen und in ganz offener, ungezwungener Art mit ihnen sprechen. Obwohl junge Mädchen manchmal scheu erscheinen, zeigen Frauen im allgemeinen hohes Selbstvertrauen, Charakterstärke und Würde. Fast alle früheren Reisenden berichten von dieser starken Stellung der Frauen in Ladakh.

Anthropologen, die von einem westlichen Standpunkt aus eher von formalen äußeren Strukturen her urteilen, können dadurch irregeführt werden, daß offizielle Positionen von Männern eingenommen werden und sie bei gesellschaftlichen Anlässen oft getrennt von den Frauen sitzen. Doch von meinen Erfahrungen in mehreren Industrienationen aus betrachtet, würde ich behaupten, daß die Frau in Ladakh in Wahrheit eine stärkere Stellung hat als in irgendeiner anderen mir bekannten Kultur. Sobald ich die Gesellschaft mehr von innen her zu verstehen begann, wurde mir klar, daß Rollenunterschiede nicht notwendigerweise Ungleichheit bedeuten mußten. Ich spürte ein dynamisches Gleichgewicht; es war schwer zu sagen, ob Frauen oder Männer mehr tatsächliche Macht hatten. Wenn Dolma mit ihren Freundinnen bei einem Fest munter plauderte, war nichts von sexueller Unterdrückung zu spüren. Zwar gibt es auch in Ladakh Unterschiede zwischen den Geschlechtern, doch sind sie weniger ausgeprägt als im Westen. Weibliche und männliche Namen sind zum Beispiel häufig identisch, und das Pronomen *kho* bedeutet sowohl „er" wie „sie".

„Ich möchte nicht heiraten und Kinder bekommen. Ich möchte lieber Nonne werden", sagte mir einmal eine Ladakhi-Freundin. Manchmal entscheiden sich Frauen mit Kindern, ihre Familien zu verlassen und Nonnen zu werden. Es kommt auch vor, daß Nonnen sich entschließen zu heiraten, ja es gibt sogar solche, die „illegitime" Kinder haben. Die Rolle der Nonne ist überraschend flexibel und höchst ungewöhnlich. Die meisten Nonnen leben zu Hause. Man kann sie an ihrem kurzen Haar erkennen, und sie verbringen mehr Zeit im Gebet als die übrige Familie. Sie profitieren von den festgeknüpften Familien- und Gemeinschaftsbanden. Obwohl sie zölibatär leben, beteiligen sie sich an der Fürsorge für die Jugend, so daß auch sie engen Kontakt mit Kindern haben. In der offiziellen Hierarchie rangieren Mönche zweifellos höher als Nonnen. Doch das Gleichgewicht zwischen männlich und weiblich spielt eine zentrale Rolle in den Lehren des Buddhismus. Ein Mönch erklärt es so: „Ebenso, wie die zwei Flügel eines Vogels im Gleichgewicht sein müssen, wenn er fliegen können soll, kann man nicht zur Erleuchtung kommen, ohne daß Weisheit von Mitgefühl begleitet wird." Das Weibliche ist Symbol für die Weisheit, das Männliche für Mitgefühl! Zusammen bilden sie die eigentliche Essenz der Religion.

Für den Status der Frauen in Ladakh ist es zentral, daß der „informelle" Bereich, dessen Zentrum die Frau ist, eine ungleich größere Rolle spielt als der „formale". Das Zentrum der Ökonomie ist der Haushalt; fast alle wichtigen Entscheidungen in Zusammenhang mit den Grundbedürfnissen werden hier getroffen. So sind Frauen nie gezwungen, zwischen dem Zusammensein mit ihren Kindern und einer wichtigen Rolle im sozialen und ökonomischen Leben wählen zu müssen. Wie ich schon vorher erwähnt habe, ist kaum Bedarf für Entscheidungsfindungen auf Gemeindeebene. Darum hat der Bereich der Öffentlichkeit, in dem Männer dazu neigen, die Führer sein zu wollen, viel weniger Bedeutung als in der industrialisierten Welt.

Wenn der Unterschied auch geringfügig ist, arbeiten Frauen im ganzen härter als Männer. Anders als im Westen, erhalten sie jedoch dafür auch eine volle Bestätigung. In dieser bäuerlichen Gesellschaft ist es lebensnotwendig, gute Beziehungen mit der Familie und Gemeinschaft zu pflegen und Kenntnisse über das Land und die Tiere zu besitzen. In beiden Bereichen übertreffen Frauen die Männer.

Ich erinnere mich an ein Gespräch mit einer Frau, das einige Monate, nachdem ihr Bruder geheiratet hatte, stattfand:

„War es eine arrangierte Heirat?" fragte ich.

„Ja, mein Bruder wollte es so. Es ist sehr wichtig, daß beide Familien daran beteiligt sind. Sie können eine Menge Erfahrung und Wissen in so eine wichtige Entscheidung einbringen."

„Gibt es besondere Eigenschaften, nach denen man bei der Wahl einer Ehefrau Ausschau hält?"

„Nun, vor allen Dingen sollte sie gut mit Menschen auskommen und fair und tolerant sein."

„Was ist sonst noch wichtig?"

„Ihre Fertigkeiten und ihre Kenntnisse sind wichtig, und sie sollte nicht faul sein."

„Kommt es darauf an, daß sie hübsch ist?"

„Eigentlich nicht, was zählt, ist, wie sie innen drinnen ist. Ihr Charakter ist wichtiger. Wir sagen in Ladakh: Die Streifen eines Tigers sind außen, menschliche Streifen sind innen."

Ladakhi-Frauen sind stark und selbstbewußt.
In der traditionellen Agrarwirtschaft wird ihre Arbeit genauso hoch geschätzt wie die der Männer.

SECHSTES KAPITEL

BUDDHISMUS: EINE LEBENSWEISE

Wisse, so sind alle Dinge:
ein Wolkenschloß, ein Trugbild,
ein Traum, eine Erscheinung,
substanzlos, doch mit Eigenschaften,
die sichtbar sind.

Wisse, so sind alle Dinge:
wie der Mond am klaren Himmel
widerspiegelt sich im See,
doch für den See hat der Mond
sich nicht einmal bewegt.

Wisse, so sind alle Dinge:
wie ein Echo, das erschallt
von Musik und Klang und Weinen,
aber in ihm ist keine eigene Melodie.

Wisse, so sind alle Dinge:
wie die Zaubertricks des Magiers,
mit Pferden, Ochsen, Wagen und anderem.
Nichts ist so, wie es erscheint.

(Samadhirajasutra)

In Ladakh spiegelt alles das religiöse Erbe wider. Die Landschaft ist mit Mauern aus geschnitzten Gebetssteinen und den schon erwähnten „Chorten" übersät, flatternde Fähnchen flüstern dem Wind Gebete zu, und überall ragen in ferner Höhe die weißen Wände eines Klosters auf. Der Buddhismus, der ungefähr 200 v. Chr. von Indien gekommen war, ist seitdem die traditionelle Religion der Ladakhis. Heute sind unter der geistlichen Führerschaft des Dalai Lama alle Sekten des Tibetischen Mahayana-Buddhismus vertreten.

Die Dörfer, in denen ich gelebt habe, sind buddhistisch, aber in der Hauptstadt ist ungefähr die Hälfte der Bevölkerung muslimisch. Außerdem gibt es noch eine kleine Gruppe von vielleicht ein paar hundert Christen. Die Beziehungen zwischen diesen drei

Gruppen haben sich in den letzten Jahren gewandelt. Aber als ich ankam, zeigten noch alle einen tiefen gegenseitigen Respekt, eine entspannte Toleranz, die durch häufige interreligiöse Heiraten noch verstärkt wurde. An den Hauptfesten der jeweiligen Religion besuchten sich die Menschen aus den verschiedenen Gruppierungen und beschenkten sich mit den als Glückwunsch gedachten weißen Schals, den *kataks.* Während meiner ersten Monate in Ladakh wurde ich eingeladen, um an den Festlichkeiten des *Id,* eines muslimischen Feiertags, teilzunehmen. Niemals werde ich die warme Atmosphäre und die gute Stimmung vergessen, als Muslime und Buddhisten sich miteinander niedersetzten.

Eines der zentralen Elemente des Buddhismus ist die Philosophie des *sunyata* oder der Leere. Ich hatte anfangs Schwierigkeiten, die Bedeutung dieses Leitgedankens zu verstehen, aber im Laufe der Jahre und im Gespräch mit Tashi Rabgyas wurde es mir deutlicher: „Es ist etwas, worüber sich schwer reden läßt und das nicht durch Worte allein verstanden werden kann", sagte er einmal. „Es ist etwas, das sich vollkommen nur durch eine Verbindung von Reflexion und Erfahrung erfassen läßt. Aber ich will versuchen, es auf eine einfache Art zu erklären. Nimm irgendein Ding, zum Beispiel einen Baum. Wenn du an einen Baum denkst, neigst du dazu, ihn für ein bestimmtes, klar definiertes Objekt zu halten, das er auf einer bestimmten Ebene ja auch ist. Aber auf einer wichtigeren Ebene hat der Baum keine unabhängige Existenz, sondern geht eher auf in einem Netz von Beziehungen: Der Regen, der auf seine Blätter fällt, der Wind, der ihn zum Schwanken bringt, der Boden, der ihn ernährt, sie alle bilden einen Teil des Baumes. Wenn du richtig darüber nachdenkst, hilft schließlich das ganze Universum dem Baum dazu, das zu sein, was er ist. Er kann nicht abgetrennt werden; sein Wesen verändert sich von Augenblick zu Augenblick – er ist niemals derselbe. Das ist es eigentlich, was wir meinen, wenn wir sagen, daß die Dinge ‚leer' sind, daß sie kein unabhängiges Dasein haben."

Solche Begriffe wie „Leere" und „Nichts", die Sunyata definieren sollen, verführt viele Menschen im Westen dazu, den Buddhismus für nihilistisch zu halten. Man stellt sich seine Anhänger als einen apathischen Haufen von Leuten vor, denen es egal ist, ob sie leben oder sterben. Ironischerweise äußerte sich Tashi einmal ähnlich in bezug auf das Christentum. „Alles ist für euch vorherbestimmt", sagte er, „alles ist von Gott geplant und wird von ihm überwacht. Das muß die Menschen sehr apathisch machen. Im Christentum scheint es keinen Raum für persönliches Wachstum zu geben wie im Buddhismus. Wir haben durch spirituelle Praktiken die Gelegenheit, uns zu entwickeln."

Der Buddhismus behauptet weder, daß nichts existiert, und noch weniger fördert er in irgendeiner Weise den Pessimismus. Er lehrt im Gegenteil, daß wir, sobald wir das Wesen des Universums verstanden haben, ein dauerhaftes Glück erreichen werden, das durch den wechselnden Fluß der äußeren Ereignisse nicht getrübt wird. Unsere Unwissenheit – nämlich unsere Wahrnehmung der Welt durch Sinne und Begriffsbildung – hindert uns daran, hinter die Alltagswelt der Erscheinungen zu sehen, wo die Dinge abgetrennt und dauerhaft existieren. Solange wir darauf bestehen, die Dinge in dieser unwissenden Art zu sehen, sind wir im *samsara,* geflochten auf das Rad des Daseins.

Es geht nicht darum, das Dasein der Welt zu leugnen, sondern unsere Wahrnehmung zu verändern. Die Dinge existieren insofern, als wir sie mit unseren Sinnen wahrnehmen. Wir haben tatsächlich Körper, und wir brauchen auch Luft zum Atmen. Es ist eine Frage der Betonung. Niemand verlangt, die Welt, wie wir sie durch unsere Sinne aufnehmen, abzuschaffen, sondern sie in einem anderen Licht zu sehen. Buddha lehrt uns, daß jenseits dieser Welt, die durch unsere Sinne und Begrenzungen erschaffen ist, sich die Phänomene in einem dynamischen Prozeß auflösen. Das wahre Wesen der Wirklichkeit liegt jenseits der Bereiche von Sprache und linearer Analyse.

Tashi zitierte oft den berühmten Gelehrten Nagarjuna. „Diejenigen, die an die Existenz glauben, sind dumm wie das Vieh, aber diejenigen, die an die Nichtexistenz glauben, sind sogar noch dümmer. Die Dinge sind nicht existent, nicht inexistent, nicht beides und nicht etwas, das nicht beides ist."

Das Universum ist wie ein ewiger Fluß. Seine Ganzheit, sein Einssein verändern sich nicht, und doch ist es in ständiger Bewegung. Der Fluß als Ganzes existiert, aber man kann nicht sagen, woraus er besteht. Man kann den Fluß nicht zum Halten bringen und untersuchen. Alles ist in Bewegung und unlösbar miteinander verflochten.

Und wieder Tashi: „Alles unterliegt dem Gesetz des voneinander abhängigen Ursprungs. Wie Nagarjuna sagt: ‚Ursprung durch Beziehungen ist des Buddha reicher, tiefer Schatz.' Auf dieser Ebene werden unsere Kategorien und Unterscheidungen und Etiketten ‚ich und du', ‚Geist und Materie' eins und verschwinden. Was wir für feste Substanz halten, verändert sich in Wahrheit von Augenblick zu Augenblick. Auf die genau gleiche Weise, in der der Baum ‚leer' ist, ist es auch das Selbst. Wenn du darüber nachdenkst, löst auch du dich in alles auf, was um dich herum ist. Das ‚Selbst' oder ‚Ego' ist in einem letzten Sinn nicht abgetrennter als irgend etwas anderes im Universum."

Die Vorstellung von einem unabhängig existierenden Selbst ist womöglich das größte Hindernis auf dem Weg zur Erleuchtung. Der Glaube an eine absolute dauerhafte Existenz führt zu endlosem Streben und durch dies Streben zu Leiden. Mit unserem Festhalten an der Vorstellung von einem abgetrennten Selbst und abgetrennten Dingen kommt am Ende nichts heraus als ein unentwegtes Streben und Verlangen nach immer Neuem. Sobald wir erreicht haben, wonach wir suchten, machen wir uns nach etwas anderem auf den Weg. Befriedigung ist selten, kurz: wir sind und bleiben frustriert.

> Es gibt keinen anderen Weg, den Buddha zu erfreuen,
> als den, alle lebendigen Wesen zu erfreuen.

Tashi hat mich immer wieder daran erinnert, daß Wissen und Verständnis nicht um ihrer selbst willen genügen. Sie können in Wahrheit sogar gefährlich sein, meinte er, wenn sie nicht von Mitgefühl begleitet werden. „Der Dalai Lama hat gesagt, seine wahre Religion sei Freundlichkeit. Schau dir unsere Gebete an: Sie betonen alle Anliegen für andere."

Im Namen der edlen, tugendhaften Werke, die so getan werden:
Mögen meine Eltern, die mich freundlich aufgezogen haben,
die Lehrer, von denen ich meine Bodhiswata-Einführung erhielt,
all die diamantenen Brüder in ihrer Herzlichkeit der Beziehung,
all jene, mit denen ich Dinge und Besitz teile,
mögen sie alle den Stand der Buddhaschaft sehr bald erreichen.

Nach den buddhistischen Lehren gründet die sogenannte Methode der Erleuchtung im Mitgefühl. Der Weise und Dichter Milarepa sagte: „Leere erzeugt Mitgefühl. Wenn die Grenzen einer individuellen Existenz abgetragen sind, werden du und ich, statt weiterhin voneinander absolut getrennte Wesen zu sein, zu Aspekten ein und derselben Ganzheit."

Religion durchdringt alle Bereiche des Lebens in Ladakh und ist untrennbar mit Kunst und Musik, Kultur und Landwirtschaft verbunden. Die Menschen sind tief religiös. Dabei scheinen sie die Dinge, vom westlichen Standpunkt aus betrachtet, seltsam leicht zu nehmen. Diese offensichtliche Paradoxie verblüffte mich besonders, als 1976, das erste Mal nach langen Jahren, Seine Heiligkeit der Dalai Lama zu Besuch kam. Schon Monate vorher begann eine Stimmung der Erwartung zu wachsen. Die Menschen malten ihre Häuser an, druckten Gebetsfahnen und stickten neue Kleider; sie nahmen sogar ihren üppigen Kopfschmuck auseinander, wuschen die Türkise und Korallen und verschönerten die Pelzrückseite mit leuchtend rotem Stoff. Es ging um die sogenannte „Große-Rad- oder Kalachakra-Initiation", die an den Ufern des Indus, außerhalb von Leh stattfinden sollte. Lange vor dem Ereignis kamen Dorfbewohner aus ganz Ladakh, teils auf Lastwagen oder mit Bussen, viele kamen in mehreren Tagesreisen zu Fuß oder reitend, um die Hauptstadt rechtzeitig zu erreichen.

Um die Mitte der Woche mit den vorangehenden Vorträgen war die Zahl auf vierzigtausend gestiegen. Die Luft war erfüllt mit Lauten intensiver Andacht, und gleichzeitig herrschte erstaunlicherweise eine fast karnevalartige Stimmung. In einem Augenblick war der Mann vor mir in Andacht versunken, im nächsten lachte er über den Scherz eines Nebenstehenden; und eine Weile

Tanka im Kloster Phyang. Die große Bildrolle wird nur einmal im Jahr bei religiösen Feierlichkeiten entrollt.

später schien er schon wieder ganz woanders zu sein und drehte fast geistesabwesend seine Gebetsmühle. Während dieser religiösen Unterweisung, die für viele der Anwesenden das wichtigste Ereignis ihres Lebens darstellte, kamen und gingen die Menschen mit Gelächter und Schwatzen. Man picknickte, und überall waren spielende und herumrennende Kinder, die einander zuriefen.

Unter den Menschen, die den Zeremonien beiwohnten, war ein junger Franzose, der in Dharamsala, dem Wohnsitz des Dalai Lama während seines Exils, Buddhismus studiert hatte. Er nahm seine neue Religion sehr ernst und war über die Ladakhis schokkiert. „Diese Menschen sind nicht ernst. Ich dachte, sie seien Buddhisten", sagte er empört. Obwohl ich wußte, daß etwas an seiner Reaktion nicht stimmte, war ich unsicher, was ich darauf erwidern sollte. Auch ich war in einer Kultur groß geworden, in der Religion etwas vom übrigen Leben Getrenntes war. Es war etwas, das eine Minderheit sonntagmorgens ernst und feierlich verrichtete, aber das war auch schon alles.

Von den täglichen Gebeten bis zu den jährlichen Festen ist der gesamte Kalender von Religiosität und religiösen Praktiken geprägt. Der Tag des Vollmonds, der immer auf den fünfzehnten des Tibetischen Mondmonats fällt, ist der Tag, an dem der Buddha empfangen wurde, Erleuchtung erhielt und starb. Auch jede andere Woche des Monats hat ihre religiöse Bedeutung. Der zehnte Tag zum Beispiel fällt auf den Geburtstag des Guru Ringpoche, der den Buddhismus von Indien nach Tibet gebracht hatte. An diesem Tag treffen sich die Dorfbewohner zum Essen und Trinken und lesen dabei religiöse Texte. An *nyeness,* im ersten Monat des Tibetischen Kalenders, versammeln sich die Menschen zum Fasten und Meditieren im Kloster. An heiligen Tagen druckt die Familie häufig neue Gebetsfahnen. Dabei wird Stoff in den fünf heiligen Farben – Rot, Blau, Grün, Gelb und Weiß – auf geschnitzte eingefärbte hölzerne Druckstöcke gepreßt. Die neuen Fahnen werden auf den alten befestigt, die niemals entfernt werden, sondern noch in der Auflösung ihre Botschaft an den Wind weitergeben.

Jedes Haus ist angefüllt mit Dingen, die an das buddhistische Erbe der jeweiligen Region erinnern. Der Küchenherd ist mit *spallbi* geschmückt, einem kunstvollen Knoten ohne Anfang oder Ende, dem Knoten des Wohlstandes. Es ist eines der Glückssymbole des Buddhismus, die sich so oft auf den Fresken in den Gästezimmern dargestellt finden. Zusätzlich zu den Gebetsfahnen, die von einer Ecke zur anderen auf den Dächern aufgehängt sind, gibt es oft noch einen hohen Fahnenmast vor dem Haus. Dieser sagt an, daß sich in der Kapelle dieses Hauses alle sechzehn Bände der Mahayana-Haupttexte befinden, die sogenannten Prajnaparamita oder Bücher „der vollkommenen Weisheit". An einer der äußeren Wände sieht man auch einen kleinen Balkon mit einem gelben, einem weißen und einem blauen *chorten,* die jeweils Weisheit, Mitgefühl und Kraft symbolisieren. Andere Symbole sind aus früherer Zeit in den heutigen Buddhismus eingegangen. Auf dem Dach findet sich ein *lhato,* ein kleiner Schornstein aus Lehm, der mit einem Strauß Weidenzweigen und einem hölzernen Pfeil gekrönt ist. Dieser ist der Schutzgöttin des Hauses zugedacht. Er enthält ein Gefäß mit Getreide, Wasser und Edelmetallen, die jedes Jahr zu Neujahr ausgewechselt werden, um dem Haus weiteres Gedeihen zu sichern. Gelegentlich findet sich an einer der Außenwände ein *sazgo namgo* (wörtlich „Erdentür, Himmelstür"). Der Schädel eines Schafes oder Hundes ist an einem Netzwerk aus Weide und Wolle befestigt, in dem die Namen des Hausbesitzers und seiner Frau angebracht sind. Eine Inschrift dazu lautet: „Mögen diese Türen der Erde und des Himmels vor bösen Geistern beschützt sein." Manche Häuser sind mit roten Markierungen versehen, kleinen Figuren, Reihen von Punkten und Swastikas, um den *tsan,* einen Geist, der ein weißes Pferd reitet, freundlich zu stimmen. Von vorn gesehen sieht dieser Geist schön aus, aber sein Rücken, den er einem zukehrt, wenn er verärgert ist, ist schreckenerregend roh, und sein Anblick kann schweres Unglück verursachen.

Die Ladakhis haben eine entspannte Einstellung zu ihren Geistern. Man hält zwar Zeremonien ab, um sie günstig zu stimmen, lebt aber keineswegs in Angst vor ihnen. In Wahrheit sind sie nicht einmal ganz sicher, ob sie überhaupt existieren. „Glaubst du, daß es Geister wirklich gibt?" fragte ich einmal Sonam. „Na ja, man sagt, daß es sie gibt", antwortete er langsam. „Ich habe nie welche gesehen. Wer weiß!"

Die Rolle, die die Klöster in Tibet spielten, hat oft dazu geführt, die Gesellschaft als feudalistisch zu beschreiben. Auch ich nahm an, daß die Beziehungen zwischen den Klöstern und der übrigen Gesellschaft ausbeuterisch waren. Einige Klöster besitzen viel Land, das von dem ganzen Dorf bewirtschaftet wird. Es gibt auch Bauern, die außer ihrem eigenen Land klostereigene Felder bewirtschaften und als Entgelt einen Teil des Ertrags erhalten.

Auf einer breiteren sozialen Ebene gewähren die Klöster jedoch reale wirtschaftliche Vorzüge. Sie vermitteln sogar soziale Sicherheit für die ganze Gemeinde, so daß niemand Hunger leiden muß. Wenn eine Familie sich nicht in der Lage sieht, ihre vielen Münder zu stopfen, werden ein paar der Söhne – in der Regel die jüngeren – Mönche. Im Kloster werden sie von der Gemeinde im Austausch gegen gottesdienstliche Aufgaben versorgt. Der Vorgang des Gebens und Nehmens zwischen Kloster und Dorf ist von einer reichen kulturellen und religiösen Tradition bestimmt, in die alle Glieder der Gesellschaft einbezogen sind und jeder an den Wohltaten partizipiert. Darüber hinaus kann jeder, ob Mann oder Frau, jung oder alt, sich für Ehelosigkeit und Gebet als alternative Lebensform zum Leben als verheiratetes Mitglied eines Haushalts entscheiden.

Als Mönch wird Angchuks jüngerer Bruder geachtet, auch wenn er nicht die gleiche Stellung einnimmt wie einige der gebildeteren Mönche oder reinkarnierten Lamas, die wegen ihrer besonderen Fähigkeiten und Weisheit verehrt werden.

Rinchen genießt große Freiheit trotz gewisser klar umschriebener Pflichten. Obwohl er eigene Räume im Kloster hat, verbringt er viel Zeit in Privathäusern, nicht nur in Tongde, sondern auch in den benachbarten Dörfern Shadi und Kumik, wo er die religiösen Zeremonien abhält. Während des ganzen Jahres, besonders zur Zeit von Aussaat und Ernte, werden nämlich wichtige Rituale in den Kapellen jedes Hauses zelebriert. Damit ist er nicht nur sehr beschäftigt, sondern sorgt zugleich für seinen Unterhalt. Jede Familie bezahlt ihn für seine Dienste, neuerdings zunehmend in bar. Er hat auch noch sein Zimmer zu Hause, wo er von Zeit zu Zeit schläft. Wenn er da ist, übernimmt er seinen Anteil an Hausarbeit; nähen kann er besonders gut.

Das Phuktal-Kloster in Zanskar. Neben ihrer spirituellen Rolle sorgen die Klöster auch für wirtschaftliche Sicherheit.

Während des Jahres gibt es eine Reihe von Anlässen, wo in den Klöstern selbst wichtige Zeremonien, Rituale, Feste mit Gebetszeiten oft über Tage oder gar Wochen hinweg gefeiert werden. Während der Yarna-Zeit im Sommer halten sich die Mönche wochenlang nur innerhalb der Klostermauern auf, um zu vermeiden, daß sie unabsichtlich auf Insekten treten oder sie töten. Eins der größten Ereignisse im Jahreslauf ist der Chamtanz. Dabei werden die Hauptlehren des Vadjrayana-Buddhismus in ein Schauspiel umgesetzt, und am Schluß wird ein Abbild des Feindes aller Menschen – das Ego – in Gestalt einer Puppe getötet. Von überall her kommen Hunderte, manchmal Tausende von Dorfbewohnern, um den Mönchen zuzusehen, wie sie in prachtvoll farbigen Masken, mit denen sie verschiedene ihrer tibetischen Gottheiten und deren tiefere symbolische Bedeutung darstellen, tanzen. Der

Klang der Hörner und Trommeln mischt sich mit Gelächter und dem Gesang von Mantras.

„Solange es Unwissenheit gibt, braucht man das Ritual", sagte einmal der oberste Lama des Staknaklosters zu mir: „Es ist eine Leiter, die wir abschaffen können, sobald wir eine bestimmte Ebene in unserer spirituellen Entwicklung erreicht haben." Das reiche Geflecht von Zeremonien und Ritualen in Ladakh ist zwar ein wichtiger Teil des religiösen Lebens, aber kein so zentraler Bestandteil der buddhistischen Lehre, wie man annehmen könnte. Ich sehe den tiefsten Ausdruck des Buddhismus in Ladakh in den eher subtilen Werten und Haltungen der Menschen, die im einfachsten Bauern bis zum hochgebildeten Mönch sichtbar werden.

Die Einstellung der Ladakhis gegenüber Leben und Tod scheint sich auf ein intuitives Verständnis von Endlichkeit zu gründen und daher keinen Raum für ein Festhalten zu bieten. Immer wieder hat mich diese Haltung bei meinen Freunden aus Ladakh in Erstaunen versetzt. Statt sich an Vorstellungen zu klammern, wie etwas sein sollte, scheinen sie mit der Fähigkeit gesegnet, die Dinge aktiv so zu begrüßen, wie sie sind. Wenn es zum Beispiel mitten während der Ernte zu schneien oder zu regnen beginnt und die Gerste und der Weizen, die mit so viel Sorgfalt während langer Monate herangezogen worden waren, vernichtet wird, bleiben die Menschen trotzdem vollkommen gelassen, ja scherzen oft noch über ihr Mißgeschick.

Sogar der Tod wird bereitwilliger angenommen. In meinem zweiten Jahr in Ladakh verlor eine meiner guten Freundinnen ihr zwei Monate altes Baby. Ich dachte, sie müsse außer sich sein, und als ich sie das erste Mal sah, war sie auch erschüttert. Und doch war etwas anders. Obwohl sie, wie sie mir sagte, tief bekümmert war, bedeutete ihr Glaube an die Reinkarnation, daß der Tod nicht den gleichen endgültigen Charakter besitzt wie bei uns.

Die Ladakhis sehen die Wirklichkeit als Wiederkehr in immer neuen kreisförmigen Bewegungen. Man hält dies Leben nicht für die einzige Gelegenheit. Tod ist mindestens so sehr Anfang wie Ende, ein Übergang von einer Geburt zur nächsten und nicht eine endgültige Auflösung.

Diese Einstellungen der Ladakhis scheint durch Meditation beeinflußt. Obwohl eine tiefe Meditation außerhalb der Klostergemeinschaft selten praktiziert wird, verbringen die Menschen bedeutende Zeitspannen in einem Zustand, den wir halb-meditativ nennen könnten. Besonders alte Menschen sprechen Mantras, während sie gehen oder arbeiten. Oftmals wird eine Unterhaltung mit Teilstücken von Gebeten unterbrochen, wenigen Worten, denen dann im selben Atem der heilige Refrain folgt: „Om mani padme hum, om mani padme hum." Jüngste Untersuchungen im Westen lassen vermuten, daß in der Meditation eine Bewußtseinslage dominiert, in der in Ganzheiten und Mustern wahrgenommen wird. Das mag auch die ganzheitliche Weltsicht der Ladakhis geprägt haben. Diese Sicht teilen sogar diejenigen, die kaum eine Ahnung von buddhistischen Lehren haben.

Man könnte sogar behaupten, daß die Sprache buddhistische Züge aufweist. Wenn ich Ladakhi mit irgendeiner mir bekannten westlichen Sprache vergleiche, scheint die Relativität darin stärker betont zu werden. Die Sprache zwingt einen dazu, mehr von dem Kontext dessen, was man sagen möge, auszudrücken. Von dem Verb „sein" gibt es z. B. mehr als zwanzig Varianten, entsprechend der spezifischen Situation. Ganz besonders wichtig ist dabei der Grad der Vertrautheit mit dem Gesprächsgegenstand sowohl auf seiten des Sprechenden wie des Zuhörenden. Im Gegensatz zu uns im Westen sprechen Ladakhis nie mit Sicherheit über etwas, das sie nicht selbst erlebt haben. Ein Ereignis, an dem sie nicht persönlich beteiligt waren, wird mit Verben beschrieben, die die Begrenztheit ihrer Kenntnis ausdrückt: „Man sagt, daß ...", „Es ist wahrscheinlich, daß ...". Wenn ich jemand frage: „Ist es ein großes Haus?", wird er oder sie vermutlich antworten: „Mir schien es groß."

Selbst wenn die Leute persönliche Erfahrung haben, neigen sie viel weniger als wir dazu, etwas „in Schubladen zu stecken" und zu urteilen. Gut und böse, schnell und langsam, hier und dort sind keine scharfen Gegensätze, ebenso wenig wie in ihrem Denken beispielsweise Geist und Körper oder Vernunft und Intuition fundamental voneinander geschieden sind. Die Ladakhis erfahren die Welt durch etwas, was sie ihr *semba* nennen, darunter ist am ehesten eine Verbindung von Geist und Herz zu verstehen. Darin spiegelt sich die buddhistische Überzeugung, daß Weisheit und Mitgefühl untrennbar sind.

SIEBTES KAPITEL

FREUDE AM LEBEN

Du glaubst, nicht jeder ist so glücklich, wie wir es sind?
(Tsering Dolma)

Am Ende eines Sommers reiste ich mit dem sechzigjährigen Thanka-Maler, Ngawang Paljor nach Srinagar in Kaschmir. Er trug seinen traditionellen wollenen Goncha, Hut und Yakhaarstiefel, und in den Augen der Kaschmiri war er offensichtlich aus der „zurückgebliebenen" Region von Ladakh. Wohin wir auch gingen, machte man sich über ihn lustig, neckte und verhöhnte ihn. Jeder Taxifahrer, Ladenbesitzer oder Vorübergehende brachte es fertig, irgendeine mokante Bemerkung über ihn von sich zu geben. „Schau dir den verrückten Hut an!" „Hast du die lächerlichen Stiefel gesehen?" „Weißt du, diese primitiven Leute waschen sich nie!" Es war unfaßlich für mich, aber Ngawang ließ sich von all dem überhaupt nicht berühren. Er genoß den Besuch und zuckte nicht einmal mit der Wimper. Obwohl er sehr genau mitbekam, was vor sich ging, schien es ihm einfach nichts auszumachen. Er lächelte, war höflich, und wenn die Leute höhnisch den traditionellen Ladakhigruß „Jule, jule" riefen, erwiderte er ihn einfach mit „Jule, jule." „Wieso wirst du nicht wütend?" fragte ich. „Chi choen?" („Wozu denn?") war seine Antwort.

Ngawangs Gelassenheit ist nicht außergewöhnlich. Die Ladakhis besitzen eine unbezähmbare Lebensfreude. Ihr Sinn für Freude scheint so fest in ihnen verankert, daß äußere Umstände ihn nicht erschüttern können. Man kann in Ladakh nicht sein, ohne von dem ansteckenden Gelächter überwältigt zu werden.

Anfangs konnte ich nicht recht glauben, daß die Ladakhis so glücklich wären, wie sie schienen. Ich brauchte lange, bevor ich akzeptieren konnte: Das Lächeln, das ich sah, war echt. Dann habe ich mich in meinem zweiten Jahr in Ladakh bei einer Hochzeit zurückgelehnt und beobachtet, wie die Gäste ihren Spaß hatten. Plötzlich ertappte ich mich dabei, daß ich laut sagte: „Aha, sie sind wirklich so glücklich!“ Erst da habe ich erkannt, daß ich mit kulturbedingten Scheuklappen herumgelaufen war, als ich meinte, die Ladakhis könnten nicht so glücklich sein, wie sie schienen. Hinter den Scherzen und dem Gelächter mußten doch einfach dieselben Frustrationen, Eifersüchte und Unstimmigkeiten verborgen sein wie in meiner eigenen Gesellschaft! Ich war unbewußt davon ausgegangen, daß es gar keine bedeutsamen kulturellen Unterschiede in der menschlichen Glücksfähigkeit gibt. Mich überraschte diese Einsicht, und als Ergebnis davon wurde ich, glaube ich, offener dafür zu erfahren, was da wirklich war.

Natürlich haben die Ladakhis Sorgen und Probleme, und natürlich sind sie traurig, wenn jemand krank ist oder stirbt. Was ich wahrnahm, ist kein absoluter Unterschied, sondern einer des Ausmaßes. Doch gerade dieser Unterschied ist überaus bedeutsam. Jedes Jahr, wenn ich in die industrialisierte Welt zurückkehre, wird der Kontrast sichtbarer. Weil unser Leben von Gefühlen der Unsicherheit und Angst überschattet ist, haben wir es schwer, loszulassen und uns eins mit uns selbst und unserer Umgebung zu fühlen. Die Ladakhis dagegen scheinen ein über die einzelne Person hinausgreifendes, umschließendes Selbstgefühl zu besitzen. Anders als wir verschanzen sie sich nicht hinter Wällen aus Furcht und Selbstschutz. Es scheint ihnen vollkommen das zu fehlen, was wir Stolz nennen würden. Das bedeutet aber gerade nicht einen Mangel an Selbstachtung. Diese steht außer Frage, so tief verwurzelt ist sie.

Ich befand mich mit etwa fünfzehn Ladakhis und zwei Studenten aus Kalkutta hinten auf einem Lastwagen, der uns auf der holperigen, staubigen Straße von Zanskar heimbeförderte. Mit der Zeit wurden die Studenten unruhig, weil es ihnen unbequem wurde, und sie fingen an, einen Ladakhi mittleren Alters zu schubsen, der sich aus einem Sack mit Gemüse einen Sitz gemacht hatte. Schon bald stand der Mann auf, so daß die Studenten, die ungefähr zwanzig Jahre jünger waren als er, sich hinsetzen konnten.

Als wir nach etwa zwei Stunden zu einer Rast anhielten, bedeuteten die Studenten dem Ladakhi, Wasser für sie zu holen, und er holte Wasser. Dann forderten sie ihn mehr oder weniger auf, Feuer zu machen und Tee für sie zu kochen.

Er wurde mit Erfolg wie ein Diener behandelt – mit Sicherheit zum ersten Mal in seinem Leben. Und doch gab es nichts Demütig-Unterwürfiges in seinem Benehmen; er tat einfach, um was man ihn gebeten hatte, als ob er es für einen Freund täte, ohne jeden Verlust an Würde. Ich schäumte vor Wut, aber er und die anderen Ladakhis fanden das Ganze nur belustigend und ärgerten sich nicht und regten sich darüber nicht auf. Der alte Mann ruhte so selbstverständlich im Wissen um seinen Wert, daß er es nicht nötig hatte, ihn zu beweisen.

Ich bin niemals Menschen begegnet, die emotional so gesund und so sicher scheinen wie die Ladakhis. Die Gründe dafür sind natürlich vielfältig und haben mit ihrem ganzen Lebensstil und ihrer Weltanschauung zu tun. Aber ich bin sicher, daß der wichtigste Faktor dabei das Gefühl ist, ein Teil von etwas zu sein, das größer als man selbst ist: daß man unlöslich mit andern und mit der Umwelt verbunden ist.

Die Ladakhis gehören zu ihrem Platz auf der Erde. Sie sind mit diesem Platz verbunden durch die täglichen vertrauten Begegnungen, durch die Kenntnis ihrer nächsten Umgebung mit ihren wechselnden Jahreszeiten, mit den Bedürfnissen und Grenzen. Sie sind sich ihrer Lebenszusammenhänge bewußt, der Bewegung der Sterne, der Sonne, des Mondes, deren Rhythmus vertraut ist und ihre täglichen Tätigkeiten bestimmt.

Genauso wichtig für dieses umfassendere Selbst-Verständnis der Ladakhis sind die engen Bande zwischen den Menschen. Bei der erwähnten Hochzeit beobachtete ich die Mitglieder der Paspungruppe, wie sie miteinander lachten und scherzten, dann still ihren Tee tranken und über lange Zeit ihren eigenen Gedanken nachhingen, ohne das Bedürfnis zu sprechen. Sie hatten viele Erlebnisse miteinander geteilt, Kummer und Übermut. Und sie hatten miteinander gearbeitet, einander bei den Zeremonien an den wichtigen Wendestationen des Lebens beigestanden. Ich erkannte plötzlich, wie tief ihre Verbundenheit ist.

Die bemerkenswerte Zufriedenheit resultiert aus der engen und intimen Verbundenheit mit anderen Menschen und dem Land.

In der traditionellen Ladakhi-Gesellschaft gehören alle, einschließlich Tanten und Onkel, Mönchen und Nonnen, zu einer Gemeinschaft, die in einem hohen Grad gegenseitig aufeinander angewiesen ist. Eine Mutter wird niemals von allen ihren Kindern getrennt und dann sich selbst überlassen. Sie bleibt immer ein Teil von deren Leben und dem ihrer Enkel.

Bevor ich mich in die Ladakhi-Kultur einzufühlen begann, hatte ich geglaubt, es gehöre zum Erwachsenwerden, das Zuhause zu verlassen, und daß gerade dies ein notwendiger Schritt dazu wäre. Heute glaube ich, daß Großfamilien und kleine intime Gemeinschaften eine bessere Grundlage für das Entstehen reifer, ausgeglichener Persönlichkeiten bilden. Eine gesunde Gesellschaft fördert enge soziale Bindungen und wechselseitige Abhängigkeiten, die jeder Person ein Netz bedingungsloser emotionaler Unterstützung gewähren. In diesem stützenden Geflecht fühlt sich der einzelne sicher genug, um frei und unabhängig zu werden. Paradoxerweise fand ich die Ladakhis weniger emotional abhängig, als wir es in den Industriegesellschaften sind. Es gibt Liebe und Freundschaft, aber sie sind nicht so intensiv und nicht klammernd: eine Person wird nicht zum Besitz der anderen. Ich sah einmal zu, wie eine Mutter ihren 18jährigen Sohn begrüßte, der ein Jahr fort gewesen war. Sie schien überraschend ruhig, so als ob sie ihn gar nicht vermißt hätte. Es dauerte lange, bis ich solches Verhalten verstand. So fand ich die Reaktionen meiner Ladakhi-Freunde seltsam, als ich nach längerer Abwesenheit während des Winters zurückkam. Ich hatte Geschenke mitgebracht, von denen ich wußte, daß sie ihnen gefallen würden. Ich erwartete, daß sie sich über das Wiedersehen und auch die Geschenke freuen würden. Aber für sie war es so, als wäre ich gar nicht weg gewesen. Sie dankten mir zwar für die Geschenke, aber nicht so, wie ich gehofft hatte. Ich wünschte mir zu sehen, daß sie aufgeregt wären und mich unserer besonderen Freundschaft versicherten. Ich war enttäuscht. Egal, ob ich sechs Monate oder einen Tag verreist war, sie behandelten mich immer gleich.

Ich erkannte aber langsam, daß in der Fähigkeit, sich jeder Situation anzupassen und sich unabhängig von den Umständen glücklich zu fühlen, eine ungeheure Kraft liegt. Die lockere, entspannte Haltung meiner Ladakhi-Freunde schätzte ich bald, und mir gefiel es, wenn sie mich so behandelten, als sei ich gar nicht fort gewesen. Die Ladakhis scheinen nichts und niemandem so verhaftet zu sein wie wir. Die meisten sind natürlich nicht ganz ohne feste Bindungen, wie sie unser Leben so stark bestimmen. Aber wiederum geht es hier um den Unterschied, den alles durchdringenden Unterschied des Ausmaßes! Mag man also auch unglücklich sein, wenn ein Freund geht oder man etwas Wertvolles verloren hat, so ist man doch nicht *so sehr* unglücklich.

Wenn ich einen Ladakhi frage: „Freust du dich, nach Leh zu gehen, oder bleibst du lieber im Dorf?", bekomme ich wahrscheinlich zur Antwort: „Ich bin glücklich, wenn ich nach Leh gehe, und wenn ich nicht gehe, bin ich auch glücklich." Ob so oder so, es kommt wirklich nicht so sehr darauf an. Die Ladakhis genießen ein Festessen mehr als eine alltägliche Mahlzeit, sie haben es lieber gemütlich als ungemütlich, sind lieber gesund als krank. Aber im Endeffekt scheinen ihre Zufriedenheit und Gemütsruhe nicht von solchen äußeren Umständen abzuhängen, sondern mehr von inneren Werten. Ihre Beziehungen zu anderen Menschen und zu ihrer Umgebung haben dazu beigetragen, ein Gefühl innerer Zufriedenheit und Ruhe zu entwickeln, und ihre Religion hat sie gelehrt, daß man sehr wohl gesund sein, es warm und gemütlich haben kann und dennoch nicht glücklich ist, solange man ohne Einsicht ist.

Zufriedenheit entsteht, wenn man sich als Teil des Lebensflusses fühlt und versteht, sich ihm überläßt und sich mit ihm bewegt. Warum sollte man sich elend fühlen, nur weil es in Strömen zu regnen anfängt in dem Augenblick, wenn man sich auf eine lange Reise begeben möchte? Vielleicht hätte man es sich nicht so ausgesucht, aber der Ladakhi Haltung dazu ist: „Warum unglücklich sein?"

ZWEITER TEIL

VERÄNDERUNGEN

ACHTES KAPITEL

DER EINBRUCH DES WESTENS

Sie reiten ihre majestätischen Rosse,
sie fliegen wie die Könige
und bilden sich ein, alles zu verstehen.
Merken sie denn nicht, daß sogar Vögel fliegen?
(Tashi Rabgyas 1980, über Touristen verärgert)

Das meiste des bisher Beschriebenen erlebte ich während einer Zeit, als Ladakh noch kaum von der westlichen Welt geprägt worden war. Als ich 1975 das erste Mal da war, beruhte das dörfliche Leben noch auf denselben Grundlagen wie vor Jahrhunderten, entwickelte sich in seiner eigenen Umgebung und nach seinen eigenen Grundsätzen. Die Region war durch ihren Mangel an Ressourcen, ihr wenig einladendes Klima und ihre Unzugänglichkeit sowohl vor der Kolonialisierung wie vor der „Entwicklung" bewahrt geblieben.

Natürlich hatte sich die Kultur von Jahr zu Jahr, von Generation zu Generation gewandelt. Ladakh liegt an einem von Asiens Haupthandelswegen und war dem Einfluß anderer Kulturen ausgesetzt gewesen. Aber in den alten Tagen hatte sich der Wandel langsam vollzogen und Anpassung von innen her ermöglicht. Äußere Einflüsse wurden allmählich und in einer der eigenen Kultur gemäßen Weise übernommen.

In den zurückliegenden Jahren aber sind Kräfte von außen wie eine Lawine über die Ladakhis hereingebrochen und haben rasch zu massiven Störungen geführt. Schon die indische Armee, die seit 1962 in Ladakh gewesen war, um die Region vor dem Eindringen der Pakistani und Chinesen zu schützen, hatte Spuren hinterlassen. Doch der Prozeß der Veränderungen begann ernstlich erst 1974, als die indische Regierung die Gegend dem Tourismus öffnete, wahrscheinlich mit der Absicht, Ladakh fest in die Landkarte des indischen Territoriums einzubinden. Ungefähr gleichzeitig wurden vielfältige Anstrengungen unternommen, den

Distrikt zu „entwickeln". Bis jetzt hat sich solche Entwicklung vornehmlich auf Leh und seine unmittelbare Umgebung konzentriert; grob gerechnet 70 Prozent der Bevölkerung leben noch mehr oder weniger in der traditionellen Weise. Aber psychologisch ist der Aufprall der Modernisierung in der gesamten Region spürbar geworden.

Die Entwicklungsrichtlinien für Ladakh werden in der Gebietsregierung von Kaschmir und der Zentralregierung von Neu-Delhi festgelegt. Ladakh schickt ein Parlamentsmitglied nach Delhi und einen Repräsentanten in die Regionalregierung. In Ladakh selbst werden Regierungsprogramme im allgemeinen von Beamten durchgeführt, die weder Ladakhis sind noch die Sprache sprechen. Der Verwaltungsvorgesetzte oder Entwicklungskommissar ist Offizier des indischen Verwaltungsdienstes und verbleibt im Durchschnitt zwei bis drei Jahre auf diesem Posten. Während meiner sechzehn Jahre in Ladakh habe ich nicht weniger als sieben Entwicklungskommissare erlebt.

Wie überall sonst auf der Welt bedeutet Entwicklung in Ladakh Entwicklung nach westlichen Vorstellungen. Dieser Prozeß besteht hauptsächlich im Aufbau einer sogenannten „Infrastruktur" – vor allem Straßen und Energie. Strom nimmt im Budget der Regierung den höchsten Posten ein. Das kann man an den zwanzig Jahren und vielen Millionen Dollar ablesen, die für das kürzlich fertiggestellte Vier-Megawatt-Wasserkraftwerk am Indus gebraucht wurden. Westliche Medizin und Erziehungswesen bilden die anderen wesentlichen Eckpfeiler. Gesundheitszentren und Schulen sind inzwischen sogar in ganz entlegenen Dörfern eingerichtet worden. Andere grundsätzliche Veränderungen umfassen eine große und im Wachsen begriffene Polizeitruppe, ein Gericht in Leh, Banken, Radio- und Fernsehstationen (die letztere zur Zeit nur in Leh und Umgebung).

Angeheizt durch Entwicklungsanstrengungen ist der formale Sektor in rapides Wachstum geraten. Auf allen Ebenen wird die Geldwirtschaft stimuliert, und die Regierung subventioniert eine steigende Anzahl von Importen. 1985 bis 1986 sind allein in den Distrikt von Leh 6000 Tonnen Weizen und Reis eingeführt worden, 900 000 Pfund Koka und etwa 13 000 Kubikmeter Brennholz jährlich. Das meiste davon wird subventioniert. Im entsprechenden Maße steigt die Verkehrsdichte, da täglich viele hundert mit Gütern beladene Lastwagen die lange Reise von den indischen Ebenen unternehmen. Jeeps und Busse, vollgestopft mit Tausenden von Touristen tragen zu der Überfüllung und Luftverschmutzung entlang der Straßen und in der Hauptstadt bei.

Als Folge der Berührung mit der modernen Welt war die Bevölkerungszuwachsrate während der letzten Jahre im Durchschnitt höher als in Indien! Bei einem Anstieg von 51 891 Menschen im Jahr 1971 auf 67 733 Menschen 1981 sind es 31 Prozent. Demgegenüber waren es mit 32 614 im Jahr 1901 auf 33 434 im Jahr 1911 nur 3 Prozent. Verbunden mit der Auswanderung aus ländlichen Gebieten führte dies zu einem Hausbau-Boom in und um Leh, wo die riesige Stadtlandschaft den Slums zu ähneln beginnt, die überall in der Dritten Welt die Großstädte charakterisieren.

Tourismus und damit die Aussicht auf Devisen gehört als integraler Teil in dies „Entwicklungspaket". Beginnend mit einer Handvoll Besucher im Jahr 1974 ist die Zahl bis 1984 auf beinahe 15 000 gestiegen. Die große Mehrzahl dieser Menschen besucht die Region in der Viermonatsperiode von Juni bis September, und fast ausnahmslos besuchen sie Leh mit seinen grob gerechnet 10 000 Einwohnern. Der Tourismus hat einen Boom in den damit verbundenen Geschäftsbereichen angefacht, inzwischen gibt es mehr als hundert Hotels und Gasthäuser, wo früher nichts war.

Der Aufprall des Tourismus auf die äußere Kultur ging schon weit und führte zu großen Störungen. Aber noch bedeutsamer ist der Zusammenstoß mit Geist und Gemüt der Menschen.

NEUNTES KAPITEL

MARSMENSCHEN

In einem Dorf bemerkte ich eine Trekking-Gruppe, die mit Kameras, Bonbons und Kugelschreibern bewaffnet war und die Dorfbewohner förmlich belagerte. Sie waren in grelles Grün, Rot und Blau gekleidet und richteten, ohne ein Wort zu sagen, ihre Kameras auf die Gesichter nichtsahnender Menschen. Dann bewegten sie sich auf ihr nächstes Opfer zu. (Ein wütender Tourist 1990)

Man stelle sich vor, man lebte sein tägliches Leben wie üblich und würde dann eines Tages aufwachen und seine Stadt von Leuten von einem anderen Planeten besetzt finden. Und diese Extraterrestrischen, die eine fremde Sprache sprächen und sogar noch fremder aussähen, führten ein ganz ungewöhnliches Leben. Sie schienen nicht zu wissen, was Arbeit bedeutet, sondern gönnten sich dauerndes Nichtstun. Darüber hinaus hätten sie besondere Kräfte und unerschöpflichen Wohlstand.

Man stelle sich weiter vor, wie Kinder auf dieses Erlebnis reagieren müßten und wie es sie faszinieren würde. Man male sich aus, wie schwierig es sein würde, sie daran zu hindern, diesen Geschöpfen zu folgen, und sie zu überzeugen, daß es besser für sie sei, zu Hause zu bleiben. Wie könnte man verhindern, daß beeindruckbare Teenager auf ihrer Suche nach Identität nicht aus der Bahn geworfen würden?

Ich konnte den Prozeß der Veränderung in Ladakh von allem Anfang an beobachten. Da ich die Sprache fließend sprach, gewann ich Einblick in den intensiven Druck, der im Zuge der Modernisierung in ganz verschiedenen Formen auftritt. Wenn ich unsere moderne Welt aus dem Blickwinkel der Ladakhis aus betrachte, wird mir auch klar, daß unsere Kultur von außen unendlich erfolgreicher aussieht, als wenn man sie von innen erlebt.

Ohne Warnung fielen die Wesen aus einer anderen Welt über Ladakh her. Täglich gaben viele von ihnen nicht weniger als 100 Dollar aus; das entspricht jemandem, der 50000 Dollar pro Tag in

Amerika ausgibt! In der traditionellen Subsistenz-Wirtschaft spielt Geld eine geringe Rolle und wird vorzugsweise für Luxusartikel wie Edelsteine, Silber und Gold ausgegeben. Grundbedürfnisse wie Nahrung, Kleidung, Obdach werden ohne Geld erfüllt. Arbeit, die verrichtet werden mußte, wird nicht berechnet, sondern ist vielmehr Teil eines engmaschigen Netzes menschlicher Beziehungen.

An einem Tag gibt ein Tourist soviel Geld aus wie eine Ladakhi-Familie in einem ganzen Jahr. Die Ladakhis durchschauten nicht, daß Geld eine vollkommen andere Rolle für die Fremden spielte; daß bei ihnen Geld zum Überleben nötig ist, daß Nahrung, Kleidung, Wohnen Geld kosten, eine Menge Geld. Im Vergleich mit diesen Fremden fühlen sie sich plötzlich arm. Während meiner ersten Jahre in Ladakh kamen oft Kinder, die ich nie zuvor gesehen hatte, auf mich zugerannt und drückten mir ein paar Aprikosen in die Hände. Heute grüßen kleine Gestalten, die in abgetragener westlicher Kleidung abgerissen wie aus einem Roman von Dickens aussehen, die Fremden mit ausgestreckten leeren Händen. Sie fordern „one pen, one pen" – das neue Mantra der Ladakhi-Kinder.

Die Touristen ihrerseits halten die Ladakhis für zurückgeblieben. Die wenigen, die die Gastfreundschaft in einem Bauernhaus erleben, sagen ausnahmslos, daß dies ein Höhepunkt ihres Urlaubs gewesen sei. Aber die meisten von ihnen können die Ladakhi-Kultur nur von außen sehen und betrachten sie von der Perspektive ihrer eigenen Kultur und Wirtschaft aus. Sie vermuten, daß Geld die gleiche Rolle in Ladakh spielt wie bei ihnen. Wenn sie einen Ladakhi treffen und erfahren, daß er nur zwei Dollar pro Tag verdient, sind sie entsetzt und zeigen das auch. Ausdrücklich oder unausgesprochen vermitteln sie ihm: „Du armer Kerl! Ich sollte dir ein ordentliches Trinkgeld geben." Für westliche Augen sehen Ladakhis arm aus. Touristen können nur die materielle Seite einer Kultur sehen, abgetragene Kleidung, das Dzo, das den Pflug zieht, das dürre Land. Sie sehen nicht den Frieden des Herzens oder die Qualität der Familien- und Gemeinschaftsbeziehungen. Den psychologischen, sozialen und spirituellen Reichtum der Ladakhis können sie nicht sehen.

Touristen vermitteln nicht nur die Illusion, daß alle Menschen im Westen Multimillionäre sind, sondern zementieren auch einen anderen falschen Eindruck von modernem Leben: daß wir niemals arbeiten. Es scheint so, als würde unsere Technologie unsere Arbeit verrichten. Dabei arbeiten wir in den Industrienationen täglich mehr Stunden als die Menschen in der Landwirtschaft. Aber so sieht es für die Ladakhis nicht aus. Für sie ist Arbeit körperliche Arbeit, Gehen, Dinge-Tragen. Jemand, der hinter einem Steuerrad sitzt oder die Tasten einer Schreibmaschine drückt, scheint nicht zu arbeiten.

Eines Tages hatte ich zehn Stunden damit verbracht, Briefe zu schreiben. Ich war erschöpft, gestreßt und hatte Kopfweh. Als ich abends klagte, daß ich müde sei, weil ich so schwer gearbeitet hätte, lachte die Familie, bei der ich lebte; sie meinten, ich würde spaßen. In ihren Augen hatte ich nicht gearbeitet: Ich hatte sauber und hübsch vor einem Tisch gesessen, ohne Schweißperlen auf der Stirn zu bekommen, und einen Federhalter über ein Stück Papier bewegt. Das ist keine Arbeit. Ladakhis haben noch nicht den Streß, die Langeweile und Frustration kennengelernt, die Teil unseres westlichen Lebens ist. Ich habe einmal den Begriff „Streß" einem Dorfbewohner erklären wollen. „Du willst sagen, daß du ärgerlich wirst, wenn du arbeitest?" war die Erwiderung.

Jeden Tag sah ich Menschen von zwei durch Welten voneinander getrennten Kulturen einander ansehen und oberflächliche, eindimensionale Bilder anschauen. Touristen sehen Leute mit Lasten auf ihren Rücken, die über weite Entfernungen und hohe Berge wandern, und sagen: „Wie schrecklich, welch ein Leben der Schinderei!" Sie vergessen, daß sie selbst Tausende von Kilometern gereist sind, Tausende von Dollar ausgegeben haben für das Vergnügen, mit ihren schweren Rucksäcken durch eben diese Berge zu wandern. Sie vergessen auch, wie ihre Körper zu Hause daran leiden, nicht benutzt zu werden. Während ihrer Arbeitszeit betätigen sie sich nicht körperlich, und darum verbringen sie ihre Freizeit damit, das wieder auszugleichen. Einige fahren sogar in der Rushhour durch verschmutzte Luft zu einem Fitneßcenter, um im Keller ein Fahrrad zu treten, das nirgendwo hinfährt. Und sie bezahlen auch noch für dieses Privileg!

Entwicklung hat nicht nur den Tourismus gebracht, sondern auch westliche und indische Filme und, erst kürzlich, das Fernsehen. Beides zusammen vermittelt den überwältigenden Eindruck von Luxus und Macht. Es gibt unzählige Gerätschaften und an Wunder grenzende technische Kinkerlitzchen. Und da sind die Maschinen – Maschinen, um Bilder aufzunehmen, Maschinen, um Feuer zu machen, Maschinen, um von einem Platz zum andern zu reisen, Maschinen, um mit jemandem weit Entferntem zu reden. Maschinen können alles für dich machen; es ist kein Wunder, daß die Touristen so sauber aussehen und so weiße, weiche Hände haben.

In den Filmen führen die Reichen, Schönen und Tapferen ein glanzvolles und abwechslungsreiches Leben. Für die jungen Ladakhis sind diese vorgegaukelten Bilder unwiderstehlich. Im Vergleich scheint ihr eigenes Leben primitiv, töricht und aussichtslos. Der eindimensionale Blick auf das moderne Leben wird zu einem Schlag ins Gesicht. Sie fühlen sich dumm und beschämt. Ihre Eltern erwarten von ihnen, daß sie ein Leben wählen sollen, bei dem sie auf dem Feld arbeiten und ihre Hände für sehr wenig Geld schmutzig machen sollen. Ihre eigene Kultur erscheint im Vergleich mit der Welt der Touristen und Filmstars aberwitzig.

Millionen Jugendlichen in den ländlichen Gebieten überall auf der Welt erscheint die moderne westliche Kultur ihrer eigenen weit überlegen. Das kann nicht überraschen, denn wenn sie, wie es geschieht, von außen auf sie schauen, sehen sie nur die materielle Seite der modernen Welt, die Seite, in der der Westen sich selbst übertrifft. Weder können sie die psychologische Dimension: den Streß, die Einsamkeit, die Angst, alt zu werden, so leicht erkennen, noch die Umweltbelastung, die Inflation, die Arbeitslosigkeit. Ihre eigene Kultur dagegen kennen sie in- und auswendig, einschließlich all ihrer Begrenztheit und Unvollkommenheit.

Der plötzliche Einbruch westlicher Einflüsse hat bei manchen Ladakhis, besonders den jungen Männern, das Gefühl hervorgerufen, unterlegen zu sein. Sie weisen ihre eigene Kultur in Bausch und Bogen ab und verschreiben sich gleichzeitig voll Eifer der neuen. Sie drängen sich nach den Symbolen der Modernität: Sonnenbrillen, Walkmans und Blue jeans, und diese möglichst ein paar Nummern zu eng, nicht, weil sie sie attraktiver oder bequemer finden, sondern weil Jeans ein Symbol des modernen Lebens sind.

Moderne Symbole haben auch zu der Zunahme von Aggressivität beigetragen. Junge Burschen sehen, wie Gewalt auf dem Bildschirm verherrlicht wird. Aus westlichen Filmen können sie leicht den Eindruck erhalten, daß sie, um modern zu sein, am besten eine Zigarette nach der anderen rauchen sollen, sich ein schnelles Auto besorgen und nach beiden Seiten auf Leute schießend durch die Landschaft rasen müssen!

Es war schmerzhaft, solche Veränderungen bei jungen Ladakhi-Freunden wahrzunehmen. Natürlich werden sie nicht alle gewalttätig, aber sie haben Wut in sich und sind verunsichert. Ich bin Zeugin dafür, wie eine sanfte Kultur, in der Männer, sogar junge Männer sich glücklich dabei fühlten, wenn sie ein Baby liebkosten oder liebevoll und zart mit ihrer Großmutter umgingen, sich verändert.

Dawa war ungefähr fünfzehn, als ich ihm zuerst begegnete, und er lebte immer noch in seinem Dorf. Als die Touristen auftauchten, wurde er Fremdenführer. Er benutzte seine Esel und Maultiere als Transportmittel bei Touren. Über einige Jahre verlor ich den Kontakt mit ihm. Aber ich hörte, daß er als einer der ersten Ladakhis seine eigene Touristenagentur eröffnet hatte. Dann stieß ich eines Tages im Bazar auf einen jungen Mann, aufgemacht nach dem letzten Schrei, Metallic-Sonnenbrille, ein T-Shirt, das für eine amerikanische Rockband Reklame machte, hautenge Blue jeans und Basketballschuhe. Es war Dawa.

„Ich hab' dich kaum wiedererkannt", sagte ich auf Ladakhi. „Hab' mich 'n bißchen verändert", erwiderte er nicht ohne Stolz in Englisch. Wir gingen miteinander in ein von Touristen überfülltes Restaurant, Touristen von aller Welt. Dawa bestand darauf, Englisch zu sprechen.

„Du weißt, daß ich jetzt allein arbeite? Das Geschäft geht großartig, Helena. Ich habe eine Menge Kunden und mache eine Menge Geld. Ich habe jetzt ein Zimmer in Leh."

„Ich bin erstaunt, daß ich dich nicht öfter getroffen habe", sagte ich.

Jungen und Mädchen werden angehalten, ihre nährenden und sorgenden Instinkte zu entwickeln.

„Ja, ich bin kaum noch hier – ich stelle meine Gruppen selbst in Srinagar zusammen und bin meistens auf Touren unterwegs und besichtige mit ihnen Klöster." „Und dir gefällt dein neues Leben?"

„Es gefällt mir! Die meisten Touristen sind richtige VIPs! Nicht wie diese Ladakhis, die den ganzen Tag herumlungern." Er grinste mich an. „Ein Chirurg aus New York hat mir dies gegeben", sagte er und zeigte auf seinen brandneuen Tourenrucksack.

„Kommst du oft heim ins Dorf?"

„Alle paar Monate, um ihnen Reis und Zucker zu bringen. Und sie wollen immer, daß ich zurückkomme, um bei der Ernte zu helfen."

„Und wie fühlst du dich, wenn du nach Hause kommst?" – „Ich langweile mich, sie sind dort alle so zurückgeblieben. Wir haben noch nicht einmal Elektrizität, und Großmutter will das auch gar nicht!"

„Könnte doch sein, daß ihr die bisherige Art gefällt?"

„Na gut, sie können sich ja auf die alte Lebensart versteifen, aber Ladakh wird sie verwandeln. Wir haben lange genug auf dem Feld gearbeitet, Helena, wir wollen nicht mehr so hart arbeiten, Helena."

„Ich dachte, du hast gerade gesagt, die Ladakhis lungerten den ganzen Tag herum."

„Ich meine, sie wissen einfach nicht, wie man vorankommt." Dawa zog wichtigtuerisch ein Päckchen Marlboros aus seiner Tasche. Als ich sein Angebot ablehnte, steckte er sich selbst eine an und beugte sich mit besorgtem Blick zu mir herüber.

„Ich hab' mich heute morgen mit meiner Freundin gestritten. Ich habe sie gerade gesucht, als ich dich traf."

„O, wer ist denn deine Freundin?"

„Ich weiß nicht, ob ich noch eine Freundin habe, aber sie ist aus Holland. Sie war in einer meiner Reisegruppen und blieb hier, um mit mir zu leben. Aber es gefällt ihr hier nicht mehr, sie möchte nach Hause. Und sie will, daß ich mit ihr gehe und in Holland lebe."

„Würdest du das machen?"

„Ich kann meine Familie nicht verlassen. Sie sind auf das Geld angewiesen, das ich verdiene. Aber sie kann das nicht verstehen."

ZEHNTES KAPITEL

GELD LÄSST DIE WELT SICH DREHEN

Hier bei uns gibt es keine Armut.
(Tsewang Paljor 1975)

Wenn du uns Ladakhis nur helfen könntest, wir sind so arm.
(Tsewang Paljor 1983)

In der traditionellen Kultur können die Dorfbewohner ohne Geld für ihre Grundbedürfnisse sorgen. Sie hatten die Fähigkeit entwikkelt, in fast 5000 Metern Höhe Gerste anzubauen und Yaks und andere Tiere in noch größeren Höhen zu halten. Die Menschen bauen ihre Häuser aus den Materialien ihrer unmittelbaren Umgebung und mit ihren eigenen Händen. Das einzige, was sie wirklich von außen benötigten, war Salz. Das erhielten sie im Handel, brauchten deshalb Geld nur in ganz geringer Menge, vornehmlich für Luxusartikel.

Da sie nun plötzlich zum Bestandteil einer internationalen Geldwirtschaft geworden sind, finden sich die Ladakhis zunehmend abhängig von einem System, das von weit entfernten Kräften beherrscht wird. Sie werden schmerzhaft von Entscheidungen betroffen, die von Menschen, die noch nicht einmal von der Existenz von Ladakhis wissen, gefällt werden. Wenn sich der Kurs des Dollars verändert, hat das Auswirkung auf die indische Rupie. Das heißt, daß Ladakhis, die auf Geld zum Überleben angewiesen sind, heute von den Managern der internationalen Finanz abhängen. Solange sie von ihrem Landbesitz lebten, waren sie ihre eigenen Herren.

Anfangs nahmen die Menschen nicht wahr, daß im Gefolge des neuen Wirtschaftssystems die Abhängigkeit kommt; Geld schien nur Vorteile zu bringen. Da es auch früher durchaus angesehen war, Luxusgüter von fern heimzubringen, schien eine Steigerung nur als eine Verbesserung. Man kann jetzt alle möglichen exotischen Dinge kaufen, die es früher nicht gab, zum Beispiel Nudeln mit dreiminütiger Kochzeit und Digitaluhren.

Da die Menschen sich jetzt als abhängig von diesem ganz neuen Wirtschaftssystem erleben und mit allen ihren Bedürfnissen von den Wechselfällen der Inflation betroffen sind, kann es nicht verwundern, daß sie sich vor allem mit Geld beschäftigen. „Zweitausend Jahre lang war in Ladakh ein Kilo Gerste ein Kilo Gerste. Aber heute kannst du dich nicht auf seinen Wert verlassen. Heute kannst du vielleicht für deine zehn Rupien zwei Kilo Gerste kaufen, aber woher sollst du wissen, wieviel du morgen dafür bekommst?" – „Es ist schrecklich", sagen mir meine Ladakhi-Freunde, „alle sind so gierig geworden, Geld hat früher keine Rolle gespielt, aber jetzt ist es das einzige, woran die Leute denken!"

Ursprünglich war man sich der begrenzten Ressourcen und der eigenen Verantwortlichkeiten bewußt. Ich hörte ältere Menschen sagen: „Was soll nur geschehen, wenn wir anfangen, das Land zu teilen und immer mehr werden? Das kann doch gar nicht gehen!" Aber die neue Wirtschaftsordnung zerstört die Verbindung der Menschen mit der Erde. Bezahlte Arbeit hat ihren Ort in den Städten, wo man weder das Wasser sehen kann noch den Boden, von dem man lebt. Auf dem Dorf kann man mit dem bloßen Auge erkennen, wie viele Münder das Land ernähren kann. Ein bestimmtes Stück Land kann nur eine bestimmte Menge hervorbringen, darum weiß jeder um die Notwendigkeit, die Bevölkerungszahl stabil zu halten. In der Stadt ist das anders. Da kommt es nur darauf an, wieviel Geld man hat, und die Geburtenrate ist nicht mehr wichtig. Mehr Geld bedeutet mehr Nahrungsmittel. Und Geld wächst viel schneller als Weizen oder Gerste, die auf die Natur mit ihren eigenen Gesetzen, Rhythmen und Grenzen angewiesen sind. Geld scheint etwas Grenzenloses zu haben; eine Werbung für die lokale Jammu-Kaschmir-Bank lautet: „Bei uns wächst Ihr Geld schnell!"

Jahrhundertelang hatten die Menschen als gleichrangige Partner und Freunde zusammengearbeitet und einander wechselseitig geholfen. Seit es nun bezahlte Arbeitskräfte bei der Ernte gibt, möchte die Person, die bezahlen muß, so wenig wie möglich bezahlen, während die Person, die Geld erhält, so viel wie möglich haben möchte. Die Beziehungen zueinander verändern sich. Geld treibt einen Keil zwischen die Menschen, der sie immer weiter voneinander entfernt.

Es war immer eine festliche Atmosphäre im Haus, wenn die Freunde von Tsering und Sonam Dolma im Zuge der traditionellen *lhangdse*-Praxis zur Arbeit zu ihnen kamen. Sonam kochte zu diesem Anlaß immer ganz besondere Mahlzeiten. Aber während der letzten paar Jahre ist der Brauch nach und nach verlorengegangen, und ihre Landwirtschaft ist zunehmend auf bezahlte

Jede Landarbeit wird traditionellerweise geteilt: sowohl innerhalb der Familie als auch zwischen den verschiedenen Haushalten.

Hilfskräfte angewiesen. Sonam beklagt sich bitterlich über steigende Preise und ist wütend, daß er so hohe Löhne zahlen muß. Die festliche Atmosphäre, die sich einstellte, wenn die Freunde zum Helfen kamen, gehört der Vergangenheit an; die Arbeiter sind Fremde, manchmal aus Nepal oder aus dem indischen Flachland, die nicht einmal eine gemeinsame Sprache sprechen.

Der Wandel der Wirtschaft macht es schwer, überhaupt Bauer zu bleiben. Früher, als die Menschen ihre Arbeit noch kooperativ taten, gab es keinen Bedarf an Geld. Seit nun mehr und mehr von ihnen außerstande sind, die immer höher werdenden Löhne an die landwirtschaftlichen Hilfsarbeiter zu zahlen, sind viele gezwungen, das Land aufzugeben und in der Stadt Geld zu verdienen. Diejenigen, die bleiben, stehen unter dem steigenden Druck, Nahrungsmittel eben nicht für den eigenen Bedarf, sondern um des Profits willen anbauen zu müssen. Ernten, die zum sofortigen Verkauf bestimmt sind, werden in dem Maß zur Norm, wie die Bauern durch die Kräfte der „Entwicklung" in steigende Abhängigkeit zur Marktwirtschaft gestoßen werden.

Die neue Wirtschaft verbreitert den Graben zwischen Arm und Reich. Auch in der traditionellen Wirtschaft gab es Unterschiede in Wohlstand, aber seiner Anhäufung waren natürliche Grenzen gesetzt. Jeder konnte sich nur um eine bestimmte Anzahl von Yaks kümmern oder eine gewisse Menge Gerste aufbewahren. Geld hingegen läßt sich beliebig auf der Bank horten, und die Reichen werden reicher und die Armen ärmer.

Ich kannte in Leh einen Antiquitätenhändler mit Namen Lobzang. Wie viele andere Ladakhi-Ladenbesitzer hatte er die Landwirtschaft aufgegeben und war nach Leh gekommen, um „Geld zu machen". Aber seine Frau und die Kinder lebten immer noch im Dorf. Er wollte nur das Beste für seine Kinder, und er plante, sie in die Stadt zu holen, um sie zur Schule zu schicken und sie Englisch lernen zu lassen, sobald er sich ein Haus in Leh würde leisten können.

Ich war gerade in seinen Laden gekommen, um ihn kurz zu begrüßen, als ein alter Mann aus Lobzangs Dorf kam, um seine Buttergefäße zu verkaufen. Der Alte hatte vermutlich vor, ein paar Tage bei seinen Verwandten in Leh zu verbringen und von dem Geld, das er für seine Buttergefäße bekommen würde, Vorräte für zu Hause zu kaufen. Er sah in seinem traditionellen burgunderroten wollenen Gewand würdig aus. Er stellte zwei Gefäße auf den Ladentisch. Sie hatten die warme Patina, die durch generationenlangen täglichen Gebrauch entsteht. Sie waren aus feinporigem Aprikosenholz und besaßen die einfache Eleganz, die bestimmt bei den Touristen Anklang finden würde. „Sie sind schön!" sagte ich. „Worin wirst du nun die Butter aufbewahren?“ – „Wir heben sie in gebrauchten Milchbüchsen auf“, sagte er.

Sie verhandelten über den Preis. Offenbar hatte ihm Lobzang noch vor ein paar Wochen einen erheblich höheren Preis geboten, als er jetzt zahlen wollte. Er deutete auf einige Sprünge in den Gefäßen und weigerte sich, sein Angebot zu erhöhen. Ich wußte, daß er von den Touristen das Zehnfache bekommen würde. Der alte Mann sandte einen flehentlichen Blick nach mir, aber was sollte ich sagen? Er verließ den Laden mit enttäuscht hängenden Schultern und gerade genug Geld, um ein paar Kilo Zucker zu kaufen.

„Du hättest nicht sagen dürfen, daß sie schön seien“, schalt mich Lobzang. „Dafür mußte ich ihm mehr zahlen.“

„Aber er ist aus deinem eigenen Dorf. Mußtest du ihn so herunterhandeln?“

„Ich hasse es, aber ich muß. Außerdem: einem Fremden hätte er sie für noch weniger geben müssen.“

ELFTES KAPITEL

VOM LAMA ZUM INGENIEUR

Wer braucht schon Mönche?
(Ladakhi-Jugendlicher 1984)

Ich beobachtete also, wie Ladakh sich „entwickelte". Es ist nicht genau zu sagen, ob das Geld oder die Technologie den fundamentalen Wandel am stärksten vorantrieben. Aber es ist offensichtlich, daß beide eng miteinander verflochten sind und die Ecksteine einer systematischen Veränderung der Gesellschaft bilden.

Ladakh hat bis jetzt noch keine weitreichende technologische Veränderung durchlaufen, doch sie wird mit Sicherheit kommen, wenn die gegenwärtigen Tendenzen weitergehen. Und die bisherigen Veränderungen reichen schon aus, um einige der Nebeneffekte westlicher technologischer Entwicklung nachzuweisen. Ein Beispiel ist die neue Diesel-betriebene Mühle in Leh. Sie mahlt Getreide viel schneller als die alte Wassermühle, aber man muß den Weizen und die Gerste über viele Kilometer herantransportieren und für das Mahlen bezahlen. Die höhere Mahlgeschwindigkeit erhitzt das Getreide und reduziert so seinen Nährwert. Außerdem verschmutzt die Mühle mit ihren Abgasen die Luft.

Im Dorf gründete die Technologie sich auf traditionelle Kenntnisse und zog die örtlich gegebenen Ressourcen heran. Der Pflug ist aus einheimischem Holz, und seine Eisenspitze wird vom Dorfschmied hergestellt. Das Yak oder Dzo, das ihn zieht, lebt vom Gras der hochgelegenen Weiden. Auf diese Weise sind alle Fertigkeiten und alles Material, das man zum Pflügen brauchte, erneuerbar und gut verfügbar.

Nun ist es zwar leicht, traditionelle Technologien zu romantisieren, aber es ist im Westen ebenso üblich, ihre Vorteile zu ignorieren. Tashi Rabgyas sprach manchmal über die Vorteile des Alten gegenüber dem Neuen, ganz besonders über die Arbeit mit Tieren statt mit Maschinen. Sie werden zu Freunden, du bist mit ihnen verbunden; wenn sie besonders schwer gearbeitet haben, gibst du ihnen vielleicht etwas Besonderes zu essen. Aber Maschinen sind tot, du hast keine Beziehung zu ihnen, du wirst ihnen ähnlich, du wirst selbst leblos dabei.

Natürlich braucht das Pflügen in der traditionellen Weise viel Zeit – vierzig Ar können einen halben Tag dauern. Natürlich wird ein Bauer, der nicht wie Tashi über Ladakh hinausgekommen ist, eine Technologie begrüßen, die Zeit einspart. Wozu einen halben Tag brauchen, wenn ein Traktor es in einer halben Stunde schaffen kann? In Wahrheit sparen aber die neuen Technologien gerade überhaupt keine Zeit ein.

Beim traditionellen Wirtschaften gab es reichlich Zeit, und sie wurde nur durch den Verlauf der Jahreszeiten beschränkt. Das Leben wurde in einem menschlichen Tempo gelebt, gleich wieviel Arbeit getan werden mußte, und jeder konnte es sich leisten, Geduld zu haben. Die moderne Wirtschaft verwandelt hingegen Zeit in eine Ware, etwas, das gekauft und verkauft werden kann. Plötzlich ist sie quantifizierbar und kann in winzigste Stückchen geteilt werden. Zeit wird kostbar, und mit der Errungenschaft zeitsparender Technologien wird nur das Lebenstempo rascher.

Die Ladakhis haben heute weniger Zeit füreinander und für sich selbst. Als Folge davon verlieren sie ihre früher stets wache Sensibilität gegenüber den Feinheiten der Welt um sie herum, etwa die Fähigkeit, die kleinsten Veränderungen des Wetters auszumachen oder den Lauf der Sterne zu beobachten. Ein Freund aus dem Markha-Tal faßte es so für mich zusammen: „Ich kann es nicht verstehen. Meine Schwester lebt in der Hauptstadt; sie hat all diese Geräte, die die Arbeit schneller erledigen. Sie kauft ihre Kleider einfach im Laden, sie hat einen Jeep, ein Telefon, einen Gasherd. All diese Dinge sparen so viel Zeit, aber trotzdem hat sie keine Zeit, mit mir zu reden, wenn ich sie besuche."

Eine der verblüffendsten Lektionen, die mich die Veränderungen von Ladakh gelehrt haben, ist diese: Die modernen Geräte und Maschinen sparen zwar an sich Zeit, doch hat die neue Lebensart als Ganzes die Wirkung, uns Zeit wegzunehmen. Die „modernen" Ladakhis sind infolge ihrer Entwicklung in einem Wirtschaftssystem aufgegangen, in dem die Menschen im Tempo der verfügbaren Technologien miteinander konkurrieren müssen. Dies scheint mir ein außerordentlich wichtiger Gesichtspunkt zu sein. In dem Augenblick, in dem die Gesellschaft, in der du dich bewegst, Telefone hat, bist du – sowohl wirtschaftlich wie psychologisch – sehr im Nachteil, wenn du keines hast. Deine Nachrichten persönlich zu überbringen, ist keine wirkliche Alternative. Ebenso kannst du eigentlich nicht mehr wählen, zu Fuß zu gehen oder auf Tieren zu reiten, wenn es Autos und Busse gibt. Du kannst dich nicht morgens beim Aufwachen fragen: „Soll ich zu Fuß gehen oder zur Arbeit fahren?" Dein Lebenstempo wird für dich bestimmt.

Ich erinnere mich, wie ich das erste Mal mit Sonam seine Familie in Hemis Shukpachan besuchte. Als wir um den Küchenherd herum saßen, beschrieb er die Touristen, die er in Leh gesehen hatte. „Sie sehen so geschäftig aus", sagte er. „Sie scheinen niemals stillzusitzen. Immer nur ‚klick, klick, klick.'" Er tat vor seinen verständnislosen Zuhörern so, als fotografierte er. Dann tätschelte er den Kopf seiner kleinen Schwester und machte einen Touristen nach: „‚Hier hast du einen Kugelschreiber.' Sie rennen immer so", sagte er und sprang und lief mit ruckweisen Bewegungen durch die Küche. „Warum haben sie es so eilig?"

Auch der technologische Wandel vergrößert die Kluft zwischen Arm und Reich. Der Ladakhi, der in einem Auto vorbeibraust, läßt den Fußgänger sowohl physisch wie psychisch hinter sich im Staub zurück. Und sobald die Menschen anfangen, an dem einen Ort zu leben und an dem anderen zu arbeiten, entstehen neue soziale Probleme. Frauen werden allein gelassen und Gemeinschaften aufgespalten.

Lobzang hatte als Fahrer für die Regierung gearbeitet. Als er in Ruhestand ging, kaufte er sich einen Jeep und brachte ihn mit in sein Dorf. Während des Sommers verfrachtete er damit Touristen in die Klöster, und im übrigen Jahr fuhr er damit gegen ein Fahrgeld seine Nachbarn nach Leh und zurück. In der Folge veränderten sich seine Beziehungen zu den anderen Dorfbewohnern. Er besaß nun etwas, was die anderen nicht besaßen, und hörte damit auf, einer der Ihren zu sein.

„In vielleicht gar nicht so ferner Zukunft werden wir es fertigbringen, eine Maschine zu erfinden, bei der man nur einen Knopf zu drücken braucht, und alles, was man möchte, wird herauskommen, vom Plastikeimer bis zum Apfel." Das sagte Tsering Dorje mir gleich nach seiner Rückkehr von der Universität in Kaschmir, wo er begonnen hatte, sich sehr für Physik zu interessieren. Ich war überrascht, und er erklärte: „Da alle Dinge letztendlich aus den gleichen Atomen bestehen, gibt es keinen Grund, warum wir sie nicht so zusammensetzen können sollten, daß jeweils das entsteht, was wir gerade wollen." Tserings Meinung spiegelt den fundamentalen Wandel der Haltungen und Wertungen wider, die Geburt einer neuen Weltanschauung in Ladakh, die dem Menschen eine gewaltig gesteigerte Macht über die übrige Schöpfung einräumt. In der traditionellen Gesellschaft war der Lama die am höchsten geachtete Person. In der modernen ist es der Ingenieur.

Während meines Aufenthaltes bei der Smanla-Familie im Dorf Stok wurde ich Zeugin eines Gesprächs zwischen dem Vater und der Großmutter über die Zukunft des jüngsten Sohnes. Ihre Unterhaltung ist ein typisches Beispiel für viele ähnliche. Abi, die Großmutter, wollte, daß der Junge Mönch werden sollte. Sie meinte, daß jede Familie jemand im Kloster haben sollte. Aber der Vater wollte, daß er eine moderne Erziehung erhielt, um einen Posten bei der Regierung zu bekommen. Obwohl er religiös war, wollte er, daß sein Sohn die neue Lebensweise kennenlernen sollte. Ein älterer Sohn, Nyingma, studierte bereits Landwirtschaft im College von Kaschmir. Abi sagte: „Schau dir an, was mit Nyingma passiert ist, seit er zum Studium wegging. Jetzt hat er keinen Respekt mehr vor der Religion." – „Ja", sagte der Vater, „aber bald wird er Geld verdienen, und das ist heutzutage notwendig. Woher sollen wir wissen, was das Beste ist? Hier im Dorf verstehen wir das Neue nicht."

Die Weltsicht der Lamas und Ingenieure unterscheidet sich sehr voneinander. Die alten Überzeugungen basierten auf einer

Wirklichkeitssicht, die die Einheit oder den gleichen Ursprung allen Lebens betonte, während die neue wissenschaftliche Sichtweise seine Abgetrenntheit hervorhebt. Sie vermittelt, daß wir abseits und außerhalb der übrigen Schöpfung stehen: Und um die Vorgänge der Natur besser zu verstehen, müssen wir danach die Materie nur in immer kleinere Fragmente zerlegen und die verschiedenen Stücke isoliert voneinander untersuchen.

Dieser Umschwung vom Lama zum Ingenieur entspricht dem Umschwung der ethischen Werte. Die Werte, die eine mitfühlende und mitleidende Beziehung zu allem, was lebt, fördern, werden durch Werte ersetzt, die in Richtung einer wertfreien „Objektivität" gehen, die keine ethische Grundlegung besitzt.

ZWÖLFTES KAPITEL

LERNEN AUF WESTLICHE ART

Selbst wenn man etwas weiß, ist es besser, noch jemand anders zu fragen.

(Ladakhi-Sprichwort)

Niemand kann den Wert bestreiten, den wirkliche Bildung hat: die Erweiterung des Horizontes und die Bereicherung durch Wissen. Aber heute ist Erziehung etwas ganz anderes. Sie isoliert Kinder sowohl von ihrer Kultur als auch von der Natur und bildet sie statt dessen zu einseitigen Spezialisten in einer verwestlichten städtischen Umgebung aus. Dies trifft Ladakh besonders stark, denn das moderne Schulwesen macht die Kinder fast blind für ihre Lebenszusammenhänge. Sie verlassen die Schule und sind unfähig, ihre eigenen Ressourcen zu nutzen und in ihrer eigenen Welt ihre Aufgaben zu erfüllen.

Mit Ausnahme der religiösen Bildung in den Klöstern gab es in der traditionellen Kultur keinen isolierten Vorgang, den man mit den Begriffen „Bildung" oder „Erziehung" bezeichnen könnte. Bildung und Erziehung sind vielmehr das Ergebnis einer engen Beziehung zur Gemeinschaft und zur Umwelt. Kinder lernen von den Großeltern, der Familie und Freunden. Wenn sie bei der Aussaat helfen, lernen sie zum Beispiel, daß eine Seite des Dorfes ein wenig wärmer als die andere ist. Durch eigene Erfahrung lernen die Kinder nach und nach die verschiedenen Gerstensorten und die speziellen Wachstumsbedingungen jeder einzelnen Art zu unterscheiden. Sie erkennen die winzigsten Wildpflanzen und prägen sich ein, wozu sie gut sind. Sie wissen, wie man ein bestimmtes Tier auf einem weit entfernten Berghang ausmachen kann. Sie wissen um die Beziehungen, Prozesse und Wandel, um das komplizierte Netz fluktuierender Beziehungen in der sie umgebenden natürlichen Welt.

Generationenlang haben die heranwachsenden Ladakhis gelernt, wie man sich mit Kleidung und einem Dach über dem Kopf versieht, wie man sich Schuhe aus Yakleder macht und Kleider aus Schafswolle, wie man Häuser aus Lehm und Steinen baut. Erziehung hatte einen ortsgebundenen Charakter und förderte die enge Beziehung zu der lebenden Umwelt. Kinder lernten, intuitiv wahrzunehmen, so daß sie – einmal älter geworden – Ressourcen auf eine effektive und dauerhafte Weise nutzen würden.

Die moderne Schule vermittelt keine dieser Kenntnisse. Kinder werden zu Spezialisten in einer eher technologischen als ökologisch orientierten Gesellschaft herangebildet. Die Schule ist ein Ort, der die traditionellen Fähigkeiten vergessen läßt, schlimmer noch, verachten lehrt.

Die westliche Bildung und Erziehung erreichte Ladakh in den siebziger Jahren. Heute gibt es ungefähr zweihundert Schulen. Der Lehrplan ist eine armselige Kopie von dem, was und wie in anderen Teilen Indiens unterrichtet wird. Dies wiederum ist eine Nachahmung britischer Lehrpläne. Es gibt so gut wie nichts auf Ladakh Bezogenes darin. Als ich einmal eine Klasse in Leh besuchte, sah ich in einem Schulbuch die Zeichnung eines Kinderzimmers: es hätte in London oder New York sein können. Es zeigte einen Stapel hübsch gefalteter Handtücher und beschrieb, in welcher der Schubladen der Kommode sie aufzubewahren wären. Genauso absurd und an der Wirklichkeit vorbei waren die Beispiele in den Schulbüchern von Sonams jüngerer Schwester. Einmal erhielt sie zur Hausaufgabe, den Winkel, den der „Schiefe Turm von Pisa" mit dem Erdboden bildet, auszurechnen! Ein anderes Mal plagte sie sich mit einer englischen Übersetzung der Ilias!

Mit den meisten Kenntnissen, die den Ladakhi-Kindern in der Schule vermittelt werden, werden sie niemals etwas anfangen können. Sie erhalten den jämmerlichen Abklatsch einer Erziehung, die in New York angemessen sein mag. Sie lernen aus Büchern, deren Verfasser niemals einen Fuß auf den Boden Ladakhs gesetzt haben und die rein gar nichts darüber wissen, wie man in 4500 Metern Höhe Gerste anbaut oder Häuser aus sonnengetrockneten Ziegeln baut.

Heute basiert der Prozeß, den man „Erziehung" nennt, in jedem Winkel der Welt auf denselben Annahmen und geht vom selben eurozentrischen Vorbild aus. Sie konzentriert sich auf Fakten und

Zahlen, die weit Entferntes betreffen, auf universale Kenntnisse. Die Bücher vermitteln Informationen, die für den ganzen Planeten Gültigkeit haben sollen. Aber da nur ein Wissen, das sich nicht um spezielle Ökosysteme und Kulturen kümmert, universal anwendbar ist, lernen die Kinder etwas von Grund auf Synthetisches, vom lebendigen Kontext Losgerissenes. Wenn sie weiterführende Schulen besuchen, werden sie wahrscheinlich etwas über Bauen lernen, doch diese Gebäude werden aus Stahl und Beton sein und nach der universalen Kastenbauweise errichtet. Ebenso werden sie in einer landwirtschaftlichen Ausbildung industrialisierte Landwirtschaft studieren mit den Schwerpunkten: chemische Düngung, Pestizide, Maschinen und hybride Saaten. Das westliche Erziehungssystem macht uns alle ärmer, denn es lehrt, überall auf der Welt dieselben Ressourcen zu gebrauchen und die der eigenen Umgebung außer acht zu lassen. So wird durch Erziehung künstliche Knappheit erzeugt und das Konkurrenzdenken angeheizt.

Ein bezeichnendes Beispiel dafür ist, wie man in Ladakh das Yak und seine heimischen Kreuzungen durch die Jerseykuh ersetzt. Das Yak ist wichtig für die traditionelle Ökonomie. Es ist ein vollkommen an die örtlichen Gegebenheiten angepaßtes Tier, es liebt die Höhe von fünf- bis sechstausend Metern und die Umgebung der Gletscher. Es legt weite Strecken zurück, klettert zum Grasen die steilsten Hänge hinauf und herunter und kommt mit der sparsamen dort vorkommenden Vegetation aus. Sein langes Haar schützt es gegen die Kälte, und trotz seiner enormen Größe kann es mit bemerkenswerter Eleganz die zerklüfteten Felsen entlang balancieren. Das Yak liefert Brennmaterial, Fleisch, Arbeitskraft und das Haar, aus dem die Wolldecken gewoben werden. Die weiblichen Tiere geben auch eine begrenzte Menge sehr fetter Milch, durchschnittlich drei Liter pro Tag.

Vom modernen Standpunkt aus gilt das Yak als unrationell. Landwirtschaftliche westlich ausgebildete Experten tadeln: „Das weibliche Yak *(drimo)* gibt nur drei Liter Milch pro Tag. Wir brauchen Jersey-Kühe; die geben dreißig Liter pro Tag." So wie diese Experten ausgebildet sind, können sie die weitreichende kulturelle, ökonomische und ökologische Auswirkung ihrer Empfehlungen nicht erkennen: Das grasende Yak hat sozusagen Energie von weit entfernten Plätzen in seiner Gestalt gesammelt, die als Brennstoff, Kleidung, Arbeitskraft den Menschen zugute kam. Die Jerseykuh kann keine 5000 bis 6000 Höhenmeter bewältigen, geschweige denn dort überleben. Sie muß da, wo die Menschen leben, in besonderen Stallungen untergebracht werden. Sie muß im Stall mit Spezialfutter gefüttert werden.

Die moderne Erziehung ignoriert nicht nur die heimischen Ressourcen, sondern bringt Ladakh-Kinder schlimmerweise dazu, sich selbst und ihre Kultur als minderwertig anzusehen. Ihre Selbstachtung wird ihnen geraubt. In der Schule läuft alles auf die Verbreitung des westlichen Modells hinaus. Und im Endeffekt schämen sich die Kinder ihrer eigenen Tradition.

Im Jahr 1986 forderte man Schulkinder auf, sich das Ladakh im Jahr 2000 vorzustellen. Ein kleines Mädchen schrieb: „Vor 1974 war Ladakh der Welt unbekannt. Die Menschen waren nicht zivilisiert. Auf jedem Gesicht war ein Lächeln. Geld brauchten sie nicht, was sie hatten, genügte ihnen." In einem anderen Aufsatz schrieb ein Kind: „Wenn sie ihre eigenen Lieder singen, fühlen sie sich, als ob das eine Schande sei, aber englische und Hindi-Lieder singen sie mit großem Interesse ... Heutzutage tragen die meisten Menschen nicht mehr unsere eigenen Kleider, als schämten sie sich damit."

Erziehung zieht die Menschen weg von der Landwirtschaft in die Städte, wo sie von der Geldwirtschaft abhängig werden. Im traditionellen Ladakh gab es so etwas wie Arbeitslosigkeit überhaupt nicht. Aber im modernen Teil des Landes besteht heute eine intensive Konkurrenz um eine begrenzte Anzahl bezahlter Arbeitsplätze, vornehmlich bei der Regierung. Die Arbeitslosigkeit ist bereits zu einem ernsten Problem geworden.

Das moderne Schulwesen hat gewiß offensichtliche Segnungen gebracht, wie etwa die Senkung der Analphabetenrate. Es half den Ladakhis auch, besser zu verstehen, welche Kräfte draußen in der Welt eine Rolle spielen.

Doch gleichzeitig hat es die Ladakhis voneinander und von ihrem Land getrennt und sie auf die allerunterste Sprosse der weltwirtschaftlichen Stufenleiter plaziert.

DREIZEHNTES KAPITEL

EIN ZUG IN RICHTUNG ZENTRUM

Nichts wird bleiben, das Zeugnis von der Kultur Ladakhs gibt.
(Aus einem Aufsatz über den Wandel in Ladakh; Dolma, acht Jahre)

Vor nicht langer Zeit reiste ich mit einem Bus von Leh in das Dorf Sakti. Wie so oft fragte mich eine Frau nach dem Leben in meinem Lande. „Das klingt wunderbar", sagte sie. „Nein, es ist nicht ganz so, wie Sie es sich vorstellen", erwiderte ich. „Sie wären überrascht; es gibt auch viele Nachteile." Ich erzählte ihr von unseren Problemen; wie viele Menschen in großen Städten zusammengepfercht leben und dabei noch nicht einmal die Namen ihrer Nachbarn kennen, wie die Eltern keine Zeit für ihre Kinder haben; wie die Luft vergiftet ist und der Lärm auf den Straßen unerträglich. Als ich fertig war, wollte ein Mann von weiter hinten im Bus von der Frau wissen, was ich gesagt hätte. „Sie sagt, daß das Leben bei ihr zu Hause genauso ist wie heutzutage in Leh", rief die Frau zurück.

Als ich zuerst nach Leh kam, war es eine wunderschöne Stadt. Es gab nur zwei gepflasterte Straßen, und ein motorisiertes Fahrzeug war eine Seltenheit. Wenn es zu einem Stau kam, waren in aller Regel Kühe die Ursache. Die Luft war kristallklar, so klar, daß die etwa 30 Kilometer entfernten Schneegipfel am entgegengesetzten Ende des Tales zum Greifen nahe erschienen. Vom Stadtzentrum aus erreichte man in fünf Minuten in jeder Richtung die Gerstenfelder, die mit großen Bauernhäusern gesprenkelt waren. In Leh fühlte man sich wie in einem Dorf, und jeder kannte den anderen und grüßte ihn.

Während der letzten 16 Jahre habe ich dies Dorf sich in eine einzige Stadtlandschaft verwandeln sehen. Seelenlose, zellenartige „Hauskolonien" haben sich in die Felder hineingefressen und in der staubigen Wüste ausgebreitet, von Strommasten statt Bäumen unterbrochen. Abblätternde Farbe, verrostendes Metall, zerbrochenes Glas und Plastikabfälle gehören nun zum Stadtbild, Plakatwände werben für Zigaretten und Milchpulver.

Jahrhundertelang war Leh eingebettet in eine sich selbst erhaltende, nachhaltige und zukunftsfähige Wirtschaft. Im dynamischen Gleichgewicht ergänzten sich die städtischen und die ländlichen Gegenden. Zwar lebten einige Menschen davon, mit der Außenwelt zu handeln, doch die übrige Wirtschaft basierte auf den heimischen Ressourcen. Jetzt hat Entwicklung Leh in ein Zentrum mit ganz anderen ökonomischen Grundlagen verwandelt. Der Bau von Straßen, die die Stadt mit der Außenwelt verbinden, hat Ladakh an globale Makroökonomie geschweißt und die heimischen wirtschaftlichen Aktivitäten auf die Stadt konzentriert. Alle Elemente moderner Lebensweise sind dort eingeführt worden: Strom, die einzige Tankstelle, der Regierungssitz, bezahlte Arbeit, das einzige Krankenhaus und Kinos, die besseren Schulen, die beiden Banken, sogar ein Fußballstadion. Entwicklung hat wie überall wie ein „Whirlpool" gewirkt, der die Menschen mitleidlos in seinen Mittelpunkt reißt. In den letzten 16 Jahren hat sich die Bevölkerung beinahe verdoppelt, wobei sich die ländliche Bevölkerung gleichzeitig verringert hat, weil die jungen Leute auf der Suche nach Arbeitsplätzen und wegen der Ausbildung in die Stadt ziehen.

Wenn immer mehr Menschen auf so engem Raum zusammengedrängt werden, gibt es viele Probleme. Im Sommer kommt der Verkehr in Leh fast zum Erliegen: Das Halten und Anfahren verpestet die Luft mit Dieselabgasen. Die traditionelle Höflichkeit weicht dem Drängeln und Stoßen modernen Stadtlebens. Die Menschen leben in größerer körperlicher Nähe zueinander, aber zugleich wächst der Abstand zwischen ihnen. Die politischen und wirtschaftlichen Strukturen, die die gegenseitige Hilfe und das Aufeinander-angewiesen-Sein förderten, sind zusammengebrochen. In Zeiten von Krankheit oder anderer Not wird jemand in Leh eher Hilfe von Verwandten auf dem Dorf suchen als von den Fremden im anstoßenden Appartment. Die Wohnungen sind überfüllt, oft gibt es nicht mehr als zwei kleine Zimmer für eine achtköpfige Familie, und das ohne Bad oder Küche.

Norbu war bei seiner Familie in dem Dorf Stok in einem Haus aufgewachsen, das drei Stockwerke mit weißgetünchten Wänden und geschnitzte Balkone hatte. Die Vorderzimmer sind mit Fresken geschmückt und geben den Ausblick auf die von Pappeln gesäumten Felder an einem Gletscherfluß frei. Auf der einen Seite liegt das zum Dorf gehörige Kloster, auf der anderen der königliche Palast.

Heute lebt Norbu allein in einem kleinen Zimmer in Leh. Durch sein einziges Fenster sieht er die Ecke eines staubigen Fußballplatzes, einen Stacheldrahtzaun, einen Strommast, ein Gewirr von gerissenen Drähten. In der Nähe hat man eine zerfallende Mauer, die als öffentlicher Abtritt dient, zum Schutz gegen die Tiere mit Glasscherben versehen.

Es war nicht unbedingt Norbus eigene Wahl, sein Dorf zu verlassen und nach Leh zu gehen, obwohl ihn auch niemand dazu zwang. Es war mehr das Ergebnis des überwältigenden Modernisierungs-Drucks, der die Menschen in die städtischen Ballungszentren zieht. Seine Ausbildung hat ihm ermöglicht, im modernen Teil des Landes zu arbeiten, und alle Arbeitsplätze sind eben in Leh. Und für die Arbeit als Bauer war er nun weder praktisch noch psychologisch länger geeignet.

Die heutige zentralisierte Wirtschaft ist auf einen großen Energieverbrauch angewiesen und führt in jedem Fall zu einer stärkeren Ausbeutung der Ressourcen. Die enormen Investitionen, die in ganze Netzwerke neuer Straßen gesteckt werden, legen es geradezu nahe, sich mit Erzeugnissen aus großen und immer größeren Entfernungen zu versorgen. In Leh stellen die Leute heute fast nichts mehr für ihren eigenen Gebrauch selbst her. Nahrungsmittel, Kleidung, Baumaterial müssen alle in die Stadt transportiert werden; eine ununterbrochene Karawane von Lastwagen, die manchmal die Entfernung von Südindien zurücklegen, ist unterwegs. Selbst Wasser muß „importiert" werden, manchmal auf Kosten der umliegenden landwirtschaftlichen Gebiete, wo lebensnotwendige Bewässerungsvorräte reduziert werden. Auf diese

Weise bricht das jahrhundertealte System des rotierenden Miteinanderteilens zusammen.

Die Menschen sind über die möglichen gesundheitlichen Risiken durch die neuen importierten Erzeugnisse so gut wie nicht informiert. Viele Ladakhis backen jetzt ihr Brot auf Asbestabfällen, und ich habe sogar beobachtet, wie man leere Pestiziddosen als Salzstreuer verwendete. 70 Prozent aller in Indien verwendeten Pestizide sind im Westen entweder verboten oder doch streng beschränkt. In Ladakh werden die Bauern dazu veranlaßt, das Pestizid BHC zu benutzen, das noch stärkere Wirkung hat als DDT – obwohl es kaum Schädlinge gibt! Als ich einmal meine Ladakhifreunde darüber aufzuklären versuchte, daß ihre Butter Formaldehyd enthält und ihrer Gesundheit schadet, waren sie erstaunt. Sie wollten es nicht glauben, daß man sie in den Läden verkauft und so viele Menschen sie essen würden, wenn sie wirklich so schädlich sei.

Im traditionellen Dorf wurde nichts verschwendet oder weggeworfen, aber in Leh gibt es keinerlei Recycling. Die Abfallhaufen wachsen von den übriggebliebenen Essensresten, von Plastik, Glas, Papier und Metallverpackungsmaterial, das man wegen der weiten Transportwege nun braucht. Ressourcen, die in der traditionellen Wirtschaft von wirklichem Wert waren, werden nun in zunehmendem Maße ignoriert. So werden zum Beispiel menschliche Exkremente nicht mehr zur Düngung verwendet, sondern sind zum Problem geworden. Denn von den knappen Energievorräten muß etwas abgezweigt werden, um sie zu verarbeiten. Sobald Toiletten mit Wasserspülung gebaut werden, muß mit Hilfe von Energie kostbares Wasser auf Hausdächer gepumpt werden, das dann literweise durch kilometerlange Rohre in Klärbehälter weggespült wird. In dem überfüllten Leh sind undichte Tanks zu einer Hauptquelle der Umweltverschmutzung geworden und haben zu der jüngsten Zunahme von Hepatitis und anderen durch verunreinigtes Wasser verursachten Krankheiten beigetragen.

In den modernisierten Gebieten des Landes sind Zivilisationskrankheiten, die früher so gut wie unbekannt waren, zunehmend häufig geworden. Dazu gehören Krebs, Schlaganfälle und Diabetes. Dafür sind vor allem der Mangel an körperlicher Bewegung, der zunehmende Streß und die Ernährung aus vorgefertigten, stark fett- und zuckerhaltigen Nahrungsmitteln verantwortlich. Während der letzten Jahre habe ich zusehen können, wie viele meiner Ladakhifreunde dick geworden sind und weniger leistungsfähig.

Die medizinische Versorgung von Zehntausenden von Ladakhis ist nun auf ein einziges Krankenhaus in Leh konzentriert. Wie in den meisten Entwicklungsländern besteht das Ergebnis in einer jämmerlichen Nachahmung westlicher Medizin. Es gibt ein paar ausgezeichnete Ärzte, aber sie arbeiten in einem System, in dem sie nicht die geringsten Chancen haben. Es ist extrem kapital- und energieintensiv; man müßte das gesamte Entwicklungsbudget und noch mehr in das Krankenhaus pumpen, damit es sich dem westlichen Standard annähern könnte. So wie die Dinge heute stehen, muß man lange warten, bevor man einen Arzt zu sehen bekommt, die Ambulanzen sind überfüllt und leiden an Personalmangel, Vorräte an Medikamenten und medizinischer Ausrüstung sind knapp. Wasserversorgung gibt es bestenfalls gelegentlich, und die sanitären Einrichtungen sind entsetzlich.

Und doch reicht dieser Standard einer nach westlichem Stil zentralisierten Gesundheitsvorsorge aus, um das traditionelle System zu untergraben. Die moderne Arztausbildung ignoriert traditionelle Methoden und entfremdet Ladakhis von ihrer eigenen Kultur und ihren Quellen. Das Vorgehen der Amchis beruht auf viel Zeit: Zeit, um die Kenntnisse zu erwerben, um einen Schüler heranzubilden, um Patienten zu besuchen und Heilmittel vorzubereiten. Wie soll ein einzelner Amchi, der seine Kräuter in den Bergen sammeln muß, bevor er sie trocknet, mahlt und zubereitet, mit riesigen pharmazeutischen Konzernen konkurrieren, die Teil des von der Regierung subventionierten Systems sind? Früher gab es in fast jedem Dorf einen „Amchi", jetzt sind es nur noch wenige, und es gibt kaum noch Schüler.

Auch die heimische Landwirtschaft wird untergraben. Subventionen für importiertes Getreide sorgen dafür, daß es billiger ist, in Leh ein Pfund Weizenmehl aus Punjab zu kaufen als aus dem nächsten Dorf. Auch Reis, Zucker und andere Nahrungsmittel werden subventioniert. Infolgedessen wird es „unwirtschaftlich", seine eigenen Lebensmittel anzubauen – ein unvorstellbares Konzept für die traditionelle Wirtschaft.

Die moderne Ökonomie wirkt sich verheerend auf den gesunden Menschenverstand aus. In Leh ist es heute unerschwinglich teuer geworden, mit Lehm zu bauen, während der entsprechende Preis für Zement fällt. Dies ist ein sprechendes Beispiel, wie Entwicklung nach westlichem Muster vorgeht, um einheimische Systeme zu untergraben. Eigentlich sollte man es für unmöglich halten, daß ein schweres, künstliches Erzeugnis, das über die Berge des Himalaja transportiert werden muß, mit Lehm, der kostenlos und frei und zum Zugreifen vorhanden ist, konkurrieren kann. Und doch geschieht genau das!

In den modernisierten Gebieten ist Land zu einer Ware mit Geldwert geworden. Wenn die Menschen sich auf schmalem Raum drängen, wird der Raum, der jedem zugewiesen werden kann, immer kleiner, und Land, das früher nie etwas gekostet hatte, wird immer teurer. Statt einfach das Land hinter seinem Haus aufzugraben, um Lehmziegel herzustellen, muß man immer weiter weg von dem sich ausbreitenden städtischen Gebiet reisen, nur um an Lehm zu kommen und die Ziegel zu machen. Dann braucht man einen Lastwagen, um die Ziegel zurück in die Stadt zu schaffen. Da Zeit heute Geld bedeutet, ist die Lehmbauweise auch hier im Nachteil, denn Bauen mit Lehm dauert länger. Aber vor allem hat die Mehrzahl der „Gebildeten“ nicht mehr gelernt, wie man ein Haus baut, und die Ingenieure arbeiten mit Beton und Stahl. Also werden die Fertigkeiten, die man für den Hausbau mit Lehm braucht, immer rarer und entsprechend teurer. Schließlich gibt es noch die psychologische Dimension: Man scheut sich davor, für rückständig gehalten zu werden – und alles Traditionelle gilt dafür. Man will in einem modernen Haus wohnen. Ein Lehmhaus ist schlecht für das Image.

Neben Ernährung und Obdach wird auch das dritte Grundbedürfnis, der Sektor Kleidung, von der neuen Wirtschaftsweise betroffen. Das traditionelle wollene Gewand wird durch synthetische oder *importierte* wollene Gewebe ersetzt. Es ist zu „teuer“ geworden, selbstgewebte Kleidung zu tragen, die ursprünglich so gut wie nichts gekostet hatte.

Ich habe gesehen, wie sich eine ganze Reihe verschiedenartigster Sachzwänge gleichzeitig auswirkten, und beobachtet, wie die Ladakhis so von ihren heimischen Ressourcen immer mehr Abstand nahmen. Die Gründe dafür sind außerordentlich komplex und Teil der systematischen Umformung einer ganzen Lebensweise. Aber dessen ungeachtet ist es sehr deutlich, daß der Zug hin zu immer stärkerer Zentralisierung das Ergebnis bewußter Planung ist. Die Sucht des Westens nach wirtschaftlichem Wachstum zwingt andere dazu, sich zu „entwickeln", und um die Voraussetzungen für „Entwicklung" zu schaffen, verwenden Regierungen gewaltige Anteile ihrer Ressourcen, um die Gesellschaft umzustrukturieren. Überall sind die erforderlichen Infrastrukturen – von zentralisierter Stromversorgung bis zu dem westlichen städtischen Schultypus – grundsätzlich gleich. Und daher sind auch die daraus resultierenden Probleme die gleichen.

VIERZEHNTES KAPITEL

EIN GETEILTES VOLK

Modisch sein zu wollen führt zu Stolz und weniger Kameradschaftlichkeit.

(Aus einem Aufsatz über die Veränderung von Ladakh – Norbu, 10 Jahre)

Während meines ersten Jahres in Ladakh machte ich mit einem Freund eine Bergtour von Chilling nach Markha. Wir erreichten einen außergewöhnlich schwierigen Teil des Weges, der uns steil abstürzend zu einem viele hundert Meter tiefer vorbeifließenden Fluß führte. Ein alter Mann mit einem Stock kam uns sicheren Fußes aus der anderen Richtung entgegen. Wir grüßten einander und gingen weiter, weil es unmöglich war, an diesem Platz stehenzubleiben. Ich kam nur jämmerlich langsam voran, und nach etwa zehn Minuten hörte ich, daß der alte Mann mir etwas zurief. Er hatte das Ende des schwierigen Stückes erreicht und offensichtlich bemerkt, welche Schwierigkeiten ich damit hatte. Er ging den ganzen Weg noch einmal zurück bis zu der Stelle, an der ich mich befand, um mir seinen Stock zu geben. „Du wirst den wahrscheinlich nötiger brauchen als ich", sagte er mit einem Lächeln. Wenn ich heute in Leh in einen überfüllten Bus steigen muß, muß ich mir meinen Platz erkämpfen, und sogar ältere Männer versuchen, sich vorzudrängeln.

In der traditionellen Wirtschaftsweise wußte man, daß man aufeinander angewiesen war, und man kümmerte sich umeinander. Aber im neuen Wirtschaftssystem hat sich der Abstand zwischen den Menschen so vergrößert, daß es nun so scheint, als brauche man einander nicht mehr. In einem letzten Sinn braucht man einander natürlich doch, aber nicht mehr so unmittelbar als Familie, Freunde und Nachbarn. Jetzt nehmen unsere politischen und wirtschaftlichen Handlungen den Umweg über eine anonyme Bürokratie. Das Netz lokaler gegenseitiger Abhängigkeit zerreißt, und gleichzeitig verfallen die traditionelle Toleranz und

Zusammenarbeit. Das trifft besonders auf die Dörfer in der Nähe von Leh zu, wo die Auseinandersetzungen und die Verbitterung in den eng vernetzten Gemeinschaften und sogar in den Familien während der letzten paar Jahre dramatisch zugenommen haben. In Skara habe ich erhitzte Auseinandersetzungen über die Verteilung des Wassers aus dem Bewässerungssystem miterlebt. Dies wurde früher reibungslos im Rahmen der Kooperation geregelt.

Sowie die gegenseitige Hilfe durch die Abhängigkeit von weit entfernten Kräften ersetzt wird, beginnen die Menschen sich ohnmächtig zu fühlen, sobald sie Entscheidungen in bezug auf ihr eigenes Leben treffen sollen. Passivität, sogar Apathie, macht sich auf allen Ebenen bemerkbar; die Menschen treten ihre persönliche Verantwortung ab. Im traditionellen Dorf war die Reparatur der Bewässerungskanäle eine Arbeit, die sich die ganze Gemeinschaft teilte. Sobald ein Kanal eine undichte Stelle zeigte, erschienen mit Schaufeln bewaffnete Gruppen und arbeiteten so lange zusammen, bis der Schaden behoben war. Heute betrachten sie das als eine Sache der Regierung und warten, bis die Sache für sie erledigt wird. Je mehr die Regierung den Dorfbewohnern abnimmt, desto weniger sehen sie die Notwendigkeit, sich selbst zu helfen. Ich erinnere mich an ein Gespräch mit einem Regierungsbeamten über ein Wasserkraftwerk, das in dem Dorf Nurrla gebaut worden war. „Ich verstehe es einfach nicht", sagte er. „Um ihre alten Wasserräder haben sie sich immer so gut gekümmert, aber an diesem Ding scheint ihnen nichts zu liegen. Im Frühsommer sind ein paar Felsstücke in die Turbine geraten, aber keiner dachte auch nur daran, irgend etwas zu unternehmen, und nun haben sie nicht einmal Licht."

„Entwicklung" kettet die Menschen heute an immer größere politische und wirtschaftliche Einheiten. In der Vergangenheit hatte der einzelne wirkliche Macht, weil die Gruppierungen klein waren und jeder sich direkt mit den anderen Gliedern der Gemeinschaft in Verbindung setzen konnte. Politisch gesehen ist ein Ladakhi jetzt einer von 800 Millionen und – als Teil einer Weltwirtschaft – einer von einigen Milliarden.

Die durch die Medien entstandene kulturelle Zentralisierung trägt ebenfalls zu der steigenden Verunsicherung und Passivität bei. Früher gab es jede Menge Tanz, Gesang und Theater. Menschen aller Altersgruppen nahmen daran teil. Wenn so eine Gruppe um ein Feuer saß, haben sogar die Kleinsten mit der Hilfe von Geschwistern oder Freunden mitgetanzt. Jeder konnte singen, tanzen, schauspielern, Instrumente spielen. Seit nun das Radio Ladakh erobert hat, braucht niemand mehr selbst zu singen oder Geschichten zu erzählen. Man setzt sich hin und hört dem besten Sänger und dem besten Geschichtenerzähler zu. Und dadurch werden die Menschen schüchtern und gehemmt. Man vergleicht sich nicht mehr mit Nachbarn und Freunden, die man kennt und von denen einige vielleicht besser im Singen sind als man selbst, aber dafür keine so guten Tänzer, sondern man vergleicht sich mit den Radiostars, die man nie erreichen kann. Auch die Gemeinschaftsbande zerreißen, wenn man passiv auf etwas lauscht, statt miteinander zu musizieren oder zu tanzen.

Als ich auf dem Flughafen von Leh auf ein Flugzeug wartete, traf ich Dawa und zwei seiner Freunde. Er erwartete eine Gruppe deutscher Touristen, und seine Freunde hofften dabei auf irgendein Geschäft. Der eine betrieb eine Fremdenpension, der andere war ein Fremdenführer. Sie begannen, mir von einem Hindifilm, der gerade in Ladakh gedreht wurde, zu erzählen. Sie hatten offensichtlich Stunden auf dem Filmgelände verbracht und zeigten mir stolz die Autogramme, die sie ergattert hatten. Dawa machte auf sehr komische Art die übertrieben hohe Stimme der Hauptdarstellerin nach. Sie hatten jede Manieriertheit, jedes kleinste Detail übernommen: die Art, in der sich der Filmheld bewegte, seine Zigarette hielt, die Zigaretten- oder Whiskymarke, die er bevorzugte. Der Glanz der Filmstars hatte sie tief beeindruckt. Unsere Unterhaltung machte mich ganz traurig.

Später am Tag hatte ich mein wöchentliches Treffen mit Paljor, der mir bei der Übertragung von Volksliedern half. Ich erzählte ihm von meiner Begegnung mit Dawa und seinen Freunden auf dem Flugplatz. „Paljor, beunruhigt es dich nicht, wie die jungen Leute sich verändern? Dawa weiß überhaupt nicht mehr, wer er ist. Er fängt an, sich wie ein Machotyp aus den Filmen zu benehmen.“ – „Ich weiß“, sagte er, „mein jüngster Sohn macht es genauso.“

Der Verlust von Sicherheit und Identität, die aus tiefen, dauerhaften Verbindungen mit anderen Menschen entsteht, führt zu großen Identitätskrisen. Gleichzeitig vermitteln ihnen der Tourismus und die Medien ein neues Bild, wer sie zu sein hätten. Man erwartet, daß sie ihre Mahlzeiten an einem Eßtisch einnehmen, ein Auto fahren und eine Waschmaschine benutzen. Alle möglichen Konsumgüter werden ihnen als die Voraussetzungen für eine zivilisierte Gesellschaft vor Augen geführt: Moderne Küchen und Badezimmer sind zu wichtigen Statussymbolen geworden. Diese Bilder reden ihnen ein, daß sie anders werden müssen, um besser zu sein, als sie es sind.

Es mag überraschen, aber Modernisierung führt zu einem Verlust an Individualität. Verunsicherte und befangene Menschen fühlen sich gedrängt, sich anzupassen und nach einem Idealbild zu leben. Im traditionellen Dorf, wo jeder die gleiche Kleidung trägt und für den flüchtigen Beobachter gleich aussieht, scheint es hingegen mehr Freiheit gegeben zu haben, ganz entspannt der zu sein, der man eben ist. Als Glieder eines engmaschigen Gemeinwesens fühlen sich die Menschen hier sicher genug, sie selbst zu sein.

Wenn die heimischen politischen und ökonomischen Bande reißen, wird alles zunehmend anonym. Gleichzeitig erhöht sich das Lebenstempo, und die Mobilität nimmt zu. Dadurch werden auch noch die Familienbeziehungen oberflächlicher und zeitlich beschränkt. Die Verbindungen der Menschen untereinander beschränken sich weitgehend auf Äußerlichkeiten. Immer mehr identifiziert man Menschen eher mit dem, was sie haben, als mit dem, was sie sind. Sie verschwinden gewissermaßen hinter ihren Kleidern und Besitztümern.

Von allen Teufelskreisen, in die die Ladakhis hineingeraten, ist wahrscheinlich der durch die individuelle Unsicherheit verursachte der tragischste: die Familien- und Gemeinschaftsbande weichen auf, und das wiederum zerrüttet die individuelle Selbstachtung. Der Konsumzwang spielt dabei eine entscheidende Rolle, da emotionale Unsicherheit den Hunger nach materiellen Statussymbolen erzeugt. Das Bedürfnis nach Anerkennung und Zugehörigkeit heizt die Jagd nach Besitztümern an, Besitz, durch den man erst „jemand" ist.

Diese Motivation ist viel stärker als die Faszination durch die entsprechenden Dinge selbst. Es bricht einem das Herz, Menschen Sachen kaufen zu sehen, um bewundert, geachtet und letztlich geliebt zu werden, wo es doch in Wirklichkeit die umgekehrte Wirkung hat! Die Person mit dem neuen glänzenden Auto steht abseits, und das verstärkt den Hunger nach Akzeptanz. Eine Spirale ist in Gang gesetzt worden, in der die Menschen sich mehr und mehr von sich selbst und anderen entfremden.

Ich habe dies auf viele Weise geschehen sehen. Ein Graben öffnet sich zwischen alt und jung, männlich und weiblich, reich und arm, buddhistisch und muslimisch. Der neu geschaffene Unterschied zwischen modern ausgebildeten Experten und lese- und schreibunfähigen rückständigen Bauern ist dabei der größte. Heutige Einwohner von Leh haben mehr mit jemandem aus Neu-Delhi oder Kalkutta gemein als mit ihren eigenen Verwandten, die auf dem Lande geblieben sind. Und sie neigen dazu, auf jeden herunterzuschauen, der weniger „modern" ist. Einige Kinder, die im modernen Teil von Ladakh leben, sind schon so weit von ihren Eltern und Großeltern entfernt, daß sie sogar nicht mehr dieselbe Sprache sprechen. Da sie in Urdu und Englisch unterrichtet werden, verlernen sie ihre Muttersprache.

Besonders übel ist es, daß die männlichen und weiblichen Rollen in dem Maße polarisieren, in dem die Arbeit sich differenziert. Eine der weltweiten Folgen der Industrialisierung ist es, daß die Männer die ländlichen Gegenden und ihre Familien verlassen, um im modernen Geschäftsleben Geld zu verdienen. Ladakh ist keine Ausnahme. Die Männer werden Teil einer auf Technologie beruhenden Lebensform fern von daheim und werden als die einzigen produktiven Glieder der Gesellschaft betrachtet.

Ein typisches Beispiel ist mein Freund Sonam. Seine verwitwete Mutter und seine Schwestern sind immer noch in Hemis. Vor ein paar Jahren heiratete er, ließ aber seine junge Frau im Dorf, wo er sie vielleicht viermal im Jahr besucht. Selbst wenn er seine Frau und die Kinder mitbringt und bei sich wohnen läßt, arbeitet er viele Stunden außerhalb des Hauses und sieht sie nicht viel.

Frauen ihrerseits werden zu unsichtbaren Schatten. Weil sie kein Geld für ihre Arbeit verdienen, werden sie nicht mehr als

„produktiv" angesehen. Ihre Arbeit zählt nicht bei der Berechnung des „Bruttosozialproduktes". In den Regierungsstatistiken werden die 10 Prozent Ladakhis, die im modernen Sektor arbeiten, entsprechend ihrer Beschäftigung geführt, die anderen 90 Prozent, Hausfrauen und traditionelle Bauern, werden als „Nichtarbeitende" in einen Topf geworfen. Das beeinflußt die Haltung der Menschen sich selbst und anderen gegenüber, und solcher Mangel an Selbstbestätigung hat mit Sicherheit eine tiefe psychologische Auswirkung. Bauern im traditionellen Sinn und Hausfrauen werden mehr und mehr als minderwertig angesehen, und sie selbst entwickeln deutliche Gefühle der Unsicherheit und Unzulänglichkeit.

Im Laufe der Jahre erlebte ich, wie an die Stelle der starken, extravertierten Frauen von Ladakh eine Generation selbstunsicherer und extrem mit ihrer äußeren Erscheinung beschäftigter junger Frauen trat. Früher war es zwar auch wichtig, wie eine Frau aussah, aber ihre Begabungen, einschließlich Toleranz und sozialer Fähigkeiten, wurden viel höher geschätzt.

Als ich eines Tages im Vorübergehen bei Deskit hereinschauen wollte, fand ich sie am hellen Tag um 10 Uhr allein vor dem Fernseher sitzend. Sie hielt sich im besten Zimmer mit dem großen neuen Vinylsofa und den Sesseln auf, aber sie saß auf dem Fußboden. Ihre Kinder waren in der Schule, und ihr Mann war bei der Arbeit. Ich hatte sie früher gekannt, als sie im Dorf lebte, ein wenig scheu zwar, aber hübsch und strahlend. Sie war immer noch hübsch, aber das Strahlen war verschwunden. Sie war eindeutig unglücklich und zurückhaltend geworden.

Ich wollte sie besuchen, weil eine ihrer Tanten mir gesagt hatte, daß es ihr nicht sehr gut ginge. Weder die Tante noch Deskit selbst wußten, warum sie so unglücklich war, denn sie hatte ja alles, was sie sich nur wünschen konnte. Ihr Mann hatte eine gute Stellung als Arzt, ihre Kinder besuchten die beste Schule von Leh, und ihr Haus war modern, sauber und bequem. Aber der Prozeß der Entwicklung hatte Deskit isoliert, hatte sie zur Gefangenen einer Familie des Nuklearzeitalters gemacht, hatte sie dabei von ihrer größeren Gemeinschaft getrennt und sie ohne sinnvolle Arbeit gelassen. Auch von ihren Kindern war sie getrennt.

Trotz ihrer neuen dominanten Rolle leiden auch Männer eindeutig an der Wirkung des Zusammenbruchs von Familie und Gemeinschaft. Sie haben keinen Kontakt zu den Kindern. Die jungen Männer hindert das neue Macho-Ideal daran, Gefühle zu zeigen, und später als Väter werden sie durch ihre Arbeit von der Familie ferngehalten.

In der traditionellen Kultur profitierten Kinder nicht nur vom ständigen Kontakt mit Vater und Mutter, sondern auch von der gesamten Lebensweise, wo die verschiedenen Altersgruppen in dauernder Beziehung miteinander waren. Für die älteren war es das Natürlichste von der Welt, sich für die jüngeren verantwortlich zu fühlen. Die Kleineren dagegen schauten mit Achtung und Bewunderung zu den Größeren auf und versuchten, es ihnen gleichzutun. Aufwachsen war ein natürlicher Lernprozeß ohne Konkurrenzkampf.

Nun teilt man Kinder in der Schule in verschiedene Altersgruppen ein. Diese Art Einstufung wirkt sich sehr zerstörerisch aus. Die künstlichen sozialen Einheiten, in denen alle das gleiche Alter haben, reduzieren stark die Fähigkeit, sich gegenseitig zu helfen und voneinander zu lernen. Statt dessen wird automatisch der Boden für einen Konkurrenzkampf bereitet, weil jedes Kind unter den Druck gerät, genauso gut wie das andere sein zu müssen. In einer Gruppe von zehn Kindern verschiedenen Alters wird es natürlich viel mehr Kooperation geben als in einer Gruppe von zehn Zehnjährigen.

Die Unterteilung in verschiedene Altersgruppen bleibt nicht auf die Schule beschränkt. Heute tendiert man dazu, seine Zeit ausschließlich mit Gleichaltrigen zu verbringen. Das führt zu einer wechselseitigen Intoleranz der Jungen gegenüber den Alten und der Alten gegenüber den Jungen. Kinder und Jugendliche haben immer weniger Kontakt zu ihren im Dorf gebliebenen Großeltern. Als ich mit traditionellen Familien lebte, konnte ich erfahren, wie tief das Band zwischen den Kindern und ihren Großeltern war. Es ist eine eindeutig natürliche Beziehung mit einer Dimension, die sich sehr von der Beziehung zwischen Eltern und Kindern unterscheidet. Solch eine Verbindung zu zerschlagen hat etwas zutiefst Tragisches.

Ähnliche Zwänge tragen zu dem Zusammenbruch der traditionellen Familie bei. Das Modell der westlichen Kleinfamilie wird jetzt als die Norm angesehen, und die Ladakhis beginnen sich ihrer Tradition der Polyandrie zu schämen. Seit die jungen Leute die alte Familienstruktur um der Monogamie willen ablehnen, ist ein bedeutender Bevölkerungszuwachs festzustellen. Gleichzeitig verliert die monastische Lebensform an Ansehen, und die Anzahl an Mönchen und Nonnen geht zurück. Auch das führt zu Bevölkerungswachstum.

Interessanterweise sehen einige Ladakhis eine Verbindung zwischen dem Anstieg der Geburtenrate und dem Heraufkommen der Demokratie. „Macht ist eine Frage der Abstimmung", meinte Sonam Richen kürzlich und meinte damit, daß man im modernen Sektor um so mehr Zugang zur Macht hat, je größer die eigene Gruppe ist. Konkurrenzkampf um Arbeitsplätze und politische Repräsentanz in den neuen zentralisierten Strukturen trennen die Ladakhis immer mehr voneinander. Ethnische und religiöse Unterschiede bekommen eine politische Dimension, die Verbitterung und Feindseligkeit von bis dahin ungekannten Ausmaßen verursacht.

Diese neue Rivalität gehört zu den schmerzlichsten Trennungen, die ich in Ladakh erlebt habe. Ironischerweise wuchs diese Rivalität zwischen religiösen Gruppen in dem Maß, wie die traditionelle Frömmigkeit abnahm. Ich habe erwähnt, wie sehr ich bei meiner ersten Ankunft vom gegenseitigen Respekt und der Kooperation zwischen Buddhisten und Muslimen beeindruckt war. Aber während der letzten paar Jahre ist der Konkurrenzkampf geradezu in Gewalt umgeschlagen. Früher hatte es Reibungen zwischen einzelnen gegeben, aber zum ersten Mal beobachtete ich 1986 ein Zeichen von Spannung zwischen Gruppen: Da hörte ich, wie Ladakhi-Freunde anfingen, Menschen danach zu definieren, ob sie Buddhisten oder Muslime seien. In den folgenden Jahren gab es hier und dort Anzeichen, daß nicht alles zum besten stand, aber niemand war darauf vorbereitet, als im Sommer 1989 plötzlich Kämpfe zwischen den zwei Gruppen ausbrachen. Es gab einen beachtlichen Aufruhr im Bazar von Leh; vier Personen wurden von der Polizei erschossen, und in großen Teilen von Ladakh herrschte Ausgangssperre.

Seitdem ist die offene Konfrontation zwar erloschen, aber Mißtrauen und Vorurteile belasten auf beiden Seiten noch immer die Beziehungen. Für ein Volk, das nicht an Gewalt und Disharmonie gewöhnt war, war das ein traumatisches Erlebnis. Eine Muslimin hätte für alle Ladakhis sprechen können, als sie mir unter Tränen sagte: „Diese Ereignisse haben meine Familie auseinandergerissen. Einige von ihnen sind Buddhisten, einige sind Christen, und nun sprechen sie nicht einmal mehr miteinander."

Die unmittelbare Ursache für die Störungen war, daß die Buddhisten immer häufiger beobachten mußten, wie die von Muslimen dominierte Staatsregierung sie gegenüber der örtlichen muslimischen Bevölkerung benachteiligte. Die Muslime ihrerseits befürchteten, daß sie als eine Minderheitengruppe ihre Interessen gegenüber der politischen Entschiedenheit der buddhistischen Mehrheit verteidigen müßten. Aber die eigentlichen Gründe für die Gewalt reichen viel weiter. Was in Ladakh passiert, ist kein vereinzeltes Phänomen. Die Spannung zwischen den Muslimen von Kaschmir und der von Hindus beherrschten Zentralregierung in Neu-Delhi, den Buddhisten und der Hinduregierung in Nepal und die zahllosen ähnlichen Ereignisse in aller Welt sind meiner Meinung nach durch ein und denselben unterschwelligen Grund miteinander verbunden. Das gegenwärtige Entwicklungsmodell zentralisiert ganz intensiv, indem es verschiedenste Völker aus ländlichen Regionen in große städtische Zentren zieht und Macht und Entscheidungsbildung in die Hände einiger weniger legt. In diesen Zentren sind Arbeitsgelegenheiten knapp, Gemeinschaftsbande zerstört, und der Konkurrenzkampf nimmt dramatisch zu. Besonders junge Männer, die für Aufgaben im modernen Sektor ausgebildet wurden, finden sich plötzlich in einen Überlebenskampf verwickelt. In dieser Lage werden religiöse und ethnische Differenzen natürlich überbetont und verzerrt. Zusätzlich hat die Gruppe, die an der Macht ist, natürlich unvermeidlich die Neigung, die eigene Gruppe zu bevorzugen, und die anderen leiden oft an Diskriminierung.

In Entwicklungsländern erkennen die Menschen zwar, daß Modernisierung ethnische Rivalität verschärft oder sogar erst schafft, doch sie halten das für den notwendigen Preis für „Fortschritt".

Sie meinen, daß nur die Erschaffung einer ganz und gar säkularisierten Gesellschaft diese Rivalität überwindet. Im Westen andrerseits glaubt man, daß ethnische und religiöse Zwistigkeiten wegen der modernen Demokratie zunehmen, die die Menschen befreit und es alten Vorurteilen und Haßgefühlen erlaubt, an die Oberfläche zu kommen. Sie gehen davon aus, wenn es früher Frieden gegeben habe, könne der nur das Ergebnis von Unterdrükkung gewesen sein.

Es ist leicht verständlich, warum Menschen glauben, daß Gewalt das Resultat kultureller und religiöser Differenzen sei und warum sie das eher der Tradition als der Modernisierung zur Last legen. Sicherlich sind ethnische Spannungen ein Phänomen, das der Kolonialisierung und Modernisierung vorausgeht. Aber nach der 16jährigen Erfahrung, die ich aus erster Hand auf dem indischen Subkontinent gesammelt habe, bin ich überzeugt, daß „Entwicklung" nicht nur vorhandene Spannungen verschärft, sondern sie in vielen Fällen überhaupt erst schafft. Entwicklung verursacht künstliche Knappheit, die unvermeidlich zu stärkerem Konkurrenzkampf führt und die Menschen zwingt, sich dem westlichen Standardmodell anzupassen, bei dem sie einfach nicht mithalten können. Die meisten Menschen können einfach nicht blond und blauäugig sein und leben nicht in Zwei-Auto-Familien. Und doch ist dies das Image, das als Ideal in unserem „globalen Dorf" hochgehalten wird.

Einem solchen Ideal nachzustreben bedeutet, die eigene Kultur, die eigenen Wurzeln abzulehnen, ja schließlich die eigene Identität zu verleugnen. Die daraus entspringende Selbstentfremdung läßt Ressentiments und Wut entstehen. Sie ist der Auslöser eines großen Teiles der Gewalt und des Fundamentalismus in der Welt von heute. Sogar in der industrialisierten Welt sind wir Opfer stereotyper Medienbilder, aber in der „Dritten Welt", wo zwischen der Wirklichkeit und dem westlichen Ideal ein noch viel tieferer Abgrund liegt, ist die Verzweiflung ein noch viel größeres akutes Problem.

DRITTER TEIL

LERNEN VON LADAKH

FÜNFZEHNTES KAPITEL

NICHTS IST NUR SCHWARZ, UND NICHTS IST NUR WEISS

Ich weiß nicht, warum Mr. Gandhi nicht nach Ladakh gegangen ist; er würde hier beinahe alles, wonach sein Herz begehrte, gefunden haben.

(Major M. L. A. Gompertz, Magic Ladakh 1928)

Auf den vorangehenden Seiten habe ich versucht, einen Einblick sowohl in die traditionelle Lebensweise zu vermitteln als auch die Kräfte darzustellen, die für die Veränderung in den modernisierten Gebieten verantworlich sind. Wenn ich dabei das Glück, die Kooperation und das Gleichgewicht mit der Natur des alten Ladakh der Entfremdung, dem sozialen Niedergang und der Umweltverschmutzung gegenüberstellte, mag dies übertrieben klingen: so als hätte ich das ursprüngliche Leben durch eine rosarote Brille betrachtet und das moderne viel zu schwarz gemalt. Aber daß vieles von dem, was ich vom alten Ladakh beschrieben habe, positiv ist und der Großteil meiner Beschreibung des Neuen negative Veränderungen betrifft, kommt daher, daß ich vornehmlich von Beziehungen und gegenseitigen Verbindungen gesprochen habe. Ich habe versucht, die Gestalt und das Lebensgefühl zweier kontrastierender Lebensweisen zu beschreiben, und mein Augenmerk nicht auf einzelne isolierte Faktoren gerichtet.

Viele Einzelaspekte der alten Kultur waren zweifellos nicht ideal. So fehlte es etwa an so grundlegenden Annehmlichkeiten wie Heizungsmöglichkeiten während der eiskalten winterlichen Temperaturen. Der Austausch mit der Außenwelt war beschränkt. Die Analphabetenrate war hoch; Säuglingssterblichkeit war höher und die durchschnittliche Lebenserwartung niedriger als im Westen. Das alles sind ernste Probleme, die ich auch nicht leugne. Aber sie sind nicht ganz so, wie sie von außerhalb erscheinen. Westliche Maßstäbe können völlig irreführen. Über viele

Jahre hinweg und durch engen Kontakt mit der Ladakhi-Gesellschaft habe ich allmählich solche Beschränkungen in einem ziemlich anderen Licht sehen gelernt.

Die Dorfbewohner des traditionellen Ladakh haben es nicht als Not empfunden (wie wir es würden), täglich ihr Wasser vom Fluß zu holen und ihre Mahlzeiten auf einem Feuer von getrocknetem Dung zuzubereiten. Auch die Kälte haben sie nicht so stark empfunden wie wir. Als ich einmal im Spätherbst mit einer Nonne aus Hemis eine Bergtour machte, mußten wir einen Fluß durchwaten, der so kalt war, daß ich vor Schmerz aufschrie. Meine Füße waren knallrot, und ich brauchte eine Viertelstunde, bis ich mich erholt hatte. Währenddessen watete sie ganz selbstverständlich durch das Wasser und blieb sogar eine Minute stehen, um nach etwas weiter stromaufwärts auszuschauen. Sie sah ganz erstaunt aus, als ich sie fragte, ob ihr denn nicht kalt wäre.

Auch der begrenzte Austausch in der Kommunikation hat für mich eine andere Bedeutung gewonnen. Die unglaubliche Vitalität und Lebensfreude, die ich in den Dörfern kennengelernt habe, hat so gut wie sicher etwas damit zu tun, daß die Freude am Leben hier und jetzt ist, bei dir und *in* dir. Die Menschen hatten nicht das Gefühl, am Rande zu stehen; das Zentrum war da, wo sie gerade waren. Daß wir die ganze übrige Welt durch den Fernseher in unseren Wohnzimmern haben können, mag gar nicht so bereichernd sein, wie wir geneigt sind zu glauben. Es mag in Wahrheit sogar die gegenteilige Wirkung haben.

Die idealisierten Stars vermitteln das Gefühl der Unterlegenheit. Man wird passiv, und das Hier und Jetzt verblaßt im Vergleich mit den bunten, spannenden Ereignissen irgendwelcher weit entfernter Orte.

Ganz gewiß will ich mich nicht zur Verteidigerin des Analphabetentums machen. Ohne Zweifel müssen die Ladakhis heute lesen und schreiben können. In unserer Gesellschaft ist Analphabetentum mit Machtlosigkeit gleichzusetzen. Da die politischen Einheiten sich immer weiter ausdehnen, sind wir vollständig auf das geschriebene Wort angewiesen. In der traditionellen Kultur dagegen genügte es, sprechen zu können, um Entscheidungen mitbeeinflussen zu können. Selbst wenn man nicht lesen und schreiben konnte, war die Macht, das eigene Leben betreffende Entscheidungen zu fällen, größer als bei dem Durchschnitt der Bürger im Westen. Im traditionellen Kontext bedeutete Analphabetentum deshalb nicht das gleiche wie in der modernen Welt.

Von allen Faktoren, die das Denken gegenüber der traditionellen Gesellschaft prägen, sind wohl Gesundheit und Langlebigkeit am wichtigsten. Im traditionellen Ladakh sterben Menschen an Krankheiten, für die westliche Medizin Heilmittel gefunden hat, die Säuglingssterblichkeit wurde auf 15 Prozent geschätzt. Krankheit zu bekämpfen und Gesundheit zu steigern sind fraglos wichtige Ziele.

Wenn man aber die Wirklichkeit der am westlichen Muster orientierten medizinischen Versorgung untersucht, sind die Dinge nicht ganz so klar. So kann es auf keinen Fall vernünftig sein, das traditionelle Wissen über die dort vorkommenden Krankheiten und die Heilmethoden, das sich in einem Zeitraum von mehr als tausend Jahren entwickelt hat, über Bord zu werfen. Ebenso macht es keinen Sinn, die jämmerliche Nachahmung des westlichen Systems einzuführen, die für die Mehrheit nur eine unzulängliche medizinische Versorgung bietet und finanziell nicht erschwinglich ist. Man kann die Probleme eben nicht von den weiter reichenden Zusammenhängen isoliert betrachten, sondern muß die Praxis sehen. So ist – auf lange Zeit gesehen – den Interessen der Menschen nicht damit gedient, wenn zwar die Säuglingssterblichkeit reduziert wird, aber das Problem des Bevölkerungswachstums nicht beachtet wird. Und wer einmal gesehen hat, daß er in seinen späten Lebensjahren von seinen Kindern und Enkeln getrennt und vielleicht sogar gehunfähig und hilflos leben muß, mag es nicht mehr so wichtig wie wir finden, daß die moderne Medizin ihm helfen kann, länger zu leben.

Vor allem aber ist die Haltung gegenüber Altern und Tod ganz wichtig. In Ladakh wird Altern und Tod als Teil des natürlichen Kreislaufs gesehen. Wenn ich meine Freunde in Ladakh nach einer Periode der Abwesenheit wiedersehe, sagen sie oft: „Du bist gealtert, seit ich dich das letzte Mal gesehen habe." Der Ton ist ganz selbstverständlich, so wie man über den Wechsel vom Winter zum Frühling spricht. Es kommt den Menschen gar nicht in den Sinn, daß ich das möglicherweise gar nicht gern höre. Für die Ladakhis gibt es keinen Grund, Angst vor dem Älterwerden zu haben, jede Lebensphase hat ihre eigenen Vorteile.

Die Ladakhis glauben nicht daran, daß dieses Leben unsere einzige Chance darstellt. Sie sehen Leben und Tod als die zwei Aspekte eines sich immer wiederholenden Prozesses. In ihrer Kultur ist man mit dem Tod ausgesöhnt, und ihre Einstellung ist geprägt von tiefer Akzeptanz eines unvermeidlichen Wandels. So kann sogar ein so traumatisches Ereignis wie der Tod eines kleinen Babys eine andere Bedeutung haben.

Doch wie es in der traditionellen Gesellschaft unübersehbare Entbehrungen gibt, hat Entwicklung auch echte Verbesserungen im Gefolge. Die Einführung der Geldwirtschaft, die Technologie und die beginnende moderne medizinische Versorgung haben offenkundig wesentliche Vorteile gebracht. Viele Ladakhis leben heute viel angenehmer als früher. Darüber hinaus genießen es die Menschen, reisen zu können und eine größere Anzahl materieller Güter von außerhalb erwerben zu können. So sind zum Beispiel Reis und Zucker – früher Luxusgüter – alltägliche Nahrungsmittel geworden.

Das Schulwesen eröffnet manchem neue aufregende Möglichkeiten. Und denen, die ursprünglich sozial benachteiligt waren wie die Schmiede, bietet die Modernisierung die Möglichkeit, eine höhere Stufe auf der sozialen Leiter zu erklimmen. Besonders für junge Männer sind die Freiheit und die Mobilität, die die Moderne anzubieten scheinen, eine gewaltige Versuchung. Die neuen Ideale befreien sie von Bindungen an andere Menschen und Orte. Sie brauchen nicht mehr auf Nachbarn, Eltern und Großeltern zu hören. Das moderne Ideal ist der starke, unabhängige Mann.

Trotz der sehr realen Probleme der traditionellen Gesellschaft und der ebenso realen Verbesserungen durch die Entwicklung sehen die Dinge anders aus, wenn man die wichtigen Beziehungen untersucht: zum Land, zueinander und zu sich selbst. Aus dieser größten Perspektive betrachtet, erscheinen die Unterschiede zwischen alt und neu als kraß und beunruhigend. Es zeigt sich, daß die traditionelle, natürlich gegründete Gesellschaft mit all ihren

Mängeln und Beschränkungen dauerhafter durchhaltbar war, und zwar sowohl sozial wie unter Umweltgesichtspunkten. Sie war das Ergebnis eines Dialoges der Menschen mit ihrer Umgebung, eines ständigen Dialogs, bei dem sich die Kultur über zweitausend Jahre nach dem Prinzip „Versuch und Irrtum" weiterwandelte. Die traditionelle buddhistische Weltanschauung betonte die Wichtigkeit von Wandel, der aber innerhalb des Rahmens von Anteilnahme und einem tiefgehenden Verständnis der Verbundenheit aller Phänomene untereinander verstanden wurde.

Die alte Kultur spiegelte die menschlichen Grundbedürfnisse wider, respektierte aber die natürlichen Grenzen. Und das funktionierte. Es ging der Natur dabei gut, und es ging den Menschen gut. Die verschiedenartigen untereinander verbundenen Beziehungen des alten Systems verstärkten sich gegenseitig und förderten Harmonie und Stabilität. Vor allem aber habe ich, nachdem ich die Veränderungen meiner Freunde während der letzten sechzehn Jahre beobachtet habe, keinen Zweifel, daß die Bindungen und Verantwortlichkeiten der traditionellen Gesellschaft eben keine Last sind, sondern ein tiefes Sicherheitsgefühl vermitteln, das wohl die Grundvoraussetzung für Frieden und innere Zufriedenheit ist. Ich bin überzeugt, daß die Menschen vor der „Entwicklung" bedeutend glücklicher waren, als sie es heute sind. Und welche Kriterien könnten wichtiger sein: in sozialer Hinsicht das Wohlbefinden der Menschen, in bezug auf die Umwelt die Dauerhaftigkeit, Nachhaltigkeit und Zukunftsfähigkeit.

Wenn es nach diesen Kriterien beurteilt wird, kommt das neue Ladakh sehr schlecht weg. Die moderne Kultur produziert einen ganzen Reigen von Umweltproblemen, die zu irreversiblem Niedergang führen, wenn sie nicht behoben werden; soziologisch gesehen führt sie zum Zusammenbruch der Gemeinschaft und der Aushöhlung persönlicher Identität.

Immer wieder habe ich erlebt, daß Menschen aus dem Westen nichtwestliche Kulturen als unterlegen bewerten: sie neigen dazu, sie eher mit Idealen als mit einer tatsächlich existierenden Gesellschaft zu vergleichen. Zum Beispiel vergleichen Anthropologen Klassenunterschiede im traditionellen Ladakh mit einem Ideal vollkommener Gleichheit. Sie vergessen dabei, daß in ihrer eigenen Gesellschaft der Graben zwischen Arm und Reich viel größer ist als in Ladakh. Der Westen vergleicht unausgesprochen traditionelle Kulturen mit einem Ideal, das „Entwicklung" verspricht, und ignoriert die Wirklichkeit dessen, was „Entwicklung" den Gesellschaften rund um den Planeten beschert hat.

Bei meinen Vorträgen in Europa und Nordamerika stellen mir die Zuhörer/-innen oft die gleichen Fragen. Angesichts der Fotos, die das offene, unbefangene Lächeln der Ladakhis und der Schönheit der traditionellen Kunst, Architektur und Landschaft zeigen, sagen sie, wenn sie dann die Gewöhnlichkeit und die spirituelle Armut in den modernisierten Gebieten sehen: „Wie können die Ladakhis nur ihre traditionellen Lebensformen aufgeben wollen? Sie müssen den Wandel doch wohl wünschen, es muß irgendeinen Mangel in der traditionellen Kultur gegeben haben, so daß sie sich wünschen, sie aufzugeben. Es kann einfach nicht so gut gewesen sein!"

Man kann die Menschen verstehen, die so etwas sagen. Hätte ich nicht schon im ersten Jahr die Sprache fließend gesprochen, hätte ich nicht das Glück gehabt, nah mit den Ladakhis zusammengelebt zu haben, bevor die moderne Welt in ihr Bewußtsein trat, würde ich beinahe mit Sicherheit genauso gedacht haben. Aber die Ladakhis, mit denen ich lebte, waren zufrieden; sie litten nicht an ihrem Leben; ich erinnere mich, wie es sie schockierte, als ich ihnen erzählte, daß in meinem Land viele so unglücklich seien, daß sie deswegen zum Arzt gehen müßten. Sie starrten mich mit ungläubig offenstehendem Mund an. Von ihren Erfahrungen her war es für sie unvorstellbar. Das Gefühl tiefwurzelnder Zufriedenheit war für sie ganz selbstverständlich.

Wären die Ladakhis darauf aus gewesen, eine andere Kultur anzunehmen, hätten sie das leicht tun können. Leh war jahrhundertelang ein Zentrum des transasiatischen Handels gewesen. Die Ladakhis selber reisten sowohl als Pilger wie als Händler und waren dadurch einer Vielfalt fremder Einflüsse ausgesetzt. Viele Beispiele zeigen, daß sie Äußerungen und Praktiken anderer Kulturen absorbierten und sie benutzten, um ihre eigene zu bereichern. Aber es kam nie in Frage, eine andere Kultur ganz und gar

Kann die natürliche Lebensfreude der Ladakhis dem Druck der Modernisierung standhalten?

zu übernehmen. Wenn etwa jemand von China nach Leh kam, hatte das nicht zur Folge, daß die Jungen plötzlich alle chinesische Hüte tragen, chinesisches Essen essen und chinesisch sprechen wollten.

Wie ich zu zeigen versucht habe, sind der Druck und die Zwänge, die zum kulturellen Zusammenbruch führen, vielfältig und verschiedenartig. Aber das Wichtigste ist dabei, daß die Menschen keinen Überblick haben und haben können über das, was mit ihnen geschieht, da sie nämlich selbst mitten drin im Entwicklungsprozeß sind. Modernisierung wird nicht als Bedrohung der Kultur erlebt. Die einzelnen Veränderungen kommen gewöhnlich als eindeutige „Verbesserungen" daher. Es ist ihnen nicht möglich, die negativen Langzeitfolgen vorauszusehen, und sie haben so gut wie keine Informationen über die Auswirkungen, die Entwicklung in anderen Teilen der Welt gehabt hat. Nur im Rückblick werden einige zerstörerische Wirkungen sichtbar.

Ein beim kulturellen Zusammenbruch gleichfalls wichtiger Faktor ist das Gefühl der Unterlegenheit, das durch die Begegnung mit der modernen Welt entsteht. Früher konnten sich die Ladakhis selbst erhalten, und das nicht nur materiell, sondern auch psychologisch. Niemand empfand den Wunsch einer Entwicklung, die man später als „Bedürfnis" ansah. Wiederholt geschah es, daß die Menschen, die ich über die heraufkommenden Veränderungen befragte, kein großes Interesse daran zeigten, „modernisiert" zu werden; manchmal kam es ihnen sogar verdächtig vor. Wenn in entlegenen Gegenden eine Straße gebaut werden sollte, hatten die Menschen bestenfalls ambivalente Gefühle. Dasselbe traf auch auf die Elektrizität zu. Ich erinnere mich genau, wie 1975 eine Gruppe von Dorfbewohnern in Stagmo Witze machte und über all den Wirbel lachte, der um das elektrische Licht, das in die benachbarten Dörfer kommen sollte, gemacht wurde. Sie hielten es für einen Scherz, derart viel Geld und Anstrengung in etwas zu stecken, das in ihren Augen ein nur lächerlicher Gewinn war. „Ist es all diesen Umstand wert, dies Ding von der Decke baumeln zu haben?" Als ich vor zwei Jahren in dasselbe Dorf kam, um den Dorfrat zu treffen, war das erste, was ich zu hören bekam: „Wieso machst du dir überhaupt die Mühe, in unser zurückgebliebenes Dorf zu kommen, wo wir noch im Dunkeln leben?" Sie sagten es spaßhaft, aber es war ganz klar, daß sie sich schämten, immer noch keine Elektrizität zu haben.

Bevor ihr Gefühl der Selbstachtung und des Selbstwertes erschüttert worden war, brauchten die Menschen keine Elektrizität, um zu beweisen, daß sie zivilisiert seien. Aber innerhalb kürzester Zeit wurde die Selbstachtung der Menschen durch die Kräfte der „Entwicklung" so angeschlagen, daß nicht nur Elektrizität, sondern auch Punjabreis und Plastik zu notwendigen Bedürfnissen geworden sind. Ich habe erlebt, daß Menschen voller Stolz Armbanduhren trugen, die sie gar nicht lesen konnten und überhaupt nicht brauchten. Sowie der Wunsch wächst, modern zu erscheinen, lehnen die Menschen ihre eigene Kultur ab. Nicht einmal die traditionellen Nahrungsmittel sind noch eine Quelle des Stolzes. Wenn ich heute als Gast in ein Dorf komme, entschuldigen sich die Leute dafür, daß sie mir Ngamphe statt Schnellkochnudeln anbieten.

In diesem Prozeß beginnen die Ladakhis, ihre Vergangenheit anders wahrzunehmen. In der ersten Zeit erzählten mir die Menschen, daß es in Ladakh niemals Hunger gegeben habe. Immer wieder hörte ich den Ausdruck *„tungbos zabos"*, „genug zu trinken, genug zu essen". Besonders in den modernisierten Gebieten kann man die Leute jetzt sagen hören: „Entwicklung ist ganz wesentlich; in der Vergangenheit sind wir nicht zurechtgekommen, wir hatten nicht genug."

Aus den Gründen, die ich zu umreißen versucht habe, halten die meisten Ladakhis Entwicklung heute für notwendig. Und obwohl die traditionelle Gesellschaft im Vergleich mit der neuen so gut abschneidet, war sie selbstverständlich nicht vollkommen; natürlich gibt es Raum für Verbesserungen.

Aber muß Entwicklung Zerstörung bedeuten? Ich glaube das nicht. Ich bin überzeugt, daß die Ladakhis ihren Lebensstandard verbessern könnten, ohne das soziale und ökologische Gleichgewicht zu opfern, das sie jahrhundertelang genossen haben. Um das aber zu tun, müßten sie auf ihren eigenen alten überlieferten Grundlagen aufbauen, statt sie wegzureißen, so wie es bei der konventionellen Entwicklung geschieht.

SECHZEHNTES KAPITEL

DER STREICH, DEN ENTWICKLUNG SPIELT

Wenn sich Ladakh je entwickeln soll, müssen wir herauskriegen, wie wir diese Menschen gieriger machen können, anders kann man sie einfach nicht motivieren.
(Entwicklungsbeamter in Ladakh 1981)

Als ich damals in Ladakh ankam, war ich überrascht, überhaupt keine Gier vorzufinden. Wie es jener Entwicklungsbeamte richtig beobachtet hatte, waren die Menschen nicht besonders daran interessiert, ihre Freizeit oder ihr Vergnügen einfach um eines materiellen Gewinns willen zu opfern. In jenen frühen Tagen waren die Touristen fassungslos, wenn die Menschen ihnen nichts verkaufen wollten, gleich wieviel Geld sie dafür boten. Nach etlichen Jahren Entwicklung ist heute das „Geldmachen" zur Hauptbeschäftigung geworden. Neue Bedürfnisse sind geschaffen worden.

Die Boten der Entwicklung – Touristen, Anzeigen und Filme – haben den Ladakhis unausgesprochen vermittelt, daß ihre traditionellen Praktiken zurückgeblieben sind und daß die moderne Wissenschaft ihnen dazu verhelfen wird, ihre natürlichen Ressourcen so zu strecken, daß sie immer mehr produzieren können. Entwicklung stimuliert Unzufriedenheit und Gier; und dadurch zerstört sie eine Wirtschaftsform, die über mehr als tausend Jahre die Bedürfnisse der Menschen befriedigt hat. Ursprünglich hatten die Ladakhis die Ressourcen ihrer unmittelbaren Umgebung mit bemerkenswertem Einfallsreichtum und Geschick genutzt und es geschafft, in relativer Behaglichkeit und beneidenswerter Sicherheit zu leben. Sie waren zufrieden mit dem, was sie hatten. Aber heute ist es nie genug, was immer sie auch haben.

In den grob gerechnet sechzehn Jahren, die seit den ersten Entwicklungsschritten vergangen sind, habe ich beobachtet, wie sich der Graben zwischen Armen und Reichen verbreiterte, wie Frauen ihr Selbstbewußtsein und ihre Stärke verloren, wie Arbeitslosigkeit und Inflation aufkamen und die Kriminalität dramatisch anstieg. Ich sah die Geburtenraten klettern, was durch eine Vielfalt wirtschaftlicher und psychologischer Zwänge verursacht wurde; ich beobachtete, wie Familien und Gemeinschaften auseinanderfielen und wie die Menschen von ihrem Land getrennt wurden, weil Selbsterhaltung allmählich durch Abhängigkeit von der Außenwelt ersetzt wird.

Als ich sah, daß ein Messingtopf durch einen rosafarbenen Plastikeimer ersetzt worden war oder daß Yakhaarschuhe wegen ein Paar billiger moderner weggeworfen wurden, war meine erste Reaktion Entsetzen. Aber schon bald verbot ich mir, meine ästhetischen Vorlieben aufzudrängen oder den Leuten vorschreiben zu wollen, was gut für sie sei. Das Eindringen der modernen Welt mochte häßlich oder unangemessen erscheinen, aber es brachte natürlich materielle Vorteile. Erst nach mehreren Jahren war ich in der Lage, diese Einzelbeispiele zusammenzufügen und als Aspekte eines einzigen Prozesses zu erkennen: die systematische Demontage der Ladakhikultur. Ich begann die geringfügigeren Veränderungen im Alltagsleben – ein Paar Schuhe hier, ein neues Haus dort – als Teil der umfassenden ökonomischen Abhängigkeiten, einer Ablehnung der eigenen Kultur und Verachtung der Umwelt zu sehen.

Als mir diese Zusammenhänge klarer wurden, wurde ich mißtrauisch gegenüber dem, was man „Entwicklung" nennt. Dieser Prozeß geplanter Veränderung, von dem man erwartete, daß er den Lebensstandard durch technischen Fortschritt und wirtschaftliches Wachstum erhöhen würde, schien mehr Schaden als Gutes zu tun. Ich erkannte, daß die Erzeugung von Gier ein Teil eines ganzen Pakets viel weiter reichender Veränderungen war. Die Entwicklung von Ladakh machte – wie überall sonst auf der Welt – eine massive und systematische Umstrukturierung der Gesellschaft notwendig, die riesige und fortgesetzte Investitionen in „Infrastrukturen" zur Voraussetzung hatten: Gepflasterte Straßen, ein Krankenhaus nach westlichem Muster, Schulen, eine Radiostation, einen Flughafen und vor allen Dingen Kraftwerke. Dazu waren nicht nur unermeßliche Geldsummen erforderlich, sondern auch die Massierung von Arbeitskraft und Bürokratie. In keinem Stadium wurde auch nur die Frage gestellt, ob das Ergebnis dieser gewaltigen Anstrengungen tatsächlich eine Verbesserung gegenüber früher bedeutete. Es war so, als ob man bei Null anfangen würde, als ob es vor der „Entwicklung" überhaupt keine Infrastruktur in Ladakh gegeben hätte. Es war, als habe es weder eine medizinische Versorgung, Erziehung noch Kommunikation, noch Verkehr oder Handel gegeben. Das dichte Netz von Straßen, Wegen und Handelsrouten, das riesige und kunstvolle Netzwerk der Bewässerungskanäle, das über Jahrhunderte instand gehalten worden war: all diese Zeichen einer lebendigen, intakten Kultur und Wirtschaft wurden so behandelt, als existierten sie gar nicht. Ladakh wurde nach westlichen Richtlinien neu erbaut – in Asphalt, Beton und Stahl.

Als eine der letzten überlebenden und bis zum heutigen Tag intakten selbstversorgenden Gesellschaften war Ladakh ein einzigartiger Beobachtungspunkt, von dem aus man den ganzen Vorgang von „Entwicklung" sehen konnte. Der Zusammenprall mit der modernen Welt war außergewöhnlich plötzlich und dramatisch. Und doch ist die grundlegende Umwandlung, die es jetzt durchmacht, alles andere als einzigartig; von einem derartigen Prozeß bleibt kein Winkel der Welt verschont.

Wenn ich nun zwischen den Veränderungen in Ladakh und ähnlichen Mustern anderswo Verbindungen herstelle, kann es nicht ausbleiben, daß ich einige grobe Verallgemeinerungen machen werde. Ich werde mich dafür nicht entschuldigen, denn der Modernisierungsprozeß, den ich beschreibe, ist in sich selbst eine einzige riesige Verallgemeinerung, der an die Stelle regionaler ökonomischer Vielfalt und Selbständigkeit eine einzige Monokultur mit einem einzigen Wirtschaftssystem setzt.

Entwicklung arbeitet von der Grundannahme aus, daß die Einführung von Bargeld unter allen Umständen eine Verbesserung ist. Je mehr Geld, desto besser. Aber während das für Gebiete zutreffen mag, die von dieser ökonomischen Hauptrichtung abhängig sind, ist es mit Sicherheit nicht richtig für die Millionen Menschen, die in einer selbsterhaltenden Wirtschaftsform leben oder ihr angeschlossen sind, das heißt in einer geldfreien Ökonomie auf der Grundlage heimischer Ressourcen leben. Für diejenigen Menschen, die in der Lage sind, ihre eigene Nahrung, Kleidung und Unterkunft zu produzieren, ist es ein einschneidender Verlust an Lebensqualität, ihre eigene Kultur einzubüßen und Unabhängigkeit gegen ein instabiles Einkommen einzutauschen.

Moderne Häuser: der neue Maßstab für Ladakh.

Die Situation in Ladakh und dem benachbarten Himalaya-Königreich Bhutan illustriert aufs lebendigste, wie kurz eine Definition greift, die menschliches Wohlergehen nach Einkommensziffern bemißt. In beiden Fällen ist der Lebensstandard – verglichen mit anderen Drittweltländern – ziemlich hoch. Die Menschen sorgen für ihre eigenen Grundbedürfnisse und haben daneben immer noch bedeutend mehr Zeit für Kunst, Musik, Familie, Freunde, Freizeitbeschäftigungen als die Menschen im Westen. Und dennoch beschreibt die Weltbank Bhutan als eines der ärmsten Länder der Welt. Weil sein Bruttosozialprodukt gegen Null tendiert, rangiert das Land am untersten Ende der internationalen ökonomischen Rangordnung. Das wirkt sich so aus, daß kein Unterschied gemacht wird zwischen einem Obdachlosen in den Straßen von New York und einem Bauern in Ladakh. In beiden Fällen mag keinerlei Einkommen vorhanden sein, aber die Wirklichkeiten hinter der Statistik sind voneinander so verschieden wie Tag und Nacht.

Ob nun in entlegenen Gegenden mit Subsistenzwirtschaft oder im Herzen der industrialisierten Welt – irgend etwas stimmt jedenfalls nicht mit einer Nationalökonomie, die das Bruttosozialprodukt als den vorrangigen Maßstab sozialen Wohlstandes ansieht. So betrachtet bedeutete das, daß jedes Mal, wenn Geld den Besitzer wechselt, ob beim Verkauf von Tomaten oder infolge eines Autounfalls, wir das dem Bruttosozialprodukt zuschlagen und uns „reicher" nennen!

Darum werden auch Projekte, die das Bruttosozialprodukt steigen lassen, selbst dann durchgeführt, wenn sie sich negativ für die Umwelt oder Gesellschaft auswirken. Eine Staatsbilanz kann beispielsweise besser aussehen, wenn alle Wälder gerade eben abgeholzt worden sind, weil Holz Geld bringt. Und ebenso tragen Erscheinungen wie steigende Kriminalität (bei der die Menschen dann neue Stereoanlagen oder Videogeräte kaufen, um die gestohlenen zu ersetzen) oder die Unterbringung alter oder gebrechlicher Menschen in kostspieligen Einrichtungen oder die Hilfe bei emotionalen oder streßverursachten Problemen oder der Mineralwasserverbrauch, der wegen der Wasserbelastung so stark gestiegen ist, alle zum Ansteigen des Bruttosozialprodukts bei und werden deshalb folgerichtig als ökonomisches Wachstum vermerkt.

Die Situation ist vollkommen absurd geworden: Für die Wirtschaft ist es besser, statt die im eigenen Garten gewachsenen Kartoffeln zu essen, Kartoffeln zu kaufen, die am entgegengesetzten Ende des Landes gewachsen sind, pulverisiert, gefriergetrocknet und zu kräftigfarbenen Kartoffelbällchen verarbeitet werden. Konsum dieser Art bedeutet natürlich mehr Transport, mehr Verbrauch fossilen Brennmaterials, mehr Umweltverschmutzung, mehr chemische Zusätze und Konservierungsmittel und die stärkere Trennung von Erzeuger und Verbraucher. Aber es bedeutet gleichzeitig, daß das Bruttosozialprodukt ständig wächst, und wird aus diesem Grunde gefördert.

Diese eindimensionale Sicht von Fortschritt, die in großem Umfang von Wirtschaftswissenschaftlern und Entwicklungsexperten befürwortet wird, unterstützt die Verschleierung des negativen Einflusses des Wirtschaftswachstums. Und vor allem hat es uns blind gemacht für den Wert einheimischer Subsistenzwirtschaften. Das hat zu einer ernsten Mißdeutung der Situation der Mehrheit der Menschheit auf dieser Erde geführt, der Millionen Menschen in den ländlichen Gegenden dieser Erde. Es hat die Tatsache übersehen lassen, daß Entwicklungsprogramme alles andere als dem Vorteil der Menschen gedient haben, sondern in vielen Fällen nur dazu geführt haben, ihren tatsächlichen Lebensstandard zu senken.

Bauern, die früher eine Vielzahl von Feldfrüchten anbauten und einige wenige Tiere hielten, um sich selbst zu versorgen, werden nun direkt oder durch die lokalen Institutionen ermutigt, eine einzige verkaufssichere Frucht für irgendeinen fremden Markt anzubauen. Dadurch werden sie von Kräften außerhalb ihrer Kontrolle abhängig – von riesigen Transportnetzwerken, den Ölpreisen und dem Auf und Ab des internationalen Finanzwesens. Im Lauf der Zeit zwingt Inflation sie dazu, immer mehr und mehr anzubauen, um ihr Einkommen zu sichern, das sie jetzt brauchen, um das einzukaufen, was sie früher selbst für sich anbauten.

Da in der Geldwirtschaft auch noch das allerspärlichste Bareinkommen als Verbesserung angesehen wird, wird diese Anbauweise und die daraus resultierende Zunahme von Handel und Verkehr einstimmig als vorteilhaft bezeichnet. In Wirklichkeit aber führt die konventionelle Entwicklung oft zu Armut, weil ländliche Bevölkerungsgruppen in die städtischen Slums gelockt werden. In zunehmendem Maße werden Menschen in ein Wirtschaftssystem gesperrt, das die Ressourcen von der Peripherie zu den Zentren pumpt: von den nichtindustrialisierten zu den industrialisierten Teilen der Welt, vom Lande in die Stadt, von den Armen zu den Reichen. Oft kommen diese Ressourcen als Wirtschaftsgüter, verpackt, verarbeitet und zu einem Preis, den die Armen nicht mehr aufbringen können, am Ende wieder da an, wo sie ursprünglich herkamen.

Derselbe Vorgang bringt es mit sich, daß Entwicklungsgelder großzügig in gigantische Projekte fließen, mit dem Ziel, die Transaktionen auf dem Markt zu steigern. Stillschweigend und ohne vorhergehende öffentliche Debatte werden Milliarden von Dollar in den Bau von Straßen, Dämmen und Düngemittelfabriken gesteckt, die alle dazu dienen, die Abhängigkeit von zentralisierten Systemen und steigendem Energieverbrauch durchzusetzen. Umgekehrt wird sofort die Frage gestellt: „Können das die Leute überhaupt bezahlen?", wenn es um Projekte angepaßter Technologie geht, die wirkliche Selbständigkeit ermöglichen: Wasserkrafteinrichtungen im Dorfmaßstab, Solaröfen und Warmwasserbereiter für den Haushalt. Atomreaktoren und große Dämme werden kräftig subventioniert, während Technologien, die in kleineren Maßstäben und auf der Grundlage erneuerbarer Energien vorgehen, keine nennenswerte Unterstützung von den großen Institutionen erhalten. Einer der größten Skandale von „Entwicklung" ist es, daß trotz der gewaltigen Potentiale es auch keinem einzigen Entwicklungsland der Welt gelungen ist, den Bau dezentralisierter kleiner Solarenergiestationen in mehr als symbolischem Umfang durchzusetzen.

Überall auf der Welt hat der Prozeß der Entwicklung unabhängige Wirtschaftsformen im allgemeinen und kleinere Landwirtschaften im besonderen abgeschafft oder zur Bedeutungslosigkeit verurteilt. In der industrialisierten Welt sind 90 Prozent der Bevölkerung von der Landwirtschaft abgezogen worden. Nun geschieht dasselbe in der Dritten Welt, nur viel schneller, weil die ländliche Selbsterhaltung fortschreitend erodiert.

Dieselben Kräfte, die die Bauern vom Land verstoßen, versuchen sie durch immer kapital- und energieintensivere Methoden industrialisierter Landwirtschaft zu ersetzen. Man geht davon aus, daß dieser Umschwung von Landwirtschaft zu Land-Industrie nötig sei, um die Erträge zu steigern, und daß gesteigerte Erträge wiederum nötig wären, um die wachsende Weltbevölkerung zu ernähren. Es hat sich aber erwiesen, daß industrialisierte Landwirtschaft nicht dauerhaft durchzuführen ist, denn sie ist weder nachhaltig noch zukunftsfähig. Ihre Düngemittel und Pestizide verschmutzen das Wasser und zerstören den Boden, und nach anfänglichem Anstieg gehen die Erträge wieder zurück. Darüber hinaus macht Monokultur die Ernten überaus anfällig für die Vernichtung durch nur eine einzige Schädlingsart, während chemische Pestizide nachweislich natürliche Systeme der Schädlingsbekämpfung zerstört haben. Bauern aus Ladakh, die man überredet hatte, Pestizide einzusetzen, berichteten von einer starken Zunahme an Schädlingen!

Industrialisierte Landwirtschaft beseitigt heute die Palette der verschiedensten Saatgüter, die für die spezifischen Gegenden jeweils typisch waren, und ersetzt sie durch standardisierte Arten. Multinationale Konzerne und große petrochemische Gesellschaften enteignen Saatgut, besonders aus der Dritten Welt, und verwenden dessen genetische Informationen, die Millionen von Anpassungen an lokale Gegebenheiten beinhalten, um Hybride zu erzeugen. Diese verkauft man dann zusammen mit den Düngemitteln und Pestiziden, die nun nötig sind, zurück an die Bauern. Diese Kreuzungen sind meist nicht regenerationsfähig und drängen die Bauern in einen Kreislauf der Abhängigkeiten, in dem sie neues Saatgut und chemische Zusatzprodukte von denen, die sie besitzen und kontrollieren, kaufen müssen.

So wie sich die Logik der industrialisierten Landwirtschaft darstellt, sieht sie zunehmend düster aus. Mit der biogenetischen Revolution – der Transplantation erwünschter Erbanlagen von einem Organismus in einen anderen – begegnen wir einer wissenschaftlichen Manipulation gewaltigen Ausmaßes. Wenn die Natur den Bedürfnissen der Industrie angepaßt wird, führt das zu vermehrter Standardisierung und Uniformität und dadurch zu größerer Anfälligkeit.

Das Schwergewicht liegt dabei nicht auf dem Wohlergehen des Menschen, sondern auf dem kommerziellen Gewinn. Obwohl ein großer Teil der Forschungen mit öffentlichen Geldern durchgeführt wird, wird diese Technologie von transnationalen Korporationen kontrolliert, die nun in der Lage sind, pflanzliche, tierische und sogar menschliche Gene zu manipulieren und in Produkte zu verwandeln, die patentiert und verkauft werden können.

Natürlich haben die Menschen vom Beginn der Landwirtschaft

an auf die eine oder andere Weise Kreuzungen entwickelt. Das Dzo in Ladakh ist solch eine Kreuzung, die gut an die Umgebung angepaßt ist. Der Unterschied zu der heutigen Gentechnologie besteht darin, daß die dabei entwickelten Züchtungen in keiner Relation zu den örtlichen Ökosystemen stehen. Und schlimmer, die genetische Grundlage des Lebens wird manipuliert, ohne daß man irgendwelche klare Vorstellungen über die Langzeitfolgen hat. Wir wissen aber durchaus schon, daß diese Technologien die Verschiedenheit zum Verschwinden bringen und das Netz biologischer gegenseitiger Abhängigkeiten auflösen.

Die Produkte der Biotechnologie versprechen, besser als die Natur zu sein: resistent gegenüber Schädlingen, Dürreperioden und dazu hoch ertragreich. Aber wie viele Jahre wird der patentierte Mais größer und leuchtender gelb sein? Und wie lange soll der ausgelaugte Boden das aushalten? Menschen, deren Glaube an Wissenschaft und Technologie unbegrenzt ist, beunruhigt das nicht. Als ich vor ein paar Jahren meine Besorgnis wegen der Bodenerosion gegenüber einem leitenden Manager einer Ölgesellschaft äußerte, erwiderte er: „Machen Sie sich keine Sorgen; wir arbeiten gerade an neuen Züchtungen. Wir werden in der Zukunft gar keinen Boden mehr brauchen."

Durch solch untertänigen Glauben an den wissenschaftlichen Fortschritt werden unsere Visionen immer enger und spezialisierter, während die Manipulationen der natürlichen Welt immer massiver eingreifen. Nicht einmal die fähigsten Wissenschaftler können die Folgen dieser Manipulationen voraussagen, wenn sie sich im Gesamtlebensgefüge ausbreiten. Aber statt vorsichtiger zu werden, lassen wir zu, daß die Zeitspanne zwischen wissenschaftlicher Entdeckung und Vermarktung beinahe zu einem Nichts zusammengeschrumpft ist.

Es ist ja nicht so, daß wissenschaftlicher Forschung kein Raum mehr zugestanden werden sollte oder daß Technologie nicht hilfreich sein könnte. Doch Tatsache ist, daß beide sich eng mit Kurzzeitprofit und Zweckdenken verbunden haben und ihnen ein ungerechtfertigter Einfluß auf die Gestaltung unserer Gesellschaft gewährt wurde. Wir sind in Gefahr, Ethik und Werte vollkommen aus dem Auge zu verlieren.

Bis jetzt habe ich die Begriffe „Entwicklung", „Modernisierung", „Verwestlichung" und „Industrialisierung" mehr oder weniger als Synonyme verwendet, um dasselbe Phänomen zu bezeichnen, die Auswirkungen eines einseitigen wirtschaftlichen Paradigmas mit ständiger wissenschaftlicher und technischer Innovation. Dieser Prozeß ist aus den vergangenen Jahrhunderten des europäischen Kolonialismus und der industriellen Expansion hervorgegangen. Dadurch wurde unsere vielgestaltige Welt in ein zunehmend uniformes Wirtschaftssystem umgeformt, das noch dazu von den Machtinteressen der Industrienationen, der multinationalen Konzerne und der Eliten der Dritten Welt beherrscht wird.

Die herkömmliche Entwicklung verspricht, daß die „unterentwickelten" Länder nur in die Fußstapfen der „entwickelten" Länder zu treten brauchten, um ebenfalls reich zu werden und bequem zu leben. Armut würde der Vergangenheit angehören, und die Probleme von Überbevölkerung und Umweltverschmutzung würden gelöst werden.

Diese Argumentation, die auf den ersten Blick vernünftig erscheinen mag, enthält in sich einen Fehler, wenn nicht gar eine grundsätzliche Täuschung. Die entwickelten Nationen verbrauchen nämlich wesentliche Ressourcen auf solche Weise und in solchem Ausmaß, daß die unterentwickelten Regionen der Welt gar nicht „in ihre Fußstapfen" treten können! Wenn ein Drittel der Weltbevölkerung zwei Drittel der Weltressourcen verbraucht, und sich dann diese Menschen hinstellen und den andern sagen, sie sollten es doch genauso machen, dann ist das schon fast so etwas wie ein fauler Trick. Entwicklung ist zu oft die euphemistische Umschreibung von Ausbeutung und eine neue Form des Kolonialismus. Die Kräfte der Entwicklung und Modernisierung haben die meisten Menschen von ihrer gesicherten Selbstgenügsamkeit entfernt und sie dazu gebracht, einer Illusion nachzujagen, um schließlich doch nur eine Bauchlandung zu machen und am Ende materiell verarmt und psychologisch orientierungslos dazustehen. Die Mehrzahl ist zu Slumbewohnern geworden, haben ihr Land und die heimische Wirtschaftsweise verlassen, um im Schatten eines Traumes von städtischer Lebensweise zu enden, der niemals verwirklicht werden kann.

Wie kommt es, daß dieser Trick immer noch funktioniert? Es ist noch leicht zu verstehen, daß konventionelle Entwicklung für die Menschen in Ladakh attraktiv schien, denn sie scheint keine sichtbaren Kosten zu verursachen und enorme Vorteile zu bieten. Sie konnten ja nicht voraussehen, daß zum Beispiel ihre Beziehung zu ihren Großeltern sich verändern wird, weil sie mehr Geld oder ein Auto haben. Aber wieso halten wir übrigen, die wir die Auswirkungen der Entwicklung überall auf der Welt gesehen haben, weiterhin den Mythos am Leben, daß alle einmal den „Amerikanischen Traum" werden leben können? Bis zu einem gewissen Grade zumindest ist die Antwort in persönlichen Interessen zu suchen. Mitglieder der Drittwelt-Elite sahnen von den Entwicklungsgeldern ab, und das vorrangige Ziel der Industrienationen ist es, Märkte für ihr Know-how und ihre Produkte zu schaffen.

Aber es spricht noch mehr mit. Schließlich ist Entwicklung nicht ausschließlich in den Händen von Menschen mit engen, selbstsüchtigen Motiven. Viele professionelle Entwicklungshelfer würden wahrhaftig gern eine gerechtere und umweltfreundlichere Art der Entwicklung sehen. Und doch bewegt sich Entwicklung heute im wesentlichen in dieselbe Richtung wie schon immer. Während „Selbsthilfe", „Selbständigkeit" und „Nachhaltigkeit und Zukunftsfähigkeit" recht modische Begriffe geworden sind, steigen Abhängigkeitsgrad und Schulden, und Geld wird weiterhin in Großprojekte geleitet, die soziologisch und im Hinblick auf die Umwelt zerstörerisch sind.

Entwicklungsplaner können nur so lange so tun, als ob irgendwann einmal alle wie New Yorker leben könnten, wie sie die Begrenztheit natürlicher Ressourcen leugnen. Es hat darüber lange Debatten zwischen Wirtschaftswissenschaftlern und Umweltfachleuten gegeben. Wirtschaftsexperten und Technikoptimisten nehmen an, daß wir aus jedem Ressourcenengpaß einen Ausweg „erfinden" werden, daß die Wissenschaft schon irgendwie die Schätze der Erde ad infinitum wird strecken können. Solch eine Sichtweise leugnet die Tatsache, daß die natürliche Welt Grenzen hat, die jenseits unserer Macht liegen. Mit dem bequemen Argumentieren umgeht man die Notwendigkeit, sich über eine Neuverteilung der Güter Gedanken machen zu müssen. Eine veränderte Weltwirtschaftsform ist überflüssig, wenn man glaubt, daß es weiterhin immer mehr zu verteilen geben wird. Die Völker der Dritten Welt müssen nur geschult werden und in den Weltmarkt eintreten, um eines Tages ganz genauso wie ihre großen Brüder in den industrialisierten Ländern zu leben.

Diesem Denkmodell entsprechend sind Armut und Überbevölkerung die Hauptprobleme in der Welt heute, und wirtschaftliche Entwicklung wird als Problemlösung empfohlen. Diese Probleme sind tatsächlich zwar fundamental und ernst, nur sind sie zu einem großen Teil das Ergebnis von „Entwicklung". Die Verstädterung und Industrialisierung, die Entwicklung fördert, haben zusammen mit der Vernachlässigung der Landwirtschaft und des ländlichen Wirtschaftens Elend in einem massiven und so nie dagewesenen Ausmaß erzeugt. Meine Erfahrungen an Ladakh zeigen, daß eine Reihe wirtschaftlicher und psychologischer Zwänge Einfluß auf den Bevölkerungszuwachs haben, aber daß die Zerstörung der unmittelbaren Beziehung zu den heimischen Ressourcen den Hauptgrund bildet. Und in der Tat haben Demographen herausgefunden, daß erst *nach* der Berührung mit der modernen Welt die Bevölkerungsdichte drastisch zunimmt.

Die eskalierenden Umweltprobleme, die steigende Verschuldung in der Dritten Welt und der Hunger sollten als Indikatoren dafür erkannt werden, daß etwas mit dem gegenwärtigen Entwicklungsmodell nicht stimmen kann. Doch auch wenn über dieses Thema in den letzten Jahren ausführlich debattiert wurde, geht das alles nicht weit genug. Auf beinahe allen Ebenen, von multilateralen Einrichtungen bis zu kleinen Basisorganisationen, redet man inzwischen von einer Veränderung der Hauptplanungsrichtung hin auf Unterstützung umweltverträglicher und nachhaltige Projekte. Aber vielleicht weil Entwicklung gar nicht als der umfassende systemische Prozeß verstanden wird, der er in Wirklichkeit ist, werden viele der zerstörerischen Folgen immer noch als „Nebenwirkungen" abgetan oder irgendwie dem natürlichen Stand der Dinge zugeschrieben. Der Großteil der Literatur über eine nachhaltige Entwicklung (sustainable development) greift die zugrundeliegenden Ursachen hinter der soziologischen und ökologischen Zerstörung nicht direkt an.

Sogar kleine, idealistische Organisationen neigen dazu, die Probleme an der Wurzel zu ignorieren, und ziehen mehr und mehr Menschen in die Abhängigkeit vom Weltmarkt, statt vor Ort Vielfalt zu unterstützen und zu echter Selbständigkeit zu verhelfen. Und ebenso wichtig ist dies: Diese Organisationen stellen das gegenwärtige Erziehungssystem nicht in Frage und zeigen damit, daß sie nicht begriffen haben, wie notwendig die Richtung der Entwicklung vom Ansatz her verändert werden muß. Die Mehrzahl unterstützt immer noch aktiv eine Erziehung und Ausbildung, die die Menschen zu verwestlichten städtischen Konsumenten abrichtet.

Und ähnlich neigen sogar jene Gruppen, die mit angepaßter Technologie auf der Basis erneuerbarer Energie arbeiten, dazu zu sagen, daß diese Option nur für die ländlichen Gegenden geeignet ist und daß die „wirkliche", kräftig subventionierte Entwicklung Seite an Seite damit fortgesetzt werden müsse. Aus fast aller Literatur über angepaßte Technologie, die übrigens typischerweise irgendwelche Menschen neben ein paar Stücken verrosteten Metalls am Boden hockend zeigt, spricht diese Haltung. Darüber hinaus fördern die meisten Projekte mit angepaßter Technologie nur isolierte Technologien, das heißt Technologien, die den weiteren wirtschaftlichen und kulturellen Kontext außer acht lassen. Unter diesen Umständen ist angepaßte Technologie zum Scheitern verurteilt. Doch ohne daß sie in der richtigen Weise wieder aufgegriffen wird, gibt es keine Hoffnung auf so etwas wie dauerhafte ökologische und kulturelle Vielfalt. Statt dessen wird sich der niemals endende Kreislauf von Verschuldung und Abhängigkeit fortsetzen, bei dem die Entwicklungsländer um Devisen für „effiziente" High-Tech-Technologien wetteifern.

Die aus der eurozentrischen Wissenschaft hervorgegangene und von Abendländern und abendländischen Eliten durchgeführte Entwicklung ist auf dem besten Wege, die Vielfalt der Kulturen dieser Welt zu einer einzigen Monokultur zu reduzieren. Man geht von der Überzeugung aus, daß die Bedürfnisse überall die gleichen seien, daß alle die gleiche Art Nahrung brauchen, im selben Haustyp leben und genauso gekleidet sein müssen. Die gleichen Zementbauten, die gleichen Spielzeuge, die gleichen Filme und Fernsehprogramme setzen sich bis in die entlegensten Winkel der Welt durch. Sogar die Sprache wird homogenisiert, denn man muß Englisch lernen, um Teil dieser modernen Gemeinschaft zu werden.

Die Maßstäbe, die ursprünglich für Europäer entwickelt worden waren, werden jetzt überall angelegt. Beispielsweise werden universal dieselben Indikatoren zu Rate gezogen, die festlegen, wieviel ein Baby in einem bestimmten Alter wiegen sollte, was die Mindesttemperatur in einem Raum sein und woraus eine gesunde Ernährung bestehen sollte. Westliche Experten bezeichnen sowohl die Menschen wie die Tiere in Ladakh als „unterentwickelt", weil sie kleiner sind, als sie nach dem Weltstandard sein sollten! Der Grenzwert für Strahlung, ein Wert, der für junge europäische weiße Männer ermittelt worden ist, wird auf alle Menschen, unabhängig von Alter, Geschlecht oder Größe angewendet. Die eingeschränkte und spezialisierte Betrachtungsweise mancher Experten hindert sie daran, die weiten Auswirkungen ihrer Arbeit und die Unsensibilität ihrer universellen Antworten in bezug auf die verschiedenartigen Kulturen zu sehen. Als ein junger schwedischer Agrarwissenschaftler kürzlich auf einem Symposium gefragt wurde, welche Gemüsearten man in Afrika gegessen hatte, bevor wir dorthin unser Saatgut exportierten, antwortete er: „Sie hatten überhaupt keine, sie aßen Unkraut!" Für ihn verdienten die Pflanzen, die man dort aß, nicht den Rang von denen, die er „Gemüse" zu nennen gewohnt war!

Im Lauf meiner Jahre in Ladakh ist mir immer klarer geworden, daß die wachsenden Probleme viel mehr mit der modernen Industriekultur zu tun haben als mit einer plötzlichen Veränderung der Ladakhis selbst. Ich sehe nun, daß man nicht die „menschliche Natur" anklagen darf, wenn Ladakhi-Freunde habgierig und selbstsüchtig werden oder anfangen, Müll in bis dahin unvergiftete Flüsse zu werfen; die Wurzeln dieser Veränderungen liegen mehr bei dem technologischen und ökonomischen Druck, der die Menschen voneinander und dem Land trennt.

Diese direkte Erkenntnis half mir, auch den Druck der herkömmlichen Entwicklung in anderen Teilen der Welt deutlicher zu erkennen. All die verhängnisvollen Tendenzen, die in Leh auftauchten, als Ladakh sich modernisierte, haben direkte Parallelen in den Stadtzentren von ganz Indien. Die wunderschöne am Seeufer gelegene Stadt Srinagar wird heute von einer bedrohlichen Kommerzialisierung überschwemmt und durch Luft- und durch Wasservergiftung, soziale Unruhen und Unsicherheit gefährdet. In den letzten paar Jahren ist sie buchstäblich zum Schlachtfeld eines Separatistenkrieges gegen die indische Autorität geworden. Zur gleichen Zeit wird die Luft in Delhi von Jahr zu Jahr spürbar stärker verschmutzt. Die Verkehrsdichte nimmt exponentiell zu, und dasselbe gilt für die Hustenanfälle. Vorstädtische Betonwohnsiedlungen und verdreckte Industriekolosse blähen das Stadtgebilde auf, das einmal von einer Stadtmauer umgeben war. Das Wasser ist nicht mehr trinkbar, die Straßen sind nicht mehr sicher, der steigende Grad an Gewalttätigkeit und Frustration ist überall spürbar. Immer mehr Frauen werden von ihren Ehemännern geschlagen; Kriminalität und ethnische oder religiöse Konflikte sind zu chronischen Bedrängnissen geworden.

In den vierzig Jahren seit seiner Unabhängigkeit hat Indien ein konzertiertes Programm von industrieller Entwicklung durchgeführt. Während dieses relativ kurzen Zeitraums hat sich die Bevölkerung mehr als verdoppelt, und die Armut ist eskaliert. Der Druck der großen Anzahl und der Mißbrauch natürlicher Systeme haben den Zusammenbruch der Umwelt beschleunigt. Von der „Entwicklung" haben, wenn es hochkommt, 15 oder 20 Prozent der Inder profitiert, während die Mehrzahl verarmte und an den Rand gedrängt wurde.

Da ich jedes Jahr in den Westen zurückkehre, nahm ich immer deutlicher wahr, daß die Zwänge wirtschaftlicher und technologischer Veränderungen sich sogar auf unsere eigene Kultur und in ähnlicher Weise negativ auswirken. Auch wir werden „entwikkelt". Heute werden kleine Bauern, obwohl nur noch 2 bis 3 Prozent der Bevölkerung auf dem Lande leben, aus ihrer Lebensweise herausgedrängt; und obwohl die Industrialisierung die Familie zu kleinen Einheiten atomatisiert hat, hackt unsere Wirtschaft immer noch auf ihr herum. Technischer Fortschritt hört nicht auf, unser Leben zu beschleunigen und den Menschen gleichzeitig Zeit zu stehlen. Das Anwachsen des Handels und die immer größere Mobilität verstärken die Anonymität und den Zusammenbruch von Gemeinschaften. Im Westen werden diese Tendenzen als „Fortschritt" angepriesen, nicht als „Entwicklung". Aber sie stammen aus dem gleichen Prozeß der Industrialisierung, der unvermeidlich zu Zentralisierung, sozialem Niedergang und zu verschwenderischem Umgang mit den Ressourcen führt.

„Fortschritt" ist in vielen Teilen der Welt sehr weit gediehen! Wohin wir auch schauen, ist seine unerbittliche Logik am Werk – er ersetzt Menschen durch Maschinen, lokale Selbständigkeit durch Abhängigkeit vom Weltmarkt, Landstraßen durch Autobahnen in Wales und den kleinen Laden an der Ecke durch den Supermarkt in Deutschland. In diesem Licht betrachtet scheinen sogar die Unterschiede zwischen Kapitalismus und Kommunismus irrelevant. Beide sind aus derselben naturwissenschaftlichen Weltanschauung hervorgegangen, die den Menschen isoliert und an der Spitze der übrigen Schöpfungsordnung ansiedelt; beide gehen davon aus, daß es weiterhin möglich ist, die natürlichen Ressourcen ins Unendliche zu strecken; lediglich über die Art der Verteilung gibt es bedeutsame Meinungsverschiedenheiten.

Unabhängig von ihrer politischen Richtung sind die Regierungen in einem Wirtschaftssystem gefangen, das blüht, wenn der internationale Handel wächst. Dieser Handel wird kräftig subventioniert, vor allem, um Kommunikations- und Transportnetzwerk zu unterhalten und auszubauen. Schwedische Kekse und Neuseelandäpfel können es mit heimischen Produkten in Amerika oder Frankreich nur aufgrund eines energieintensiven Systems aufnehmen, das zudem nur mit versteckten Subventionen funktioniert und Umweltkosten ignoriert. Die Globalisierung der Wirtschaft kommt unter der Flagge der „freien Marktwirtschaft" daher und wird beinahe weltweit als Segen angesehen. Das schwedische Volk hört nur von den potentiellen Vorteilen eines Anschlusses an die Europäische Gemeinschaft, und ebenso stellt man Mexiko die Vorteile der Liberalisierung des Handels mit den USA ausschließlich als vorteilhaft dar. Als die Uruguay-Runde des G.A.T.T.-Abkommens (General Agreement on Tariff and

Trade) Publizität erhielt, spricht man von den positiven Auswirkungen für den internationalen Handel. Seine antidemokratischen und ungerechten Auswirkungen, die in der Übernahme massiver und so nie dagewesener Kontrolle durch mächtige multinationale Konzerne und in der weiteren Senkung des Lebensstandards von Drittweltländern innerhalb der Weltwirtschaft bestehen, bleiben im Verborgenen.

Es darf nicht verwundern, daß es so wenig Widerspruch gegen eine vereinigte Weltwirtschaft gibt und so wenig über seine sozialen und Umweltnachteile an die Öffentlichkeit dringt. Die Idee der Vereinigung besitzt als Symbol eine gewaltige Anziehungskraft: Die Ideale universaler Harmonie und Zusammenrükkens gehörten schon immer zum Inhalt aller großen Weltreligionen und spirituellen Traditionen und sind zum erhabensten Menschheitsziel geworden. „Ein Markt" läßt an Gemeinschaft und Zusammenarbeit denken, und das „Weltdorf" klingt nach einem Ort der Toleranz und gegenseitigen Austausches. Es gibt so gut wie keine Einsicht, daß wirtschaftliche Vereinheitlichung und technologische Gleichförmigkeit in Wahrheit Umweltzerstörung und den Auseinanderfall von Gemeinschaften verursachen. Statt die Menschen einander näher zu bringen, vermehrt heutige Wirtschaft Uneinigkeit und verbreitert den Graben zwischen Arm und Reich. Wir bewegen uns auf eine gewaltige Ballung und Zentralisierung politischer und wirtschaftlicher Macht zu. Nationale Regierungen geben immer mehr Kontrolle und Verantwortung an supranationale Institutionen wie die Europäische Gemeinschaft oder die Weltbank ab. Diese Organisationen entfernen sich jedoch immer mehr von den Menschen, die sie angeblich repräsentieren, und werden entsprechend unfähig, deren verschiedenartigen Interessen zu entsprechen.

Die politischen Veränderungen spiegeln also eine wirtschaftliche Zentralisierung wider, die multinationalen Korporationen zu erlauben droht, den Einfluß und die Macht der jeweiligen Regierungen zu übertreffen. Solche Tendenzen sind außerordentlich beunruhigend, weil diese Korporationen außerhalb demokratischer Kontrollen tätig sind. Gewerkschaften und Umweltgruppen sind keine ebenbürtigen Gegner: sie mögen jahrelang kämpfen, um etwa eine Gesetzgebung durchzubringen, die die Rechte der Arbeiter schützt oder ein bestimmtes chemisches Gift verbietet. Und dann müssen sie am Ende feststellen, daß die Gesellschaft die Herstellung in ein Land mit weniger strengen Bestimmungen verlegt. „Freier Markt" bedeutet für die multinationalen Konzerne: Freiheit von Einschränkungen bei ihrer Suche nach neuen Profitmöglichkeiten.

Heute wird die Weltwirtschaft durch den rücksichtslosen Drang nach mehr Ressourcenausbeutung, mehr technischen Innovationen, mehr Märkten und mehr Profit in Gang gehalten. Finanzielle und psychologische Zwänge stoßen die Menschen in den sich entwickelnden und den entwickelten Teilen der Welt gleichermaßen in die Haltung eines gedankenlosen Konsums. Das Motto heißt: „Wirtschaftswachstum zum größeren Wohl der Menschheit." Werbung und Medien sagen den Menschen, was sie machen müssen – ja sagen ihnen, wie sie *sein* müssen: modern, zivilisiert und reich.

Die Landbevölkerung der „Dritten Welt" erhält ein besonders verzerrtes Bild von modernem Leben – eines von Muße und Luxus, bei dem jeder schön und sauber ist. Sie sehen die schnellen Autos, die Mikrowellenherde und die Videogeräte. Sie sehen Menschen mit riesigen Geldsummen und hören von der Höhe ihrer phantastischen Gehälter. Entwicklung ist jetzt weltweit ein automatischer Prozeß. Selbst da, wo keine planmäßigen Programme durchgeführt werden, wird „Entwicklung" durch Bilder von modernem Leben am Laufen gehalten: Bilder, die keine der Nebeneffekte, wie Umweltschäden, psychischen Streß, Drogenabhängigkeit oder Obdachlosigkeit, zeigen. Menschen, denen man nur die eine Seite der Münze „Entwicklung" vorgeführt hat, bleiben anfällig und bereit für die Modernisierung.

SIEBZEHNTES KAPITEL

GEGENENTWICKLUNG

Wir greifen immer noch nach dem Himmel. In den entwickelten Ländern kommen die Leute schon wieder herunter und sagen: „Es ist leer, da oben."
(Gyelong Paldan bei einem Treffen in Sakti, 1990)

Als ich die Veränderungen in Ladakh beobachtete, machte ich mir klar, daß die Menschen über die Kräfte, die nun ihr Leben gestalteten, kaum informiert waren.

Als ich 1987 mit dem Chef der Landwirtschaftsabteilung in Ladakh über Umweltverschmutzung sprach, hatte er noch nie etwas vom Waldsterben in Europa gehört. Er war schockiert, als er hörte, daß beinahe die Hälfte aller Bäume in Deutschland vom sauren Regen krank oder tot sind.

Meine Freundin Yangskit hatte Tränen in den Augen, als sie zu mir sagte: „Ich habe gehört, daß man dort eine Menge Bomben hat. Wenn du wieder in dein Land kommst, sag ihnen doch, daß sie damit aufhören sollen. Bitte sage ihnen, daß wir keine haben wollen."

In Leh erzählte mir einmal ein Händler aus Kaschmir stolz: „Unser Gemüse ist viel besser als das hiesige. Wir verwenden bei unserem mindestens sieben verschiedene Chemikalien."

Vor einigen Jahren kam ein Ladakhi-Ingenieur zu mir und sagte ganz alarmiert: „Wir müssen aufhören, Treibhäuser zu bauen; sie verursachen offenbar schrecklichen Schaden. Es hat gerade ein großes internationales Treffen deswegen stattgefunden."

Es versteht sich von selbst, daß diese Beispiele offenkundiger Naivität kein Zeichen mangelnder Intelligenz sind; sie sind vielmehr das Ergebnis unzureichender Information über die Industriekultur. Woher sollte Yangskit genug über das Leben im Westen wissen, um zu verstehen, daß ich meine Gesellschaft nicht genauso beeinflussen konnte wie sie die ihre? Und warum sollte der Händler aus Kaschmir die Insektizide und Pestizide in Frage stellen, wenn man ihm nur von deren Vorteilen erzählt hatte?

Informationen über die Langzeitwirkungen von den verschiedensten Dingen, etwa der Trockenmilch für Babys oder der Abhängigkeit von fossilem Brennmaterial, erreichen gewöhnlich nicht die am wenigsten entwickelten Gegenden der Erde. Und die verführerischen Bilder von Medien und Werbung werden nicht von Warnungen vor Giftmüll, Bodenerosion, saurem Regen und Erwärmung der Erdatmosphäre begleitet.

Die Menschen in den Entwicklungsländern bekommen auch nicht mit, daß inzwischen viele einzelne in den Industrienationen nach Wegen suchen, um das Gleichgewicht mit der Erde wiederherzustellen. Sie hören nichts davon, daß Menschen, die in riesigen Großstädten zusammengepfercht und nach wirklicher Gemeinschaft und Begegnung mit der Natur gehungert haben, nun beginnen, die Grundannahmen hinter dem „Fortschritt" in Frage zu stellen. Sie hören nichts von den Nebenwirkungen, die das Auto auf Gesellschaft und Umwelt hat, und daß viele vom Auto Abhängige lieber Fahrrad oder Zug fahren oder zu Fuß gehen würden. Es steht nicht in den Schlagzeilen, daß die Medizin in den Industrieländern immer mehr Anleihen bei der Naturmedizin macht und daß es eine Bewegung weg von einer mechanistischen Interpretation der Wirklichkeit hin zu einer eher spirituellen gibt. Es kommt nicht an die Öffentlichkeit, daß die überwältigenden Umweltprobleme uns zwingen, einen Richtungswechsel in der Landwirtschaft Europas und Amerikas einzuleiten, daß Verbraucher in den Industrieländern gern doppelt so viel bezahlen, wenn sie unverarbeitete Lebensmittel aus chemiefreier Landwirtschaft erhalten können, und daß sogar schon einige Regierungen die Bauern ermutigen, die Abhängigkeit von Chemikalien zugunsten organischer Anbauweisen hinter sich zu lassen.

Gleichzeitig sind wir im Westen zu wenig über die Wirklichkeit der Hilfe und Entwicklung in der Dritten Welt informiert. Die Mehrzahl der Steuerzahler sind weitgehend in Unkenntnis darüber, welche Auswirkungen die Projekte haben, die sie finanzieren helfen. Sie haben höchstens vielleicht einmal etwas vom

Bau von Straßen oder Krankenhäusern in einer verarmten Gegend gehört und gehen davon aus, daß das doch nur eine Verbesserung sein könne. Sie lassen sich einreden, daß sie arme Länder am besten durch Einkauf ihrer Produkte unterstützen können, ohne sich klarzumachen, daß ländliche Gemeinschaften in der Dritten Welt langfristig gesehen besser dran wären, wenn sie Nahrungsmittel für sich selbst und den einheimischen Markt anbauten, statt Kaffee, Kakao oder Reis für den Weltmarkt zu produzieren. Man erfährt kaum etwas von den Gemeinschaften, die relativ unabhängig sind und es gerne so bleiben würden, wie etwa die Chipkofrauen, die die Bäume am Fuße des Himalaya umarmen, um die Holzgesellschaften daran zu hindern, sie zu fällen.

Wir werden zwar im Westen immer besser über die durch Industrieprodukte verursachten potentiellen Schäden informiert, doch wissen wir nicht, daß solche Informationen in der Dritten Welt fehlen. Erfahrungen mit den nicht vorhersehbaren Nebenwirkungen starker Medikamente und Chemikalien zum Beispiel haben uns zurückhaltender bei ihrem Gebrauch gemacht. Ohne von solchen Erfahrungen profitieren zu können, ergreifen die Menschen in der Dritten Welt gewöhnlich viel weniger Vorsichtsmaßnahmen. Landarbeiter, die die Felder mit DDT sprühen, sind oft ohne jeden Schutz. Oder Medikamente, die im Westen längst aus dem Handel gezogen worden sind, werden in teilweise erschreckend hoher Dosierung eingenommen, sogar ohne ärztliche Verordnung.

In vielen industrialisierten Ländern wird Umweltverschmutzung und der skrupellose Vertrieb giftiger Produkte noch ein wenig durch die Wachsamkeit entsprechend engagierter Gruppen und die Gesetzgebung in Schach gehalten. In Entwicklungsländern jedoch sind solche Kontrollen mehr als unzureichend. Der Sachverhalt wurde 1989 bei einer von der Europäischen Gemeinschaft einberufenen Konferenz in dramatischer Deutlichkeit dargestellt: Man hatte Umweltfachleuten die Gelegenheit gegeben, ihre Sicht über die Gefahren industrialisierter Landwirtschaft einer Anzahl von Planern und Industriemanagern darzustellen. Nachdem sie den ganzen Schrecken des ökologischen Zusammenbruches von Westeuropa ausbuchstabiert hatten, warf ein Repräsentant einer führenden französischen Firma seine Hände hoch und rief aus: „Ja, ja, o.k.! Aber laßt uns doch wenigstens die Dritte Welt!"

Wir brauchen ganz dringend eine vereinte Aufklärungskampagne, wenn wir die weitere Zerstörung im Namen von Entwicklung und Fortschritt vermeiden wollen: ein Unterrichtsprogramm, das die unvollständigen und irreführenden Bilder richtigstellt, die die Welt in den sozialen und ökologischen Zusammenbruch katapultieren. Statt mehr „Entwicklung" brauchen wir das, was ich „Gegenentwicklung" nennen möchte.

Das vorrangige Ziel einer Gegenentwicklung müßte darin bestehen, die Menschen in die Lage zu setzen, sich so vollkommen zu informieren, daß sie bei den Entscheidungen über ihre eigene Zukunft wirklich eine Wahl haben. Wir müssen daher jede denkbare Kommunikationsform, vom Satellitenfernsehen bis zum Geschichtenerzählen, nutzen, um bekanntzumachen, daß die gegenwärtigen kapital- und energieintensiven Trends einfach nicht durchhaltbar sind. Langfristig muß es Ziel sein, Selbstachtung und Selbständigkeit zu fördern, dabei gleichzeitig die Vielfalt zu schützen und Voraussetzungen für eine überschaubare wirklich dauerhafte Entwicklung zu schaffen.

Eine der bedenklichsten Fehlleistungen konventioneller Entwicklung besteht in der Kurzfristigkeit ihrer Aussichten, die von viel zu geringen quantitativen Analysen ausgingen. Gegenentwicklung müßte über Spezialisierung und Fachidiotentum hinausgehen und aufdecken, auf welche Strukturen sich die Industriegesellschaft stützt. Sie würde die Aufmerksamkeit auf den Zusammenbruch von Familie und Gemeinschaft lenken; sie würde die versteckten Subventionen in einer Gesellschaft, die auf fossile Brennstoffe setzt, nachweisen; sie würde Umweltzerstörung als Schuldenposten im Staatshaushalt führen. Kurz gesagt, sie würde die eskalierenden Kosten unseres industriellen Lebensstils offenlegen.

Gleichzeitig würde Gegenentwicklung eine neue, umfassendere und menschlichere Definition von „Fortschritt" vertreten und die Menschen damit vertraut machen. Sie würde einige der zahllosen Initiativen vor Ort weltweit groß herausstellen, die nachhaltigere und zukunftsfähigere Alternativen ausprobieren. Sie würde die Brauchbarkeit traditioneller Systeme ins rechte Licht rücken und über neue Richtungen in der Landwirtschaft informieren: Permakultur, Biodynamik und andere sich immer mehr ausbreitende Bewegungen hin zu organischen Anbaumethoden. Sie würde über Bioregionalismus und einheimische Wirtschaftssysteme berichten, über die neuen, ganzheitlichen Ansätze in der Physik; sie würde über den Bau von Windmühlen in Dänemark und Kalifornien berichten und über die steigende Nachfrage nach Akupunktur, Homöopathie und anderen Naturheilmethoden in der Medizin. Sie würde das weltweit enorme Interesse für Umweltschutz, Bodenbewahrung und Wasser- sowie Luftqualität sichtbarer machen.

Die notwendigen Schritte, die das voreilige Vorpreschen in Richtung nicht nachhaltiger Entwicklung aufhalten könnten, müßten in großem Stil unternommen und sollten sofort getan werden. Um die rapide Ausbreitung der Monokultur zu bekämpfen, sollten wir ihr mit ihren eigenen Mitteln begegnen: weltweit, von oben nach unten, schnell und kapitalintensiv. Um wirkungsvoll zu sein, müßten Gegenentwicklungsprogramme kräftig finanziell unterstützt werden; nur unter beträchtlichen Anstrengungen und mit großen Summen kann der Bau des Tehridammes in Indien oder die Vernichtung der tropischen Regenwälder aufgehalten werden.

Kolonialismus und Entwicklung haben unter anderem dazu geführt, daß die Menschen, die Macht und Einfluß auf der Welt haben, meist eine von den wenigen europäischen Sprachen sprechen. Aufklärungsprogramme, die die Vielfalt stützen, können relativ leicht und schnell in Angriff genommen werden, wenn man diese Botschaft in einer dieser Sprachen vermittelt.

Obwohl das Konzept „Gegenentwicklung" als solches noch nicht aufgegriffen worden ist, gibt es bereits vieles, was eindeutig unter seine Parameter fällt. Leider hat keine mir bekannte Entwicklungsorganisation derartige Programme, aber eine wachsende Anzahl von Umweltgruppen arbeitet in dieser Richtung: so das Netzwerk von Gruppen, deren Druck erreicht hat, daß die Weltbank eine Umweltabteilung eingerichtet hat. Oder die Gruppen, die Literatur über die Gefahren der Atomenergie zusammentragen und kostenlos an nichtstaatliche Organisationen in Osteuropa verteilen. Oder die Gruppe auf den Philippinen, die ländliche Gemeinschaft dadurch zu stärken versucht, daß sie Dorfbewohner in die Städte führt und ihnen von Slumbewohnern erzählen läßt, welche Probleme sie erwarten, wenn sie das Land verlassen.

Einige der am besten durchdachten dieser Anstrengungen wurden von Einzelpersonen aus Drittweltländern inspiriert, die lange genug in Industrieländern des Westens gelebt haben, um dem Zauber des glänzenden Images vom westlichen Lebensstil nicht länger zu erliegen. Einer von ihnen ist etwa Neskuye Bizimana aus Ruanda, der mehr als ein Jahrzehnt in Deutschland verbrachte. In seinem Buch „Weißes Paradies. Hölle für Afrika?" beschreibt er, wie er in seiner idealisierten Sicht des Westens anfangs tatsächlich noch bestärkt wurde. Es überfiel ihn alles. Schnellgerichte, schnelle Autos, die Freiheit und Anonymität. Erst nach einigen Jahren begann er, unter die Oberfläche zu schauen und die Einsamkeit, Traurigkeit, Ungerechtigkeit und Verschwendung zu sehen. Eine Illusion nach der anderen kam ins Wanken, und dabei erkannte er, daß seine eigene Kultur viele positive Qualitäten besitzt, die der Westen verloren hat. Nachdem er die westliche Gesellschaft von innen kennengelernt hatte, war er fest überzeugt, daß Entwicklung nach westlichem Muster für Afrikaner sinnlos und ungeeignet ist, und begann, einheimische und mehr auf Selbständigkeit ausgerichtete Alternativen zu unterstützen.

Andere führende Persönlichkeiten wurden von ähnlichen Erfahrungen geprägt. Zu ihnen gehören Martin Khor vom Dritte-Welt-Netzwerk in Malaysia, Wangari Maathai in Kenya, Vandana Shiva und Anil Agarval in Indien und Pierre Rabhi in Burkina Faso. Es ist dringend nötig, daß weitere engagierte Menschen aus der Dritten Welt die Gelegenheit erhalten, einige Zeit im Westen zu verbringen, um aus erster Hand einiges über die Schattenseiten der Modernisierung zu erfahren.

Doch auch wach gewordene Menschen im Westen sollten sich

mit Gegenentwicklung beschäftigen. Ohne besondere Fachkenntnis kann jeder mit seinen Erfahrungen in westlicher Kultur daran teilnehmen. Als Einzelpersonen können wir auf Regierungen und Hilfsorganisationen Druck ausüben, wir können Basisgruppen unterstützen, die auf Selbständigkeit hinarbeiten, wir können Informationen beschaffen und zur Verfügung stellen, die einheimischen Kulturen im Widerstand gegen zerstörerische Veränderungen unterstützen.

Viele meinen, daß jede Art von Einmischung des Westens in der Dritten Welt falsch sei. Im Prinzip ist dies natürlich berechtigt. Aber dabei weicht man auf bequeme Art der Tatsache aus, daß unser westlicher Lebensstil – der ja von der Ausbeutung der anderen Teile der Welt abhängig ist – auch dann seinen unvermeidlichen Einfluß ausübt, wenn man zu Hause bleibt. Außerdem haben wir unschätzbare Erfahrungen mit der Industriekultur, die in weniger entwickelten Gegenden fehlt. Wenn wir uns nicht einmischen dürfen, soll das dann etwa heißen, daß wir einfach die Schultern zucken, wenn wir von Müttern hören, die ihre Babys mit in kontaminiertem Wasser aufgelöstem Milchpulver füttern?

„Aber sie müssen das selber lernen", sagen manche. „Sie müssen es *auch* durchmachen." Unzählige Male habe ich besorgte und betroffene Menschen so etwas sagen hören. Das läuft aber darauf hinaus, die Menschen in der Dritten Welt wie kleine Kinder zu behandeln: Wie sehr du sie vor den Gefahren warnst, du kannst sie nicht daran hindern, sich die Finger zu verbrennen. Wenn auch unabsichtlich, hilft diese Haltung den Streich, den die Entwicklung ihnen spielt, zu verewigen. „Es auch selbst durchmachen" heißt ein Modell nachzuahmen, das nicht wiederholbar ist: Die Ressourcen dazu sind einfach nicht da.

Wirklich effektive Gegenentwicklung ist eine notwendige Voraussetzung dafür, dauerhafte und zukunftsfähige Lösungen für die Probleme unserer Tage zu finden. Wenn die Monokultur der Konsumgesellschaft sich weiter ausbreitet und nicht zum Stillstand gebracht wird, gibt es keine Hoffnung, immer weitere Verarmung, soziales Elend und Umweltzerstörungen zu verhindern. Aber Gegenentwicklung allein reicht nicht aus. Außer dem

Kampf gegen technologische Gleichschaltung müssen wir ökologische und kulturelle Vielfalt aktiv dadurch unterstützen, daß wir zur denkbar umfassendsten Nutzung einheimischer Ressourcen, Kenntnisse und Fähigkeiten ermutigen. In entwickelten und sich entwickelnden Teilen der Welt gleichermaßen müßte der landwirtschaftlichen Unabhängigkeit eine zentrale Stelle in der Wirtschaft zukommen. Ebenso sollte Wert auf weibliche Ansätze und Wertvorstellungen gelegt werden; Familien- und Gemeinschaftsbande sollten gepflegt werden.

Wenn wir von der Achtung vor Mensch und Natur ausgehen, bleibt es gar nicht aus, daß es zu Vielfalt kommt; wenn wir aber technologische und wirtschaftliche Notwendigkeiten zum Ausgangspunkt nehmen, dann erreichen wir, womit wir heute konfrontiert sind: ein Entwicklungsmodell, das bedrohlich weit von den Bedürfnissen bestimmter Völker und Gegenden entfernt ist und ihnen rigide von oben übergestülpt wird.

Es ist dringend erforderlich, daß wir wieder zu einem Gleichgewicht zwischen örtlichen und globalen Gegebenheiten kommen. Obwohl der Slogan „Denk global, handle lokal" heutzutage oft in den Mund genommen wird, geht der Druck der Modernisierung ausschließlich in die Richtung von Globalisierung. Einheimische Kulturen und Wirtschaftsformen verschwinden in einem alarmierenden Ausmaß und lassen Tier- und Pflanzenarten mitverschwinden. Wenn ein dauerhafter mittlerer Weg gefunden werden soll, müßten dazu auf jeden Fall aktive Schritte in Richtung Dezentralisierung getan werden. Da aber sowohl auf nationaler wie internationaler Ebene bereits extreme Abhängigkeiten entstanden sind, wäre es unverantwortlich, von einem Tag zum anderen wirtschaftliche Entflechtungen vorzunehmen und mit der Hilfe aufzuhören. Wir können beispielsweise nicht plötzlich die Einfuhr von Kaffee oder Baumwolle aus jenen Ländern der Dritten Welt einstellen, deren Wirtschaft ganz und gar von diesem Handel abhängt. Aber wir können durchaus sofort damit beginnen, Hilfsprogramme zu unterstützen, die Bauern in die Lage setzen sollen, lieber Nahrung zum eigenen Verzehr anzubauen als für den Export in den Westen produzieren.

Zusammen mit wirtschaftlicher Dezentralisierung muß auch

die Energiegewinnung dezentralisiert werden. Auch dies gilt gleicherweise für den Westen. Aber da die Infrastrukturen auf diesem Sektor in den meisten Entwicklungsländern noch recht wenig ausgebaut sind, wäre die Einführung von Sonnen-, Wind-, Biomasse- und Wasserkrafttechnologien in diesen Regionen vergleichsweise einfach. Bis jetzt hat das jedoch einfach nicht stattgefunden. Statt dessen hat der Westen sein eigenes flächendeckendes und zentralisiertes Stromgewinnungsmodell vorangetrieben. Zerstörerische Entwicklung läßt sich wirkungsvoll in echte Hilfe verwandeln, wenn Lobbies entstehen, die die Unterstützung und Subventionierung von Projekten propagieren, die erneuerbare Energie gewinnen sollen.

Wirklich angepaßte Technologie wäre viel weniger kostspielig als „High"-Technologie – nicht nur rein finanziell, sondern, was noch viel wesentlicher ist, auch in bezug auf Gesellschaft und Umwelt. Sie würde aus einer Forschung in einem ganz bestimmten sozialen und geographischen Umfeld hervorgehen und auf sie zugeschnitten sein. Wie jeder, der mit einem Land verbunden ist, weiß, sind die Unterschiede bezüglich Wind, Wasser, Sonne, Boden und Temperaturen sogar schon bei geringen geographischen Entfernungen bedeutend. Genauso wie die Ziegelherstellung von Ladakh jeweils durch die Art des in der betreffenden Gegend vorhandenen Lehms variiert, wären kleinangelegte, an örtlichen Gegebenheiten angepaßte Einrichtungen nötig, um die vorhandenen Ressourcen optimal zu nutzen. Dazu würde es gehören, sich lauschend mit der Natur vertraut zu machen. Dieser Zugang unterscheidet sich gewiß sehr von der zupackenden Art der Industriegesellschaft.

Wenn Entwicklung an örtlichen Ressourcen ansetzen soll, muß Wissen darum offensichtlich gepflegt und unterstützt werden. Statt universales Standardwissen wiederzukäuen, müssen Kinder lernen können, ihre eigene Umgebung zu verstehen. Dabei würde die enge Spezialisierung und städtische Blickrichtung verwestlichter Schulbildung einer weiteren, stärker kontextbezogenen und ökologischen Perspektive weichen. Solch ortsspezifisches Wissen wäre gleichzeitig ganzheitlich und speziell. Es ginge darum, traditionelle Kenntnisse zu bewahren und wiederzuentdecken. Ein solches

Wissen würde auf den Erfahrungen einer jahrhundertelangen Interaktion mit dem Lebensgefüge einer bestimmten Region fußen.

Förderung einheimischen Wissens sollte sich auf alle Bereiche der Erziehung erstrecken, einschließlich der Naturwissenschaften. Um über die Eurozentriertheit heutiger Naturwissenschaft hinauszugelangen, müssen wir uns für eine Forschung einsetzen, die weniger zentralisiert und für weitere Teile der Bevölkerung zugänglich ist. Statt veränderliche Teilaspekte unter künstlichen Laborbedingungen zu isolieren, würde man Experimente durch einheimische Forscher in verschiedenartigen kulturellen und ökologischen Gebieten anstreben. Statt zum Beispiel hochtechnisierte Saatenbanken zu unterhalten, würden Bauern ermutigt, seltene einheimische Arten zu züchten, um auf diese Weise ein lebendiges Reservoir biologischer Vielfalt zu erhalten.

Landbau sorgt für die allerwichtigsten menschlichen Bedürfnisse und bildet für den Lebensunterhalt der großen Mehrzahl der Menschen in der Dritten Welt die unmittelbare Grundlage. Auf Weltwirtschaftsgipfeln allerdings betrachtet man Landwirtschaft gern als bloßes Hindernis bei der Einigung über wichtigere Angelegenheiten. Sollten sich die gegenwärtigen Trends fortsetzen, könnte es gut sein, daß es in der nächsten Generation keinen Kleinbauern mehr geben wird. Es ist ein Muß, daß wir diese Trends umkehren, indem wir der Landwirtschaft die Bedeutung, die sie verdient, zukommen lassen. Wir müssen alles daransetzen, das Ansehen von Landarbeit als Beruf zu erhöhen. Ein dezentralisierter Entwicklungsweg müßte einer kleinangelegten Landwirtschaft gewaltige Vorteile bieten. Den Bauern müßte es spürbar besser gehen, wenn sie vornehmlich für den heimischen Verbrauch anbauten statt für den Export, wenn ihre Produkte nicht mit anderen konkurrieren müßten, die weite Strecken über subventionierte Transportnetzwerke hinter sich haben, und wenn die Entwicklung landwirtschaftlicher Technologien unterstützt würde, die den örtlichen Gegebenheiten angepaßt wären, und nicht die kapitalintensive Ausstattung der großen Plantagen bräuchten. Sie würden profitieren, wenn sie vom Einsatz von Pestiziden und chemischen Düngemitteln zu ökologisch verträglichen Methoden übergingen.

Viele solcher Veränderungen sind schon im Gang. Kleinmärkte, die die Entfernung zwischen Hersteller und Verbraucher verringern, entstehen hier und dort, und weltweit erproben Einzelpersonen und Organisationen vor Ort nachhaltige und zukunftsfähige Alternativen, die oft durch den nachweisbaren Erfolg traditioneller landwirtschaftlicher Systeme angeregt werden. Öffentliche Unterstützung dagegen hinkt weit hinterher. Obwohl es ermutigende Anzeichen dafür gibt, daß auch die Regierungen erkennen, wie nötig der Wechsel zum organischen Landbau ist, fährt die wachstumsorientierte Wirtschaft fort, Biotechnologie und Großplantagen den Vorzug zu geben. Es ist dringend nötig, die Unterstützung einer kleinangelegten Landwirtschaft der Vielfalt obenan auf die Liste nationaler Prioritäten zu setzen.

Der Weg dezentralisierter Entwicklung würde ganz von selbst die Stellung der Frauen stärken und dazu beitragen, das Gleichgewicht zwischen männlichen und weiblichen Werten wiederherzustellen. In Industrienationen liegt die Macht nahezu ausschließlich in Händen von Männern. Naturwissenschaft, Technologie und Wirtschaft sind von allem Anfang an männliche Domänen gewesen. Daher wirkte sich Entwicklung so aus, daß Frauen auf der Strecke blieben – sowohl im wörtlichen wie im übertragenen Sinn, da ihre Männer auf der Suche nach bezahlter Arbeit in die städtischen Ballungszentren ziehen. Und sogar im Rahmen der Landwirtschaft sind Frauen im Zuge der Mechanisierung an den Rand gedrängt worden. Weil eine dezentralisierte Wirtschaft heimatliche Bindungen stärkt, würde es für Frauen leichter werden, sich Gehör zu verschaffen. Frauen würden sich dann nicht mehr an der Peripherie der Entscheidungsfindung und der wirtschaftlichen Aktivitäten, sondern in deren Zentrum befinden.

Noch sind in vielen Teilen der Dritten Welt die Familien intakt und stark. Kinder und ältere Menschen leben Seite an Seite und geben sich gegenseitig Unterstützung und Sicherheit. Doch diese Familienbande werden von den mächtigen Kräften des Fortschritts nach westlichen Mustern angegriffen, so daß sich die Kluft zwischen den Generationen ständig vergrößert. Um hier eine rückläufige Bewegung in Gang zu setzen, müßten die intakten Gemeinschaftsbande gestärkt werden, auf die emotional gesunde Familien und einzelne angewiesen sind. Das bedeutet aber andererseits die Unterstützung einer starken einheimischen Wirtschaft.

Solche Wirtschaftsformen sind aber viel mehr als ein utopisches Ideal; sie haben sich in Tausenden von Jahren in vielen Teilen der Welt bewährt. Sie ermöglichen eine gleichmäßigere Verteilung von Wohlstand als die wachstumsorientierten und zentralisierten Systeme, und sie entsprechen besser den Bedürfnissen von Menschen und den Begrenzungen natürlicher Ressourcen. Ihre Wiederbelebung würde dazu beitragen, kulturelle und ökologische Vielfalt zu erhalten.

Solche Überlegungen liegen jenseits der Parameter konventionellen Entwicklungsdenkens. Wenn es aber um die Sache menschlichen Wohls geht, sind sie natürlich ganz grundlegend. Aber gerade das muß doch wohl das eigentliche Ziel von Entwicklung sein. Der König von Bhutan sagte einmal, daß der wahre Maßstab für das Wohlergehen einer Gesellschaft nicht das Bruttosozialprodukt sei, sondern die Summe des nationalen Glücks.

ACHTZEHNTES KAPITEL

DAS LADAKH-PROJEKT

Ladakh ist solch ein Paradies! Welch ein Jammer, daß es zerstört werden muß. (Tourist 1975)

Während meines ersten Jahres in Ladakh waren viele Touristen, denen ich begegnete, fatalistisch. Sie waren überzeugt, daß Kriminalität, Umweltverschmutzung und Arbeitslosigkeit die unvermeidlichen Folgen der Begegnung mit der Außenwelt sein würden. In ihren Augen erschien Entwicklung als natürlicher und unerbittlicher Vorgang, der nur eine einzige Form annehmen konnte. Aber ich konnte dem nicht zustimmen. Ich hatte das sichere Gefühl, daß die Zerstörung, die vor meinen Augen zu geschehen begann, weder notwendig noch unvermeidlich war. Sie war vielmehr das Ergebnis bestimmter politischer Programme und Annahmen, die man ändern könnte. Ich war davon überzeugt, daß es einen anderen Weg geben müßte.

Genau zu dieser Zeit fiel mir ein Exemplar von E. F. Schumachers „Small is Beautiful" in die Hände und bestärkte mich in der Überzeugung, daß Entwicklung nicht gleichbedeutend mit Zerstörung sein muß. Ich hatte gesehen, daß die Menschen, die in den modernisierten Gebieten leben, nun importierte Kohle und Holz zu Heizungszwecken im Winter kauften. Ihnen schien es natürlich eine eindeutige Verbesserung zu sein: Sie mußten nun nicht mehr die knappen Vorräte von getrocknetem Dung verbrennen, um die harten winterlichen Temperaturen zu ertragen. Dabei wurde es schon damals offensichtlich, daß die Probleme beim Transport der Brennstoffe über den Himalaya gewaltig sind und die Preise von Jahr zu Jahr steigen würden. Ausgeschlossen, daß eine Familie der traditionellen Subsistenzwirtschaft sich einen Winter lang solche Brennstoffe würde leisten können; das ging nur, wenn man in die Geldwirtschaft von Leh einstieg. Das verstärkte spürbar den allgemeinen Zug weg vom Land in die Hauptstadt und schuf so weitere Abhängigkeit von einer inflationären Wirtschaft, die nichterneuerbare Ressourcen benutzt.

So begann ich, Briefe sowohl an den Staat wie an die Zentralregierung in Indien zu schreiben. Ich warb darin für Programme, die von den Stärken der traditionellen Kultur ausgehen und den Gebrauch erneuerbarer Ressourcen förderten. Nach etlichen Zusammenkünften mit der indischen Planungskommission verlangte und erhielt ich 1978 die Erlaubnis, ein kleines Pilotprojekt zu organisieren, um ein paar ganz einfache Solartechniken zu demonstrieren. Solarenergie ist eine echte Alternative, weil in dieser Region an mehr als dreihundert Tagen im Jahr die Sonne scheint. Wir konzentrierten uns bei dem Projekt darauf, eine möglichst effektive Beheizung der Häuser zu finden, aber wir bauten auch einen Herd zu Demonstrationszwecken und ein Gewächshaus. Glücklicherweise gab es schon eine elegant einfache Erfindung, Häuser solar zu beheizen, die nach ihrem französischen Schöpfer „Trombe-Mauer" heißt. Dieses System ließ sich leicht der einheimischen Architektur und den verfügbaren Materialien anpassen: Man befestigt eine doppelte Lage von Glas an der Außenseite einer nach Süden gerichteten Mauer, die vorher schwarz angestrichen wird, um die Sonnenstrahlen zu resorbieren. Die Decken und die übrigen Wände werden mit Stroh isoliert.

Die „Trombe-Mauer" erwies sich für Ladakh als ideal. Lehmziegel sind ein hervorragendes Material, um Sonnenenergie zu resorbieren und zu speichern, und die Strahlen der tiefstehenden Wintersonne heizen die Räume ausreichend, während sie im Sommer, wenn die Sonne sehr hoch steht, kaum die Mauer berühren und die Räume angenehm kühl lassen. Die Installation des ganzen Heizsystems kostet dreihundert Dollar oder umgerechnet ein Dzo. Diese Kosten kommen in weniger als zwei Heizperioden wieder herein, während sich die durchschnittlichen Kosten für fossile Brennstoffe wie Kohle sich auf zweihundert Dollar pro Jahr belaufen können.

Bevor wir unsere erste „Trombe-Mauer" bauten, waren viele ein wenig skeptisch. Phuntsog Dawa, der später als erster eine ausprobierte, lachte über die Idee. „Sei doch nicht verrückt", sagte er, „die Wärme wird entweichen, sobald du die Tür aufmachst." Als wir seine Mauer bauten, war die Strohisolation den Maurern Anlaß zu großer Belustigung. Sie nannten sie „Heimstatt für Mäuse". Seitdem ist jedoch das Interesse an „Trombe-Mauern" und anderen Solartechnologien ständig gestiegen.

Während meiner ersten Jahre in Ladakh konzentrierte ich mich zwar auf meine linguistischen Studien, doch als ich die Gegend nach Volkserzählungen absuchte, geriet ich, ohne es zu merken, in „Gegenentwicklung". Ich war die einzige Fremde, die ihre Sprache sprach, und die Menschen fragten mich überall in Ladakh über das Leben im Westen aus. Besonders die Jungen hatten ein eindeutig übertriebenes Bild der modernen Welt und lehnten nun aus einem Schamgefühl heraus ihre eigene Kultur in Bausch und Bogen ab. Die Leute fingen an, sich für arm zu halten. Mir wurde immer mehr bewußt, daß es für jemanden aus dem Westen eine sinnvolle Rolle sein könnte, falschen Eindrücken entgegenzutreten und stimmigere Information über den Westen zu liefern.

Nach unzähligen inoffiziellen Gesprächen und Radiointerviews, bei denen ich mich Ladakh gegen die übertriebenen Bilder vom Westen verteidigen hörte, kristallisierte sich für mich langsam das Konzept von „Gegenentwicklung" heraus. Das Theater ist in Ladakh eine traditionelle und beliebte Art der Unterhaltung. Und so schien es möglich, auf diese Weise die Menschen wirkungsvoll zu erreichen. Also begann ich mit Gyelong Paldan, mit dem ich an dem Wörterbuch gearbeitet hatte, eine Reihe von Stücken zu schreiben. Das erste hieß „Look, before you Leap – Schau hin, bevor du springst" und faßt eigentlich das Wesentliche unserer Arbeit ganz gut zusammen:

Der junge Rigzin lehnt die alte Kultur ab und tut, was er kann, um das Leben eines modernen Abendländers zu leben. Er weigert sich, Ladakh-Gerichte zu essen oder Buttertee zu trinken. Er macht sich über seine Eltern lustig, weil sie so altmodisch sind, und findet Gefallen am Zigarettenrauchen und Herumfahren auf seinem Motorrad. Er und seine Freunde verschwenden Zeit und Geld in Discos und tanzen zu lauter westlicher Musik. Er trägt Jeans und Designer-Sonnenbrillen.

Eines Tages wird sein Großvater krank, und Rigzin überredet seine Eltern, einen im Westen ausgebildeten Arzt zu rufen, der erst kürzlich aus Amerika zurückgekommen war. Er überfällt den Arzt mit Fragen über das Leben in der westlichen Welt. Aber ihm steht eine Überraschung bevor. „In Amerika", erzählt ihm der Arzt, „essen die ganz modernen Leute etwas, das sie Brot aus steinmühlengemahlenem Vollwert-Weizen nennen. Es ist genauso wie unser traditionelles Brot, aber bei ihnen ist es viel teurer als Weißbrot. Die Leute dort bauen ihre Häuser aus Naturbaustoffen, genau wie unsere. Im allgemeinen sind es dort die Armen, die in Betonhäusern wohnen. Und immer mehr Leute wollen nur noch Kleidung mit einem eingenähten Schildchen, auf dem stehen muß ‚100 Prozent natürlich' und ‚reine Wolle'. Die armen Leute tragen dort Polyesterkleidung. Es ist ganz anders, als ich erwartet hatte. Ganz viel von dem, was in Amerika ‚modern' ist, ist ganz ähnlich wie im traditionellen Ladakh. Ja, die Leute sagten häufig zu mir: ‚Hast du ein Glück, daß du als Ladakhi geboren bist.'"

Fünfhundert Ladakhis füllten bei der Premiere den Zuschauerraum; das war ein schöner Erfolg. Anschließend hielten die örtliche Prominenz, einschließlich Chhewang Phonsogs, des Entwicklungskommissars und höchstrangige Beamte der örtlichen Verwaltung, Reden über die Wichtigkeit der kulturellen Selbstachtung. Aber es gab auch andere Reaktionen. Sonam Paljor war verärgert: „Du hast übertrieben", meinte er, „so schlimm ist es gar nicht." So traurig es ist, einige Jahre später waren er und sein Sohn zu Abbildern des jungen Mannes aus unserem Spiel geworden.

Durch meine Sprachkenntnisse konnte ich allmählich die Denkungsart der Ladakhi verstehen und wurde ganz in die Gesellschaft integriert. Ich beobachtete, wie die westliche Art Ladakh umwandelte, und vermochte umgekehrt, meine eigene Kultur durch eine andere Brille zu sehen. Die Verschwendung und Ungerechtigkeit unserer kapital- und energieintensiven Lebensweise wurde für mich durchschaubarer. Und zum ersten Mal begriff ich ein wenig den hohen psychologischen und sozialen Preis eines Entwicklungsmodells, das Menschen vereinzelt und voneinander trennt.

Ich hielt dann eine Reihe von Vorträgen und Seminaren in Europa und Nordamerika. Ich beschrieb darin das soziologische und ökologische Gleichgewicht im traditionellen Ladakh und dessen Erosion durch die Entwicklung. Damit wurden auch einige der Hauptgründe für unsere Probleme im Westen beleuchtet. Ich hoffe, daß ich meinen westlichen Zuhörern wenigstens die Ahnung von einer ganz anders entstandenen Kultur vermitteln und sie so mit der Überzeugung anstecken konnte, daß eine menschlichere und nachhaltige Lebensweise sehr wohl möglich ist.

1980 war aus meinen Aktivitäten in Ladakh und im Westen eine kleine internationale Organisation geworden, die zunächst „Ladakh-Projekt" hieß und sich seit 1991 „Internationale Gesellschaft für Ökologie und Kultur" nennt. Wir versuchen, uns für eine neue Sichtweise von Fortschritt einzusetzen, bei der es um einen stärker auf Ökologie und Gemeinschaft ausgerichteten Lebensstil geht. Wir betonen die dringende Notwendigkeit, politischer und ökonomischer Zentralisation entgegenzuwirken, und arbeiten gleichzeitig auf eine wirklich internationale Sichtweise durch vermehrten kulturellen Austausch hin. Wir meinen außerdem, daß es wesentlich ist, von immer engerer Spezialisierung zu breiteren Strukturperspektiven zu kommen (ein Ansatz, der Beziehungen und Kontext für wichtiger hält als isolierte Einzelphänomene), wenn wir weitere soziale und ökologische Zerstörung verhindern wollen. Wir veranstalten Workshops, halten Vorträge und stellen Videos und Publikationen für Lehrzwecke her und veröffentlichen Studien über globale Tendenzen in solchen Schlüsselbereichen wie Energie, Landwirtschaft und Gesundheit. Diese Materialien, die aus den Erfahrungen in Ladakh hervorgegangen sind, sollen helfen, die Diskussion von globalen Anliegen zu fördern. Wir haben gemerkt, daß die Menschen viel offener auf die Fragen reagieren, die sich von Ladakh her ergeben, als wenn die Beispiele aus größerer Nähe stammen. Wenn ich in Amerika oder Großbritannien Vorträge halte, führen die lächelnden Gesichter und die offensichtliche Zufriedenheit der Ladakhis zu einer Neubewertung der noch so tief verwurzelten Anschauungen über den Fortschritt.

Für Ladakh bringt das Projekt Informationen über die Trendwende hin zu mehr ökologisch orientierten Praktiken in den

„fortschrittlichsten" Gebieten der Welt. Wir haben uns bemüht, die Suche nach einem nachhaltigen und zukunftsgerechten Lebensstil in Ländern wie Schweden oder den USA zu beschreiben. Ladakhis können so Parallelen zwischen diesen Trends und ihren eigenen vorindustriellen Praktiken ziehen.

In jüngster Zeit und als Reaktion auf die „Trombe-Mauern", die Radioprogramme und Theatervorführungen interessierte sich eine Gruppe von Ladakhis dafür, einen zukunftsgerechteren Entwicklungsweg auszuprobieren. Sie setzte sich aus Ladakhs führenden Denkern zusammen, Menschen von großer Integrität und Hingabe. Viele von ihnen waren schon außerhalb von Ladakh gewesen, hatten eine moderne Erziehung genossen und dennoch ihre Achtung vor den Werten der traditionellen Kultur bewahrt. 1983 trugen wir uns als die LEDeG ein (Ladakh Ecological Development Group). Mit gegenwärtig vierzig Beschäftigten ist die LEDeG die einflußreichste nichtstaatliche Organisation der Region geworden. Zusammen mit dem Ladakh-Projekt setzt die LEDeG die Entwicklung und Vorführung einer ganzen Serie angepaßter Technologien fort und erhält heute mehr Anfragen, als sie überhaupt bewältigen kann. Außer den „Trombe-Mauern" haben wir auch noch sofort einsatzfähige Zimmerheizungssysteme gebaut. Zu den weiteren Solartechnologien gehören spezielle Herde zum Kochen von Reis und Gemüse und zum Brotbacken, Wassererhitzer und Gewächshäuser, in denen man auch während des Winters Gemüse ziehen kann.

Wir haben auch hydraulische Stoßheberpumpen durch unsere eigenen Techniker ausschließlich aus Standard-Installationsteilen entwickeln lassen. Sie fördern Wasser lediglich mit der Hilfe der Schwerkraft statt mit der Energie aus importiertem Petroleum. Eine der ersten Pumpen, die wir in Betrieb nahmen, pumpte Wasser 45 Meter hoch zur höchsten Stelle des Matho-Klosters, sehr zur freudigen Überraschung der Mönche, die vorher das Wasser auf ihrem Rücken hinauftragen mußten. Mit einem anderen Projekt wurden die traditionellen Wassermühlen so verbessert, daß sie nicht nur schneller Getreide mahlen, sondern daß mit ihrer Kraft auch andere Maschinen betrieben werden können.

Seit 1989 haben wir uns mit unserem Projekt wegen des immer

größeren Wunsches nach Elektrifizierung darauf konzentriert, mit Hilfe von kleinen Wasserkrafteinrichtungen die Haushalte in den Dörfern mit elektrischem Licht zu versehen.

Alle diese technischen Alternativen sind unter dem Gesichtspunkt von Ökonomie, Umwelt und Kultur sinnvoll. Sie fördern das Modell einer Entwicklung in menschengerechteren Größenordnungen und entsprechender Dezentralisierung. Sie unterstützen so traditionelle Strukturen, statt sie zu zerstören. Es sind aber auch keine „Technologien für die Armen", eignen sich aber sehr wohl für die Unterprivilegierten. Wir tun unser Möglichstes, um klarzustellen, daß umweltfreundliche, angepaßte Technologien auf der Basis erneuerbarer Energien nicht etwa zweitklassig sind, sondern hochgradig wirkungsvolle, leistungsfähige Verfahren, um langfristig nicht nur die Bedürfnisse der Entwicklungsländer, sondern auch der entwickelten Länder befriedigen können.

Bei all unseren Projekten werden die Empfänger der jeweiligen Hilfe einbezogen. Bevor wir beispielsweise eine Turbine installieren, haben die Dorfbewohner geholfen, ein Gelände auszuwählen, haben den vorhandenen Wasserkanal verbessert und einen Rückhalte-Tank gebaut. Ein oder zwei Dorfbewohner besuchen

Das Zentrum für ökologische Entwicklung in Leh.

dann unseren Workshop in Leh, um sich zu informieren, wie die Anlage bedient und unterhalten wird. Wenn die Turbine ihren Platz gefunden hat, ist es Sache der Dorfbewohner, das kleine Haus für ihr Kraftwerk zu bauen.

Das Hauptquartier von LEDeG ist das Zentrum für Ökologische Entwicklung im Herzen von Leh. 1984 eingeweiht von Indira Gandhi und von Seiner Heiligkeit dem Lama gesegnet, dient es dem Zweck, unsere Arbeit und das Gedankengut, aus dem sie hervorgeht, der Aufmerksamkeit von Ladakhs Entscheidungsträgern und Besuchern aus dem Westen nahezubringen. Nicht nur in Ladakh selbst, sondern in ganz Indien stößt es auf beträchtliches Interesse. Zu den Besuchern zählen Regierungsbeamte, Journalisten, Lehrer, Touristen und Ladakhis aus allen Lebensbereichen. Hier können Ladakhis ausländische Touristen von Angesicht zu Angesicht und als Gleichrangige treffen. Das ermöglicht echte Kommunikation zwischen den zwei Kulturen, entzaubert den Westen und zeigt den Ladakhis, wieviel Wertschätzung die Fremden der traditionellen Ladakhi-Kultur, aber auch unserer Arbeit im Zentrum entgegenbringen.

Das Gebäude selbst zeigt beispielhaft, wie traditionelle Ladakhi-Architektur den heutigen Erfordernissen angepaßt werden kann, um sich verändernde Erwartungen und Bedürfnisse zu befriedigen. Ein Teil des Gebäudes ist solarbeheizt, und Warmwasser gewinnt man durch die Solar-Anlage auf den Dächern. Im Garten gibt es eine ganze Reihe von Solarherden, Solartrocknern und ein Solargewächshaus. Alles ist ständig in Gebrauch, und schriftliche und graphische Erklärungen über Bau und Funktion sind erhältlich.

Das Zentrum unterhält auch ein Restaurant, dessen Mahlzeiten auf unseren Solaröfen gekocht werden. Außerdem gibt es eine ständig wachsende Bibliothek mit Literatur über das weltweite Interesse an ökologischen Belangen und nachhaltiger zukunftsträchtiger Entwicklung. Auch eine Werkstatt gehört dazu, wo wir beinahe die gesamte angepaßte Technologie selbst herstellen und Kurse für die Dorfbewohner abhalten. 1989 begannen wir mit einem Handwerksprogramm, von dem wir hoffen, daß es dörfliche Selbständigkeit unterstützt und die Landflucht verhindern hilft. Wenn die Ladakhis in den Wintermonaten, in denen wenig landwirtschaftliche Arbeit anfällt, handwerkliche Gegenstände herstellen, können sie Geld verdienen, ohne die Kosten für Umwelt und Gesellschaft zahlen zu müssen, die das Verlassen des Dorfes zur Folge hätte. Die etwa 15000 Touristen, die jährlich nach Ladakh kommen, kaufen gegenwärtig fast ausschließlich Souvenirs, die nicht von Ladakhis und noch nicht einmal in Ladakh hergestellt wurden. Besucher unseres Zentrums können draußen Weber, Silberschmiede und Holzschnitzer bei der Arbeit beobachten, die mit den traditionellen Werkzeugen arbeiten. Drinnen lehren Schneider, Sticker und Maler junge Ladakhis, einen *thanka* zu malen oder wollene *gonchas* zu machen.

Wir bieten auch breitangelegte Ausbildungsprogramme an, einschließlich Radiosendungen über Ökoentwicklung und Buchveröffentlichungen, darunter ist das erste in Ladakh geschriebene Buch über Ökologie. Häufige Konferenzen, Workshops und Seminare sind zentrale Bestandteile unserer Bildungsarbeit. 1986 und 1989 organisierten wir internationale Konferenzen, deren Hauptziel es war, die Aufmerksamkeit der Ladakhis auf die Erfahrungen der stärker industrialisierten Teile der Welt zu lenken. Andere Zusammenkünfte reichen von informellen Gruppen von Dorfbewohnern, die sich über den Gebrauch ihrer solaren Gewächshäuser und Solarherde austauschen, bis zu Hunderten von Bauern aus der ganzen Region, die etwas über die Zukunft der Landwirtschaft in Ladakh herausfinden möchten. Wir organisierten ebenfalls eine Anzahl von Seminaren, bei denen Führer der buddhistischen und muslimischen Gemeinden nach Wegen suchten, die Spannungen auf kommunaler Ebene vermeiden. Wir haben auch Frauen zusammengeholt, damit sie über Handarbeiten, die Gefahren des Kochens auf Asbest und das vor allem wichtige Thema Landwirtschaft diskutieren können.

Landbau, die Grundlage traditioneller Ökonomie, wird von Nahrungsmittelsubventionen und Anbau gegen Bargeld, von Landflucht und chemischen Düngemitteln und Pestiziden bedroht. Viele Ladakhis glauben inzwischen bereits, daß Landwirtschaft eine „primitive" Beschäftigung sei, und diejenigen, die noch Landwirtschaft betreiben, meinen, es sei „modern", künstliche Zusätze zu benutzen, nur weil sie nichts über den potentiellen Langzeitschaden für den Boden und für ihre Gesundheit wissen. Mit Hilfe unserer Treffen und Nachrichtenblätter informieren wir die Menschen über die weltweit wachsende Tendenz, den organischen Anbaumethoden den Vorzug geben. Wir tun unser Möglichstes, um das Ansehen der Landwirtschaft zu steigern.

In den Dörfern kommt es dabei oft zu lebhaften Auseinandersetzungen. Bei einem Landwirtschaftsseminar in Sakti widersprach ein junger Sprecher zum Beispiel vehement der Behauptung, daß die Jugendlichen sich den traditionellen bäuerlichen Praktiken gegenüber ignorant und verächtlich verhielten. Während er noch sprach, unterbrach ihn ein älterer Mann: „Natürlich! Bitte sie ein Pferd zu satteln, und sie machen es verkehrt herum, oder sag ihnen, sie sollen einem Dzo das Joch anlegen, dann rennen sie vor Angst davon. Sie kaufen sich teure Gummistiefel, die schon auseinanderfallen, bevor sie die Paßhöhe erreichen. Wir trugen Schuhe, die wir selbst gemacht hatten; sie waren warm und bequem, und wir hatten Nadel und Zwirn dabei und konnten sie, wenn nötig, in einer Minute reparieren. Wir standen auf unseren eigenen zwei Füßen und wußten alles um uns herum zu gebrauchen. Das meint ihr doch mit ‚Ökologie', nicht wahr?" rief er den LEDeG-Mitarbeitern zu.

Diese Projekte führt die LEDeG weitgehend mit Unterstützung des Ladakhprojektes durch. Außerdem arbeiten wir mit der SECMOL = (Student's Educational and Cultural Movement of Ladakh) zusammen. SECMOL wurde 1988 gegründet und versucht, junge Menschen an der Entwicklung zu beteiligen und Alternativen zur herkömmlichen schulischen Erziehung zu erforschen. Ein Teil unserer Unterstützung von SECMOL besteht darin, ihre Leiter mit gleichgesinnten Organisationen und Einzelpersonen im übrigen Indien und in Europa bekanntzumachen. Wir haben Studienfahrten für sie organisiert, ebenso wie für Mitglieder der LEDeG, bei denen sie etwas über die Probleme der Industrienationen hören und aus erster Hand erfahren, welche Reaktionen diese Probleme hervorrufen.

Im Lauf der Jahre hat unsere Arbeit sich ausgedehnt, und es gibt deutliche Zeichen von Erfolg. Aber es ist alles nicht einfach gewesen. Da Ladakh ein militärisch-strategisch wichtiges Gebiet ist, ist es Ausländern normalerweise nicht erlaubt, hier zu leben oder zu arbeiten. In meinem zweiten Jahr erschien ein Artikel in der „Hindustan Times", in dem ich als „mysteriöse Frau, die sich die Sprache in verdächtig kurzer Zeit angeeignet hat", beschrieben wurde, wodurch irgendein finsteres Motiv für meine Anwesenheit in Ladakh unterstellt wurde. Trotz wiederholter Rückendeckung durch die Regierung, einschließlich persönlicher Begegnungen mit und unterstützender Briefe von Premierministern und Staatsoberhäuptern blieben einige Geheimdienstoffiziere dabei, daß ich eine CIA-Agentin sein müsse, die über diese sensitive Grenzgegend Informationen sammelt. Erst kürzlich bin ich sogar beschuldigt worden, im Alleingang die Aufstände zwischen Muslims und Buddhisten von 1989 in den Gemeinden initiiert zu haben.

Darüber hinaus stieß unsere Arbeit auf die Skepsis einiger der jungen Männer, die gerade im modernen Sektor Arbeit gefunden hatten, besonders unter denen, die im Tourismus arbeiteten. Sie waren in alles Moderne vernarrt und sahen die Notwendigkeit unserer Umwelterziehung nicht ein. Ihrer Meinung nach hätten wir uns darauf konzentrieren sollen, rasch greifbare materielle Vorteile für die „armen Bauern" zu schaffen.

Auch von der ideologischen Seite her war unsere Arbeit schwierig. Beim Versuch, einen fundamental anderen Weg von Entwicklung einzuschlagen, fehlte es an Modellen. Wir haben uns mit einigen dornigen Fragestellungen abgequält: Können unsere Anstrengungen mehr Schaden als Nutzen bringen? Wäre Ladakh ohne jede Art von Entwicklung besser dran? Sollte Entwicklung ausschließlich von den Ladakhis selbst ausgehen, ohne jegliche Beteiligung von außen? Wie können die Ladakhis sich wirkungsvoll organisieren, um den durch Entwicklung heraufgekommenen Veränderungen zu begegnen, ohne stetigen Verlust der Stärke der traditionellen Kultur? Beim Versuch, diese Fragen zu beantworten, mußten wir uns bewußt bleiben, unter welcher immensen ökonomischen und psychologischen Last Ladakh während der letzten zwei Jahrzehnte der Einheitskultur gelitten hat. Rund um die Welt belagert der Westen mit seinen Interessen die nicht industrialisierten Gesellschaften und macht dadurch eine wirklich eigenständige Entwicklung nahezu unmöglich.

Die Lebenswirklichkeit ist außerordentlich komplex und verlangt nach Antworten, die, von außen betrachtet, paradox scheinen. So gibt es in unserer Arbeit manchen scheinbaren Widerspruch. Wir ermutigen zum Beispiel zu Kontakten zwischen Ladakhis und Menschen aus dem Westen, weil wirklicher Austausch – wie etwa durch unsere Studienfahrten – ihnen zu einer ausgewogeneren Sicht des Westens verhilft. Ähnlich ist es auch, wenn wir, trotz der Befürwortung von Dezentralisation, aus sozialpolitischem Realitätssinn ein Zentrum in Leh haben. Ob es uns nämlich gefällt oder nicht, werden die meisten Entscheidungen in bezug auf Ladakhs Zukunft eben da gefällt (falls sie überhaupt in Ladakh getroffen werden). Und im Hinblick auf unser begrenztes Budget ist es natürlich auch der wirtschaftlichste Weg, um möglichst viele Dorfbewohner zu erreichen.

Obwohl ich meinte, daß Solarheizungen den Lebensstandard deutlich heben würden, hätte ich es nicht angebracht gefunden, als Ausländerin eine solche Technologie einzuführen, hätten nicht bereits andere, weniger nachhaltige Heizmethoden wie Kohle und Öl begonnen, die traditionellen Praktiken zu vernichten. Da das schon geschehen war, dachte ich, die Menschen sollten so informiert werden, daß sie eine Wahl treffen könnten. Höherer Lebensstandard muß nicht heißen, die wirtschaftliche Unabhängigkeit und die traditionellen Werte aufzugeben. Wir merkten jedoch bald, daß Vorführungen nicht ausreichen. Solche Alternativen müssen aktiv unterstützt werden. Man muß für sie werben und die Regierung dazu gewinnen, Subventionen von kapital- und energieintensiven Einrichtungen abzuziehen und sie Technologien zukommen zu lassen, die dezentralisiert und mit erneuerbarer Energie arbeiten.

Auf keinen Fall würde ich behaupten, daß diese Kompromisse unproblematisch sind. Sicher hätten einige Entscheidungen und Aktivitäten anders ausfallen können. Aber im ganzen gesehen bin ich überzeugt, daß wir die richtige Richtung einschlagen, und es gibt ermutigende Anzeichen dafür, daß unsere Bemühungen Frucht tragen. Wir haben mitgewirkt, das Bewußtsein für die Notwendigkeit langfristiger ökologischer Perspektiven von Entwicklung zu wecken, für eine Entwicklung, die auf Selbständigkeit und Selbstachtung gründet. Die Begriffe „Ökologie" und „Solarenergie" werden nun überall in Ladakh benutzt und auch verstanden, und es gibt immer mehr Menschen, die die Umwelt und Ladakhs Zukunft bewußt zu ihrer Priorität erhoben haben. Zu ihnen zählt Tsewang Rigzin Lagrook, einer der bekanntesten Gartenbauspezialisten in Ladakh, der eine Bewegung begründet hat, die organische Anbaumethoden favorisiert – und dies trotz finanzieller Einbußen. Sonam Angchuk und Sonam Dorje von der SECMOL faßten den mutigen Entschluß, auf ehrenvolle Karrieren im Regierungsdienst zu verzichten. Durch ihre Hingabe motivierten sie eine große Anzahl junger Menschen, sich für soziale Dienste zur Verfügung zu stellen. Sonam Dawa, der in ganz Ladakh wegen seiner außergewöhnlichen Integrität und seines Weitblicks bekannt ist, hat den beispiellosen Schritt getan, sich vorzeitig von einem hochrangigen Posten bei der Regierung zurückzuziehen, um Direktor der LEDeG zu werden.

Für die Ladakhis gibt es immer noch Gelegenheiten, viele Fallgruben konventioneller Entwicklung zu vermeiden, weil immer noch ein hoher Prozentsatz der Bevölkerung wirtschaftlich unabhängig ist. Und mit unserer Arbeit scheinen wir den richtigen Ton getroffen zu haben. Innerhalb von Ladakh wird Entwicklung jetzt in ganz anderem Licht gesehen. Und die Geschichte Ladakhs mit seiner erfolgreichen traditionellen Kultur und der Möglichkeit, als ökologisches Modell für Entwicklung zu dienen, hilft draußen, einige der Fundamente deutlich werden zu lassen, die für eine nachhaltige Zukunft für uns alle unerläßlich sind.

EPILOG

Eine Zukunft, die aus der Vergangenheit lernt

Die westliche Gesellschaft scheint heute in zwei deutlich erkennbare und sich gegenseitig ausschließende Richtungen unterwegs zu sein. Einerseits bewegen sich die von Regierungen und Industrie angeführten und bestimmenden Kulturen rücksichtslos auf weiteres ökonomisches Wachstum und technologische Entwicklung zu und belasten dabei die natürlichen Grenzen, während sie gleichzeitig menschliche Grundbedürfnisse ignorieren. Auf der anderen Seite hat eine Gegenströmung, die aus einer Vielzahl von Gruppierungen und Ideen besteht, die uralte Weisheit bewahrt, daß alles Leben unlösbar miteinander verbunden ist.

Zur Zeit ist das nur die Stimme einer Minderheit, aber in dem Maße, in dem mehr und mehr Menschen den ganzen Begriff von „Fortschritt" in Frage stellen, nimmt ihre Kraft zu. Die Bildung grüner politischer Parteien und der Mitgliederzuwachs in den Umweltorganisationen zeigen ein weitverbreitetes Engagement für den Umweltschutz. Einzelverbraucher entdecken ihre Macht, das Wirtschaftssystem zu verändern. Geschäftszweige konkurrieren miteinander darum, besonders „umweltfreundlich" zu erscheinen. Regierungen und bedeutende internationale Firmen stehen unter dem Druck, Umweltfragen obenan auf ihre Tagesordnungen setzen zu müssen.

Wir haben immer noch eine Chance, unsere Gesellschaft hin zu einer soziologischen und ökologischen Ausgewogenheit zu steuern. Aber wenn das mehr sein soll, als nur an Symptomen zu basteln, ist es wichtig, die systemische Natur der gegenwärtigen Krisen zu verstehen. Unter der Oberfläche hängen sogar solch scheinbar voneinander unabhängige Probleme wie ethnische Gewalt, Luft- und Wasserverschmutzung, auseinanderbrechende Familien und kulturelle Desintegration miteinander zusammen. Zu verstehen, daß die Probleme miteinander in Beziehung stehen, kann sie fast überwältigend erscheinen lassen. Doch wenn man einmal die Stellen herausfindet, an denen sie zusammenhängen, kann das unsere Lösungsversuche ungleich effektiver machen. Es kommt dann nämlich nur darauf an, an den richtigen Fäden zu ziehen, statt sich mit jedem Problem einzeln auseinanderzusetzen, und schon wirkt sich das auf das ganze Gebilde aus.

Das Phänomen Industriegesellschaft wird in hohem Maße von dem Zusammenwirken von Naturwissenschaft, Technologie und einem engen Wirtschaftsparadigma bestimmt. Dies führt zur immer weiteren Zentralisierung und Spezialisierung. Seit der industriellen Revolution sind die Perspektiven für den einzelnen immer begrenzter geworden, während politische und wirtschaftliche Einheiten immer größer wurden. Ich bin zu der Überzeugung gekommen, daß wir unsere politischen und wirtschaftlichen Strukturen dezentralisieren und unseren Zugang zu Wissen erweitern müssen, wenn wir einen Weg zu einer ausgeglicheneren und gesunden Gesellschaft finden wollen. In Ladakh habe ich gesehen, wie Strukturen von menschlichen Größenordnungen der engen Verbundenheit mit der Erde und einer aktiven und lebendigen Demokratie zugute kommen. Sie stützen gleichzeitig starke, lebenskräftige Gemeinschaften und gesunde Familien sowie ein besseres Gleichgewicht zwischen Männern und Frauen. Solche Strukturen geben die Sicherheit, die für das individuelle Wohlbefinden und, paradoxerweise, für das Gefühl von Freiheit unabdingbar sind.

Die Veränderungen, die wir vornehmen müssen, können unser Leben sehr bereichern. Dennoch werden sie oft so gesehen – sogar innerhalb der Umweltbewegung –, als handelte es sich dabei um Opfer. Man legt die Betonung auf das, was wir aufzugeben haben, und darauf, daß wir mit weniger zufrieden sein müßten, statt zu erkennen, wieviel wir gewinnen werden. Wir vergessen dabei, daß der Preis für unendliches wirtschaftliches Wachstum und materiellen Wohlstand spirituelle und soziale Verarmung, psychologische Verunsicherung und der Verlust kultureller lebendiger Vielfalt sind. Wir meinen, alles zu haben, und sind überrascht, wenn junge Menschen sich an Drogen und fremde Gurus halten, um die Leere in ihrem Leben zu füllen.

Vielleicht hat die wichtigste Lehre von Ladakh etwas mit Glück zu tun. Es war eine Lektion, die ich nur langsam lernte. Erst nach vielen Jahren, in denen ich Schicht um Schicht meiner vorgefaßten Meinungen abgelegt hatte, begann ich die Freude und das Gelächter der Ladakhis als das zu sehen, was sie in Wirklichkeit sind: eine echte und durch nichts behinderte Wertschätzung des Lebens an sich. In Ladakh habe ich ein Volk kennengelernt, das Herzensfrieden und Lebensfreude für sein unbestrittenes Geburtsrecht hält. Ich habe erfahren, daß Gemeinschaft und enge Beziehungen zum Land ein Leben so bereichern können, daß das jeden Vergleich mit materiellem Wohlstand oder technischer Verfeinerung aushält. Ich habe gelernt, daß es einen anderen Weg gibt.

Zur Zeit zerreißen die sich herausbildende Weltwirtschaft und die wachsende Herrschaft von Naturwissenschaft und Technologie nicht nur unsere Verbindung mit der Natur und miteinander, sondern vernichten auch natürliche und kulturelle Vielfalt. Damit bedrohen wir unsere Existenz als solche. In der natürlichen Welt gehört Vielfalt unverzichtbar zum Leben. Wir fangen gerade erst an herauszufinden, wie wichtig sogar das „unbedeutendste" Insekt oder Pflänzchen für unser Überleben sein kann. Der alarmierende Umfang, in dem wir Pflanzen- und Tierarten ausrotten, ist inzwischen ja zu einem Hauptproblem geworden. Biologen bestätigen heute die lebenerhaltende Wichtigkeit der Artenvielfalt. Und es gibt keinen Zweifel daran, wie gefährlich es ist, diese Vielfalt um kurzfristiger Ziele willen zu vernichten. Überall in der Welt organisieren sich Menschen, um gefährdete Tier- und Pflanzenarten zu schützen. Doch nicht nur in bezug auf die Zukunft wilder Arten ist man wachsam geworden. Manche Menschen züchten inzwischen bedrohte Arten von Ziegen, Schafen, Ponies und anderen Haustieren. Und Obstbauern entscheiden sich etwa für den Anbau bewährter, traditionell in der Gegend beheimateter Sorten von Äpfeln, bevor noch die letzten durch eine einzige Kreuzung wie den „Golden Delicious" ersetzt werden.

In einem modernen Umfeld kann man leicht glauben, daß Entwicklung der Vielfalt diene. Wirkungsvolle Kommunikation und Transportsysteme bringen eine gewaltige Vielzahl von Nahrungsmitteln und Produkten aus den verschiedensten Kulturen zusammen. Doch genau das System, das diese multikulturelle Erfahrung ermöglicht, unterstützt ihre Ausrottung und löscht in der ganzen Welt kulturelle Verschiedenheiten aus. Preiselbeeren- und Ananassaft weichen vor Coca-Cola zurück, wollene Gewänder und Seidensaris machen Blue jeans Platz und Yaks und Hochlandrinder der Jerseykuh. Vielfalt kann doch wohl nicht heißen, daß ich die Wahl zwischen mehreren Arten von Blue jeans von derselben Firma habe!

Kulturelle Verschiedenheit ist so wichtig wie Vielfalt in der natürlichen Welt, ja geht unmittelbar aus ihr hervor. Traditionelle Kulturen spiegelten ihre besondere Umgebung wider, richteten sich in ihrer Nahrung, Kleidung und dem Hausbau nach den ortstypischen Ressourcen. Sogar im heutigen Westen gibt es noch Überbleibsel solcher lokalen Anpassung an die Vielfalt. Im Südwesten der USA findet man Lehmhäuser mit Flachdach, die sich ideal für das extreme Wüstenklima eignen, während die Häuser in New England aus Holz gemacht sind und Spitzdächer haben, die vor Regen und Schnee schützen. Die Küche der verschiedenen Kulturen läßt immer noch die örtlichen Nahrungsquellen erkennen, vom Olivenöl, das vornehmlich in den Mittelmeerregionen verwendet wird, bis zum Haferschrot und Hering auf dem Frühstückstisch des Schotten.

Ohne uns deshalb in kulturellen oder wirtschaftlichen Isolationalismus zurückziehen zu müssen, können wir für den Erhalt der Traditionen unserer eigenen Region wirken. Eine wirkliche Wertschätzung kultureller Vielfalt bedeutet weder, die eigene Kultur den anderen aufzudrängen, noch exotische Kulturen für den eigenen Konsum einzupacken, auszubeuten und zu kommerzialisieren.

Kulturelle Verschiedenheit könnte zum Beispiel mühsam wiederbelebt werden, indem man sich für das Ziel der Reduktion unnötigen Handels in Lobbies zusammenschließt. Zur Zeit fließt das Geld der Steuerzahler in den Ausbau von Transportinfrastrukturen und in das Wachstum des Handels um des Handels willen. Wir transportieren eine riesige Auswahl von Produkten, die genausogut an ihrem Bestimmungsort produziert werden könnten – von Milch über Äpfel bis zu Möbeln –, über ganze Kontinente. Wir sollten statt dessen lieber auf eine Vielfalt lokaler Geschäftszweige hinwirken. Wenn wir die Subventionen für den Transport aufhöben oder doch reduzierten, würden wir Verschwendung und Umweltverschmutzung verringern, die Lage der Kleinbauern verbessern sowie Gemeinschaften stärken, und das alles auf einen Schlag.

Was genau unter „lokal" und „nötig" im Gegensatz zu „unnötigem" Handel zu verstehen ist, kann nicht mit Absolutheit beantwortet werden. Aber entscheidend ist, daß das Prinzip des kräftig subventionierten internationalen Handels einer kritischen Neubewertung bedarf – nicht mit dem Ziel, den Protektionismus zu fördern, sondern so, daß dadurch weltweit ein nachhaltiger, gerechter Gebrauch der natürlichen Ressourcen möglich wird. Gerade in stabilen, ortsgerechten Wirtschaftsformen finden wir nämlich echte „freie" Märkte: frei von Manipulation durch Handelsgesellschaften, versteckten Subventionen, Verschwendung und immensen Werbungskosten, wie sie den heutigen Weltmarkt charakterisieren.

Der Trend zur Globalisierung des Marktes führt nicht nur zur Konzentration von Macht und Ressourcen in immer weniger Händen, sondern trägt direkt zu der immer stärkeren Abhängigkeit von den städtischen Zentren bei. Obgleich die Bevölkerungsdichte in vielen westlichen Großstädten zurückgehen mag, steigt die Anziehungskraft in Richtung auf diese Zentren. Pendler nehmen immer weitere Entfernungen in Kauf, während ganze Regionen einen schweren Niedergang erleiden, weil wirtschaftliche und politische Macht sich zunehmend auf ein paar große Städte konzentrieren. Außerhalb dieser Zentren zu leben und zu arbeiten wird immer schwieriger.

Oft wird gesagt, es gebe zu viele Menschen und zu wenig Land für Umsiedlungen größeren Stils in ländliche Regionen. Doch auf viele unsichtbare Weisen brauchen die heutigen zentralisierten Systeme viel mehr Raum. Man kann die Beziehung zwischen den riesigen städtischen Zentren von heute mitsamt ihrem materiellen Bedarf analog verstehen zu der Tatsache, daß wir um so mehr Land brauchen, je weiter oben in der Nahrungskette wir uns ernähren: Ein Rind braucht für sich selbst nicht annähernd so viel Platz wie ein Gemüsegarten, aber wenn man die Felder mitrechnet, die nötig sind, um das Rind zu ernähren, das Wasser, um diese Felder zu bewässern, und das Land, das wegen der Umverteilung dieses Wassers vertrocknete, wird es ganz klar, daß eine Kuh in Wirklichkeit viel mehr Land braucht. Eine große Stadt braucht weniger Boden als die gleiche Anzahl Menschen verstreut in kleinen Gemeinschaften, aber sie lebt weiter oben in der Energiekette, und der Pro-Kopf-Verbrauch in den Städten ist ebenfalls höher. Die Autobahnen, der Verkehr, die Müllhalden, die Ölfelder, die Nahrungsverarbeitungsfirmen, die Verschmutzung von Luft, Wasser und Land haben zur Folge, daß heutige städtische Ballungszentren mehr Ressourcen verbrauchen und im Endeffekt mehr Raum als dezentralisierte, naturnähere Gemeinschaften.

Dezentralisation würde eine ganze Abfolge sozioökonomischer Veränderungen nötig machen. Es geht dabei nicht darum, etwas Vorhandenes niederzureißen, sondern darum, die Dynamik der Veränderung in eine andere Richtung zu lenken. Unsere Gesellschaft wächst Jahr für Jahr, und das Prinzip der Zentralisation wird fortschreitend zu weiteren Extremen vorangetrieben. Das geschieht derartig schnell, daß Dezentralisierung schon nötig wäre, nur um den gegenwärtigen Stand zu erhalten. Damit allein wäre schon Bedeutsames erreicht!

Das Bedürfnis, einer Gruppe anzugehören, ist für sich allein genommen ein wichtiges Argument für menschengerechte Einheiten. Dabei können wir direkt von Ladakh lernen, wo Familien groß, aber Gemeinschaften klein sind. Kinder werden von Personen verschiedener Generationen versorgt und haben den besonderen Vorzug des speziellen Bandes zu ihren Großeltern. Obwohl die Beziehungen in dieser größeren Familie eng sind, sind sie nicht derart intensiv wie die in der Atomzeitalter-Familie. Jeder einzelne wird von einem Netz intimer Beziehungen getragen, und keine einzige dieser Beziehungen wird dabei überfrachtet. In Ladakh habe ich niemals so etwas wie Anklammerungsbedürfnis, Schuldgefühle oder Ablehnung beobachtet, die für unsere moderne Familie so charakteristisch sind.

Von Ausnahmen abgesehen, gewährt die Großfamilie mehr Raum und Flexibilität und übt weit weniger emotionalen Druck auf den einzelnen aus. Besonders für die Alten, die Kinder und die Frauen ist sie ein Segen.

Innerhalb der Großfamilie wird der alte Mensch wegen seiner Weisheit und Erfahrung geachtet. Seine zunehmende Langsamkeit ist kein Hindernis, für die Gemeinschaft wichtig zu sein. In unserer Gesellschaft schreitet technischer Wandel hingegen derart rasch voran, daß Erfahrungen immer weniger wert sind. Wir haben die Welt um uns herum derart dramatisch verändert, daß ältere Menschen kaum noch etwas aus dem Erfahrungsschatz ihres Lebens anzubieten haben. Ladakhis, die im Westen waren, erzählten Horrorgeschichten über die Vernachlässigung, die alte Menschen bei uns erleiden, wenn sie allein gelassen sind. „Großmütter müssen monatelang darauf warten, ihre Enkelkinder für ein paar Stunden zu sehen", erzählte Gyelong Paldan, „und dann bekommen sie höchstens ein flüchtiges Küßchen auf die Backe."

Die Kleinfamilie sperrt die alten Menschen aus und die Frauen ein. In traditionellen Gesellschaften müssen Frauen nicht wählen zwischen Haus und Arbeitsplatz, weil das Haus das Zentrum der Wirtschaft ist und die zwei Reiche eines sind. In der modernen Welt haben Frauen hingegen nur zwei Möglichkeiten, von denen keine einfach ist: Entweder bleiben sie zu Hause bei den Kindern, ohne Bestätigung für ihre Arbeit zu erhalten, oder sie übernehmen zwei Jobs, üblicherweise mit höchstens symbolischer Hilfe von seiten des Ehemanns.

Alle Anzeichen sprechen dafür, daß die Kernfamilie nicht funktioniert. Die Scheidungsraten, die Entfremdung zwischen Jugendlichen und ihren Eltern, das schockierende Ausmaß an häuslicher Gewalt und sexuellem Mißbrauch innerhalb der Familie sind Beispiele für diesen Zusammenbruch. Die Psychologen sprechen von der „dysfunktionalen" Familie als der typischen Familie.

Noch bis vor nur fünfzig Jahren war die Familie in der industrialisierten Welt gesünder und tragfähiger als heute. Früher lebte eben die Großmutter nebenan, und es gab Kusinen und Tanten in der Nähe; Verbindungen zu der größeren Gemeinschaft waren stärker und dauerhafter. Jetzt, da der wirtschaftliche Spielraum zunimmt, ist es gar nicht ungewöhnlich, daß eine Familie während des Heranwachsens der Kinder nicht weniger als sechs verschiedene Wohnsitze nacheinander hat. Für Großmütter gibt es weder physisch noch psychisch oder wirtschaftlich einen Platz.

Wenn ich im Westen mit Menschen über Familienleben spreche, höre ich oft: „Das hört sich gut an, meine Mutter bei uns wohnen zu lassen, aber es würde einfach nicht gehen. Nach zwei oder drei Tagen würden wir alle verrückt werden." Sie haben recht: Im Augenblick würde es nicht sehr gut gehen. So wie unsere Gesellschaft strukturiert ist, würde es zu einer Belastung werden, alte Menschen im Haus zu haben. Aber das könnte sich ändern, wenn wir unsere politischen Prioritäten dahingehend änderten, daß wir fundamentalen menschlichen Bedürfnissen mehr Beachtung schenken.

In starkem Gegensatz zur modernen Kleinfamilie, die dazu neigt, sich von der Außenwelt abzuriegeln, greifen Beziehungen in der Ladakhi-Familie ganz natürlich über sich selbst hinaus in die nächstgrößere Gemeinschaft. Manchmal ist es ganz schwer zu sagen, wo die Familie aufhört und die Gemeinschaft beginnt. Jede Frau im Alter der eigenen Mutter nennt man „Mutter", jeden, der dem Alter nach mein Bruder sein könnte, würde ich „Bruder" nennen. Etwas davon erlebt man manchmal noch in Industriegesellschaften. In den eher traditionellen Gegenden Schwedens und Rußlands (teilweise auch in Deutschland) zum Beispiel nennen Kinder jeden vertrauten Erwachsenen „Onkel" oder „Tante".

Die meisten Menschen im Westen würden bestätigen, daß wir unseren Gemeinschaftssinn verloren haben. Unser Leben ist fragmentiert, und trotz der vielen Menschen, mit denen wir im Lauf des Tages zu tun haben, fühlen wir uns oft auf traurige Art allein gelassen. Ja wir kennen noch nicht einmal unsere Nachbarn. In Ladakh sind die Menschen Teil einer Gemeinschaft, in der man spirituell, emotional und ökonomisch aufeinander angewiesen ist.

Dezentralisierung ist eine Grundvoraussetzung für die Wiederbelebung von Gemeinschaft in westlichen Gesellschaften. Mobilität läßt Gemeinschaft zerfallen. Aber wenn wir uns verwurzeln und Anhänglichkeit gegenüber einem Ort fühlen, vertiefen sich unsere menschlichen Beziehungen, werden sicherer und im Lauf der Zeit zuverlässiger.

Das umfassendere Selbstgefühl im traditionellen Ladakh unterscheidet sich von dem Individualismus des Westens. Die Identität eines Ladakhi ist zu einem großen Teil durch enge Bande zu anderen Menschen entstanden und wird durch die buddhistische Betonung des Verbundenseins noch verstärkt. Die Menschen werden von einem ganzen Netzwerk von Beziehungen getragen, die sich nach Art konzentrischer Ringe um sie legen – Familie, Hof, Nachbarschaft, Dorf. Im Westen bilden wir uns etwas auf unseren Individualismus ein, aber manchmal ist Individualismus ein euphemistischer Ausdruck für Isolation. Wir lassen uns einreden, daß der Mensch vollkommen auf sich selbst gestellt sein müsse, so daß er oder sie niemand anderen braucht. Eine Freundin von mir wurde im selben Jahr, als ihr einziges Kind aus schulischen Gründen von zu Hause wegging, geschieden. Sie war natürlich unglücklich. Aber sie hatte das Gefühl, daß das ein Zeichen von Schwäche sei, daß sie lernen sollte, gern allein zu leben und sich in ihrem leeren Haus wohl zu fühlen.

Die nahen Beziehungen in Ladakh scheinen eher zu befreien als zu unterdrücken und ließen mich den ganzen Begriff „Freiheit" neu bedenken. Das ist gar nicht so überraschend, wie es aussehen mag. Die psychologische Forschung bestätigt die Bedeutung enger zuverlässiger und dauerhafter Beziehungen mit andern für den Aufbau eines positiven Selbstbildes. Wir fangen an zu begreifen, daß das wiederum die Grundlage für eine gesunde Entwicklung ist. So etwas vollzieht sich nicht bewußt; es kann vielleicht besser als das totale Fehlen von Selbstzweifeln beschrieben werden, so daß ein tiefes Gefühl von Sicherheit entsteht. Diese innere

Sicherheit ist der Nährboden von Toleranz und der Annahme des anderen mit all seiner Andersartigkeit.

In einem Sommer, als ich die Entwicklung von Kindern und die Kinderpflegepraktiken im Zanskar-Tal studierte, fragte ich eine Gruppe von Müttern, ob sie sich Sorgen machten, wenn ein Kind erst spät mit dem Laufen beginnt. Sie lachten schallend: „Warum sollten wir uns über so etwas beunruhigen: Sie werden laufen, wenn sie soweit sind." In den meisten westlichen Kulturen führt man sorgfältig über Gewicht und Größe unserer Babys Buch und vergleicht: wir leben eben in einer Gesellschaft, die immer verunsicherter und darum konkurrenzbewußt wird.

Noch in der vorigen Generation lehrte man Mütter, ihre Kinder nach einem strengen Zeitplan zu stillen, um sie nicht zu „verwöhnen". Eine meiner Freundinnen erzählte mir, wie sie jedesmal, wenn ihr Töchterchen in der Wiege vor Hunger weinte, im Nebenzimmer saß und ebenfalls weinte, bis die Wanduhr ihr erlaubte, es zu stillen.

Zwei Schwestern: In der Großfamilie und der engen Gemeinschaft können sie emotional sicher aufwachsen.

Die westliche Monokultur übt enormen Druck in Richtung auf Konformismus aus. An einer schwedischen Bushaltestelle stand ich neben zwei kleinen Jungen, die ihre Turnschuhe verglichen. Einer davon war in Tränen aufgelöst und versuchte verzweifelt, aus der Innenseite des Schuhs das Markenschildchen hervorzuziehen, um zu beweisen, daß er die „richtige" Marke trug! Der so entstehende Schaden geht natürlich tiefer, wenn es sich um unser Geschlecht, unsere Hautfarbe, unser Alter handelt, die nicht von der „richtigen Marke" sind. In der kommerzialisierten Massenkultur stellt der junge männliche Weiße das Ideal dar. Deswegen sind Frauen, Minderheiten, alte Menschen unterprivilegiert. Wir haben gar nicht so viel individuelle Freiheit, wie wir uns einbilden.

Dezentralisierung ist die allernotwendigste strukturelle Veränderung, und sie muß von einem entsprechenden Wandel der Weltsicht begleitet werden. Unsere wachsenden Nöte bezüglich der Umwelt haben deutlich die weitreichenden Verflechtungen innerhalb natürlicher Systeme aufgezeigt, aber die meisten akademischen Institutionen machen mit ihrer scheuklappigen Spezialisierung weiter. Dieser eingeengte Blickwinkel ist in der Tat eine der Hauptursachen für das Scheitern der industriellen Kultur. Paradoxerweise würde uns eine Bewegung in Richtung auf kleinere politische und wirtschaftliche Einheiten dazu helfen, eine breitere Weltsicht zu entwickeln, eine, die auf wechselseitiger Verbundenheit beruht. Weit davon entfernt, unsere Sicht einzuengen, würde die enge Verbindung zu Gemeinschaft und Ort ein Verständnis für die gegenseitige Abhängigkeit hervorrufen. Wer für sein Überleben abhängig vom Boden unter seinen Füßen und der Gemeinschaft um ihn herum ist, erfährt Aufeinanderangewiesensein als eine Tatsache des täglichen Lebens. Solch ein tiefes, auf Erfahrung gründendes Verständnis von Verbundenheit – sich als Teil des Kontinuums Leben zu fühlen – steht in schroffem Gegensatz zu der analysierenden, fragmentierenden, theoretischen Denkweise der modernen Gesellschaft.

Wir sollten zu einer eher empathischen Beziehung mit der Lebenswelt zurückkehren und lernen, weiter angelegte Muster, Vorgänge und Veränderungen zu erkennen. Heute versteht ein

Biologe den anderen nicht, wenn sie nicht zufällig dieselbe Obstfliege studieren. Wie wollen wir das Leben verstehen können, wenn wir es in Fragmente zerlegen und es aus den zeitlichen Abläufen gelöst wie eingefroren behandeln? Unsere statische und mechanistische Weltsicht ist an ihre Grenzen gelangt. Einige Wissenschaftler – vor allem Quantenphysiker – sprechen inzwischen von einem „Paradigmenwechsel", der die alte „Baustein"-Sichtweise der Wirklichkeit durch organischere ablösen soll. In eindeutigem Widerspruch zu dem Haupttrend der modernen Kultur müssen wir den „Generalisten" aktiv fördern, also den, der Verbindungen sieht und verschiedene Disziplinen miteinander verbindet. In dieser Hinsicht gehört zu den hoffnungsvollsten Trends die wachsende Achtung vor eher weiblichen Werten und Denkweisen.

Die Forschung über weibliche Denkmuster erhärtet die Behauptung, daß die weibliche Sichtweise sowohl im zwischenmenschlichen Bereich als auch beim abstrakten Denken Beziehung und Verbundenheit mehr betont. Diese Sichtweise ist offensichtlich nicht auf Frauen beschränkt, und in den letzten Jahren haben Männer begonnen, bewußter die weiblichen Seiten in sich selbst zu schätzen. Aber jahrhundertelang wurde dieses eher kontextbezogene Denken und Sein vernachlässigt und von der Industriekultur unterminiert. Die dominante Sichtweise unserer Gesellschaft ist aus dem Gleichgewicht geraten; eine Verlagerung in Richtung auf das Weibliche ist längst überfällig.

Dieser Wechsel würde auch das empirische Wissen mehr betonen. Frauen entwickeln in einem viel höheren Maß als Männer ihre Ideen aus persönlichen Erfahrungen. Interessanterweise kann man dasselbe von den Ladakhis und vielen traditionellen östlichen Kulturen sagen. Um die Komplexität der natürlichen Welt zu verstehen, muß Theorie sich auf Erfahrung gründen. Experimentelles Lernen basiert auf der Ungeordnetheit der Wirklichkeit mit all ihren Widersprüchlichkeiten und Uneindeutigkeiten, ihren dauernd in Veränderung begriffenen Mustern, ihrer Weigerung, sich unseren Erwartungen anzupassen. Gerade dadurch führt sie uns unweigerlich zur Demut. Wenn unsere Studien weniger in Laboratorien und mehr vor Ort durchgeführt würden, betriebe man wissenschaftlichen Fortschritt vorsichtiger. Wenn wir lernen, denkbare Nebenwirkungen neuer Technologien im Kontext zu untersuchen, werden wir nicht so leicht die zerstörerischen Abfolgen unbeabsichtigter Wirkungen in Gang setzen.

Bei unserem Leben im Westen neigen wir dazu, uns von der Wirklichkeit zu entfernen und uns auf Vorstellungen und Abbilder zu verlassen. Wie es Tashi Rabgyas nach ein paar Monaten in England ausdrückte: „Es ist erstaunlich, wie indirekt hier alles ist. Sie schreiben über die Schönheit der Natur, sie reden darüber, und überall sieht man Topfpflanzen oder Plastikpflanzen und Bilder von Bäumen an der Wand, und immerzu gibt es Fernsehprogramme über Natur. Aber sie scheinen kaum je mit der wirklichen Sache in Berührung zu kommen."

Bei einem meiner letzten Besuche in Schweden aß ich mit meiner Freundin Karin in ihrem Garten außerhalb von Stockholm zu Mittag. Sie ist eine erfolgreiche Anwältin und Mutter von zwei Teenagern und hatte im Sommer davor als Freiwillige im Ladakh-Projekt mitgearbeitet, wobei wir Freunde geworden waren.

„Ladakh ist mit mir nach Hause gekommen", sagte sie. „Ich entdecke immer wieder neu, wie tief es mich berührt hat." Bei ihrer Rückkehr nach Schweden hatte sie erkannt, daß sie ihr Leben verändern mußte. Sie verkleinerte ihre Rechtsanwaltspraxis, um als Freiwillige in einer Umweltorganisation mitarbeiten zu können. Sie verringerte die Hektik in ihrem Leben, legte einen Gemüsegarten an und begann, mehr Zeit mit ihren Kindern zu verbringen.

Karin ist bei weitem nicht die einzige. Eine Welle der Bauvorhaben von Ökodörfern erreicht immer mehr Teile von Schweden: zweihundert sind schon in Planung, und alle haben erneuerbare Energie und die Wiederverwendung der Abfälle zur Grundvoraussetzung. Immer mehr Menschen entscheiden sich, organisch angebaute Lebensmittel zu kaufen und die heimische Wirtschaft durch den Einkauf bei den Bauern der nahegelegenen Höfe zu stärken. Die schwedische Regierung hat sich verpflichtet, ein Berechnungssystem einzuführen, bei dem die Zerstörung natürlicher Ressourcen vom Bruttosozialprodukt abgezogen wird.

Diese Veränderungen in Schweden signalisieren einen entscheidenden Richtungswechsel. In der gesamten industrialisierten Welt streben die Menschen nach einem besseren Gleichgewicht mit der Natur. Dazu ahmen sie traditionelle Kulturen nach. Auf so verschiedenartigen Gebieten, wie es Hospize für die Sterbenden und die Vermittlung als eine Form der Streitschlichtung sind, zeigen sich überraschende Parallelen zwischen den allerältesten und den allermodernsten Kulturen. Genau wie die Dorfbewohner in Ladakh es schon immer getan haben, machen immer mehr Familien die Küche zum Zentrum häuslicher Aktivitäten, essen Vollwertnahrung, die natürlich angebaut wurde, und benutzen uralte Heilmittel bei ihren gesundheitlichen Problemen. Sogar in weniger auffälligen Bereichen wie dem wieder erwachenden Interesse am Geschichtenerzählen, einer erneuerten Wertschätzung von körperlicher Arbeit und dem Gebrauch natürlicher Materialien für Kleidung und Hausbau ist der Richtungswechsel unübersehbar. So drehen wir das Rad zurück in Richtung auf die alte Verbundenheit untereinander und mit der Erde.

Der Prozeß verläuft jedoch oft unbewußt. Der Hauptstrom unserer Kultur unterstützt die lineare Vorstellung von Fortschritt, dessen Ziel es ist, daß wir uns von unserer Vergangenheit und von der Natur befreien. Das moderne Mantra „Wir können nicht zurückgehen, wir können nicht zurückgehen" ist tief in unserem Denken verwurzelt. Natürlich können wir nicht zurückgehen, selbst wenn wir es wollten, aber unsere Suche nach einer Zukunft, die „funktioniert", bringt uns unweigerlich zurück zu gewissen fundamentalen Mustern, die uns in größere Harmonie mit der Natur bringen, einschließlich der menschlichen Natur.

Bei unserer Suche nach einer Lebensweise, die besser unserem inneren Selbst entspricht, wurden wohl einige der größten Fortschritte im Bereich der Kinderpflege erzielt. Hängt dies damit zusammen, daß gerade hier die weibliche Sichtweise besonders stark wirksam ist? Gott sei Dank wurde die Sitte des Nach-der-Uhr-Stillens abgeschafft, und wir sind zu einem größeren Respekt vor den natürlichen Instinkten zurückgekehrt. Heute tragen Mütter und Väter ihre Babys dicht am Körper und in vorindustriellen Tragetüchern. Wir fangen an zu lernen, was die Ladakhis niemals vergessen haben: daß jedes menschliche Wesen dazu geboren ist, bedingungslose Liebe zu empfangen, und daß Kinder nur richtig in einem Familiensystem gedeihen können, in dem man das Recht, zu sein, der man ist, sich nicht verdienen muß.

Überall in der Welt, in jedem Lebensbereich, von der Psychologie bis zur Physik, von der Landwirtschaft bis zum Familienleben finden wir ein wachsendes Bewußtsein für das Miteinanderverbundensein allen Lebens. Neue Bewegungen brechen auf, in denen man sich verpflichtet, einen menschengemäßeren Lebensstil zu leben, die weiblichen und spirituellen Werte stärker zu beobachten. Die Zahlen wachsen, und der Wunsch nach Veränderung breitet sich aus. Diese Trends werden oft „neu" genannt, aber in einem wichtigen Sinn – den Ladakh, wie ich hoffe, gezeigt hat –, sind sie sehr alt. Ja, sie sind eigentlich die Wiederentdeckung von Werten, die seit Tausenden von Jahren da waren – Werte, die von der Erkenntnis unseres Platzes in der Ordnung der Natur ausgehen, von unserer unlösbaren Verbundenheit miteinander und mit der Natur.

LITERATUR

Bahro, Rudolf: Über die Logik der Rettung. Wer kann die Apokalypse aufhalten?, Stuttgart 1986

Capra, Fritjof: Das neue Denken. Ein ganzheitliches Weltbild im Spannungsfeld zwischen Naturwissenschaft und Mystik. Begegnungen und Reflexionen, München 1992

Fromm, Erich: Haben oder Sein. Die seelischen Grundlagen einer neuen Gesellschaft, München 16. Auflage 1990

Gandhi, Mahatma: Ausgewählte Texte, hrsg. von Attenborough, Richard, München Neuauflage 1989

Gillian, Carol: Die andere Stimme, München 3. Auflage 1991

Griffin, Susan: Frau und Natur. Das Brüllen aus ihr. Frankfurt 1987

Illich, Ivan: Schule ins Museum. Phaidros und die Folgen. Bad Heilbrunn 1984

Mumford, Lewis: Mythos der Maschine, Frankfurt 4. Auflage 1984

Shiva, Vandana: Das Geschlecht des Lebens. Frauen, Ökologie und 3. Welt, Berlin 1989

Das Literaturverzeichnis beschränkt sich auf diejenigen im Original aufgeführten Titel, die in deutscher Sprache erhältlich sind. Weitere Informationen erhältlich über:

The Ladakh Project/ISEC
P.O. Box 9475
Berkeley CA 94709
USA

The Ladakh Project/ISEC
21 Victoria Square
Clifton, Bristol BS8 4ES
UK
Großbritannien

The Ladakh Project/ISEC
Leh, Ladakh
Jammu & Kashmir
India